·大有党史文丛·

国共两党与抗日战争

GUOGONG LIANGDANG YU

KANGRI ZHANZHENG

卢 毅/著

人民出版社

前　言

八十年多前，国共两党为救亡图存，携手合作，共同筑起中华民族的血肉长城，掀起了一场全民族的反侵略战争。在这场实力悬殊的生死较量中，中国共产党领导开辟的敌后战场和国民党指挥的正面战场协力合作，形成了共同抗击日本侵略者的战略局面。正因为国共两党"在民族公敌面前，互相忘记了旧怨，而变成了互相援助的亲密朋友"①，同仇敌忾，共赴国难，才取得了近代以来中国反抗外敌入侵的第一次完全胜利。从这个意义上说，中国抗日战争胜利是全民族抗战的胜利，是全体中华儿女的荣光！

八十多年前开始的全国抗战，还是一场追求民主与进步的深刻社会变革，它极大地改变了中国政治力量的对比。在这一过程中，中国共产党获得了空前的发展壮大。1945 年，毛泽东在中共七大上说："中国共产党从来没有现在这样强大过，革命根据地从来没有现在这样多的人口和这样大的军队，中国共产党在日本和国民党统治区域的人民中的威信也以现在为最高。"②相反的，国民党却在愈演愈烈的腐败中逐渐丧失了人心。这种政治力量的消长和人心的向背，直接影响了战后中国的政治格局与历史走向。

---

① 《毛泽东文集》第二卷，人民出版社 1993 年版，第 140 页。
② 《毛泽东选集》第三卷，人民出版社 1991 年版，第 1027 页。

那么,国共两党在抗日战争中的具体表现究竟如何? 中国共产党为什么能在抗战中发展壮大? 关于这些问题,学界和社会上长期众说纷纭,莫衷一是,甚至存在着较大的分歧。本书拟对其中的一些问题再做探讨,以求正本清源。

目　录

一

抗日战争的胜利是全民族抗战的胜利

抗日战争是中国人民反对日本军国主义侵略,争取国家独立和民族解放的正义战争,是世界反法西斯战争的重要组成部分。这是正义与邪恶、光明与黑暗、自由与奴役、进步与反动、文明与野蛮力量之间的一场殊死搏斗。在这场实力悬殊的生死较量中,国共两党为救亡图存,携手合作,共同筑起中华民族的血肉长城,掀起了一场全民族的反侵略战争。

(一)国民党正面战场的作用

1937 年 7 月 7 日,日本帝国主义者以制造卢沟桥事变为起点,发动了全面侵华战争。在这种"寇深祸亟"的形势下,国民党改变了过去妥协退让的态度。7 月 17 日,蒋介石在庐山严正声明:"我们知道全国抗战以后之局势,就只有牺牲到底,无丝毫侥幸求免之理。如果战端一开,那就是地无分南北,年无分老幼,无论何人,皆有守土抗战之责任,皆应抱定牺牲一切之决心。"①这

---

① 秦孝仪编:《"总统"蒋公思想言论总集》第 14 卷,(台北)中国国民党中央党史委员会 1984 年版,第 585 页。

表明他的抗日态度转向积极。9 月 22 日,国民党中央通讯社发表《中共中央为公布国共合作宣言》;次日,蒋介石又发表谈话,事实上承认了中国共产党的合法地位。国共合作宣言和蒋介石谈话的发表,标志着国共两党第二次合作和抗日民族统一战线的正式形成。这一方面是大势所趋、人心所向,是中国共产党顺应历史潮流实施正确政策的结果,同时也是与国民党政策的转变分不开的。毛泽东后来就说:"假如没有国民党政策的转变,要建立抗日民族统一战线是不可能的。"①

在军事上,国民党也在正面战场奋起抵抗,"这个时期中曾有相当数量在前线的国民党军队及地方系军队对敌人进行过积极抵抗"②。特别是在 1937 年 7 月至 1938 年 10 月的战略防御阶段,国民党组织了一系列大规模战役,如淞沪会战、忻口会战、徐州会战和武汉会战。这些战役的指挥及实施虽然存在许多失误,但仍具有重大的战略意义。首先,沉重打击了不可一世的日军,粉碎了日本企图三个月灭亡中国、"速战速决"的狂妄计划,消耗了它的军事、经济实力,使其陷入长期战争的泥淖中不能自拔。第二,使日军兵力分散,战线延长,促使战略相持阶段加快到来。第三,这种顽强抵抗一扫国民党军队往日疲弱的旧习,令国际社会肃然起敬,开始对其刮目相看,扩大了中国抗战在国际上的影响力,吸引了友好国家和海外华侨的积极捐助。第四,国民党爱国官兵不怕牺牲、英勇杀敌的抗战事迹极大地振奋了民族精神,激发了全民族的抗战意志,坚定了中国军民抗战必胜的信念。第五,掩护了西南抗战基地的营建,为领导机构和沿江、沿海工厂、学校、科研机构的内迁争取了时间,为中国持久抗战创造了有利条件。

与此同时,抗战初期国民党正面战场的抵抗也在客观上支持了中国共产党开辟敌后战场,有利于敌后游击战争的展开和抗日根据地的创建。1938 年 11 月,毛泽东在《战争和战略问题》一文中就指出:"在战争问题上,抗日战争中国共两党的分工,就目前和一般的条件说来,国民党担任正面的正规战,共

---

① 　中央档案馆编:《中共中央文件选集》第 11 册,中共中央党校出版社 1991 年版,第 559—560 页。

② 　《朱德选集》,人民出版社 1983 年版,第 137 页。

产党担任敌后的游击战,是必须的,恰当的,是互相需要、互相配合、互相协助的。"①1939 年 1 月,他在为《八路军军政杂志》撰写《发刊词》时又明确肯定:"八路军的这些成绩从何而来？ 由于上级领导的正确,由于指战员的英勇,由于人民的拥护,由于友军的协助,这四者是八路军所以获得成绩的原因。 其中友军的协助是明显的,没有正面主力军的英勇抗战,便无从顺利地开展敌人后方的游击战争;没有同处于敌后的友军之配合,也不能得到这样大的成绩。 八路军的将士应该感谢直接间接配合作战的友军,尤其应该感谢给予自己各种善意援助与忠忱鼓励的友军将士。"②他还曾评价:"从一九三七年七月七日卢沟桥事变到一九三八年十月武汉失守这一个时期内,国民党政府的对日作战是比较努力的。"③

1938 年 10 月武汉失守后,国民党的政策发生了一些变化。 出于对中共力量迅速壮大的恐惧,他们在政治上加强了反共。 1939 年 1 月,国民党五届五中全会确定了"溶共、防共、限共、反共"的方针,通过了《限制异党活动办法》,后来又曾发动三次反共高潮。 但客观来看,这一阶段国民党军队的抗战整体上仍比较努力,先后开展了南昌会战(1939 年 3 月—5 月)、随枣会战(1939 年 5 月)、第一次长沙会战(1939 年 9 月—10 月)、桂南会战(1939 年 11 月—1940 年 2 月)、枣宜会战(1940 年 5 月—6 月)、豫南会战(1941 年 1 月—2 月)、上高会战(1941 年 3 月—4 月)、晋南会战(1941 年 5 月—6 月)、第二次长沙会战(1941 年 9 月—10 月)、第三次长沙战役(1941 年 12 月—1942 年 1 月)、浙赣会战(1942 年 5 月—9 月)、鄂西战役(1943 年 5 月—6 月)和常德战役(1943 年 11 月—12 月)等一系列大规模战役,给日寇造成了重大杀伤。 在此期间,国民政府还派出远征军入缅作战,展示了积极抗日的态度。 1943 年 7 月 7 日,中共中央在《为抗战六周年纪念宣言》中曾说:"整个中国战场上,六年来的作战,实际上是被划分为正面与敌后两大战场。 这两个战场的作用,是互相援助的,缺少一个,在目前就不能制止法西斯野兽的奔窜,在

①　《毛泽东选集》第二卷,人民出版社 1991 年版,第 553 页。
②　《毛泽东文集》第二卷,人民出版社 1993 年版,第 140 页。
③　《毛泽东选集》第三卷,人民出版社 1991 年版,第 941 页。

将来就不能驱逐这个野兽出中国,因此必须增强这两个战场互相援助的作用。"①

在八年全面抗战中,国民党正面战场先后进行大会战22次,重要战斗1117次,小战斗3.89万余次,毙伤日军85.9万余人,自己付出了322万多人的重大伤亡。特别值得肯定的是,国民党军队的广大爱国官兵在前线与日本侵略者英勇作战,血洒疆场,表现出了强烈的爱国主义精神,并涌现出佟麟阁、赵登禹、郝梦龄、张自忠、戴安澜等一批为国捐躯的高级将领和上海四行仓库"八百壮士"等英雄群体,为中国抗日战争的胜利贡献了巨大力量,这是值得全民族尊敬与纪念的。

(二)中国共产党对抗日战争的贡献

中国共产党对抗日战争的贡献,主要表现在以下两个方面:

1.积极倡导、促成和维护抗日民族统一战线

中国共产党是抗日民族统一战线的首倡者。1931年九一八事变后,中国共产党就积极开展了争取同盟者、建立统一战线的工作。1935年,在中日民族矛盾已逐步上升为主要矛盾的形势下,中共中央从国家、民族的根本利益出发,为挽救民族危亡,发表了著名的《八一宣言》,呼吁全国各党派、各军队、各界同胞立即停止内战,集中一切国力去为抗日救国的神圣事业而奋斗! 这标志着中国共产党抗日民族统一战线策略思想的初步形成。同年12月,中共中央在陕北瓦窑堡召开政治局会议,正式制定了建立抗日民族统一战线的策略方针。1936年12月,中国共产党又积极支持和协助张学良、杨虎城和平解决西安事变,迫使蒋介石接受停止内战、联共抗日等条件,使这一事件成为时局

---

① 　中央档案馆编:《中共中央文件选集》第14册,中共中央党校出版社1992年版,第54页。

转换的枢纽,为在抗日前提下实行第二次国共合作奠定了基础。

1937年2月,中共中央致电国民党五届三中全会,提出了停止内战、联合抗日等五项国策,并作出了停止推翻国民政府之武装暴动,停止没收地主土地,改工农政府为中华民国特区政府、受南京中央政府指导,改红军为国民革命军、受国民政府军事委员会指导等具有重大让步性质的四项保证,促成国民党五届三中全会通过了接受中共"停止内战,一致抗日"主张的决议。至此,抗日民族统一战线初步形成。卢沟桥事变爆发后,中共中央又迅速于7月8日发表通电呼吁:"平津危急! 华北危急! 中华民族危急! 只有全民族抗战,才是我们的出路!"①并在7月15日将《中国共产党为公布国共合作宣言》递交给国民党。17日,中共中央派周恩来等人赴庐山同国民党进行谈判。根据双方协定,8月22日,中国工农红军改编为国民革命军第八路军。9月22日,国民党发表《中共中央为公布国共合作宣言》。23日,蒋介石发表谈话,指出国共合作团结御侮的必要。于是,以国共合作为基础的抗日民族统一战线正式形成。对此,毛泽东曾评价说:"这在中国革命史上开辟了一个新纪元。这将给中国革命以广大的深刻的影响,将对于打倒日本帝国主义发生决定的作用","历史的车轮将经过这个统一战线,把中国革命带到一个崭新的阶段上去。中国是否能由如此深重的民族危机和社会危机中解放出来,将决定于这个统一战线的发展状况"。②

中国共产党不仅积极倡导并促成抗日民族统一战线,而且在整个抗日战争的过程中始终以民族大义为重,竭力维护抗日民族统一战线。抗战进入相持阶段后,国民党先后掀起三次大规模反共高潮,其中以皖南事变为标志的第二次反共高潮,使新四军遭受了巨大损失。但中国共产党面对这一严峻的事态,还是以抗日大局为重,采取了既联合又斗争、以斗争求团结的政策,在军事上严防自卫,在政治上坚决反击。皖南事变的发生及中共的应对,使共产党得到全国人民、中间阶级、国民党内正义人士和国际社会舆论的普遍同情。当时宋庆龄、何香凝致函蒋介石,反对国民党围剿新四军。冯玉祥也说,新四军抗

---

① 中央档案馆编:《中共中央文件选集》第11册,中共中央党校出版社1991年版,第274页。
② 《毛泽东选集》第二卷,人民出版社1991年版,第364页。

战有功,妇孺皆知,此次被"剿灭",政府方面实难挽回对人们的信赖。在国际社会上,苏、美、英等国也反对国民党这种做法。面对这样的形势,蒋介石不得不表示决不再有"剿共"的军事行动。经过皖南事变,中国共产党在政治上更加成熟,能够正确地处理民族斗争和阶级斗争的关系,在全国的政治地位大大提高。

2.敌后战场消灭和牵制了大量敌人

自 1937 年 8 月起,根据国共两党达成的协议,八路军、新四军迅速插入敌后,开展广泛的人民战争。敌后游击战争的序幕是由著名的平型关战役拉开的。1937 年 9 月 25 日,八路军第一一五师在平型关设伏,一举取得平型关大捷,歼灭日军精锐 1000 余人,击毁汽车 100 余辆,缴获大批武装弹药和军用物资,获得了全国抗战以来中国军队的第一个大胜利,极大地鼓舞了全国军民抗战的信心。接着,八路军第一二〇师、第一二九师也在同蒲路北段和正太路上展开交通破袭战,切断了敌人交通线,攻取雁门关,袭击日军阳明堡机场,烧毁敌机 24 架,给敌较大打击,援助了国民党军在忻口的防守战役,并掩护了他们撤退。

1937 年 11 月太原失陷后,国民党军队大部溃退到黄河以南以西地区。自此,在华北以国民党军队为主体的正规战即告结束,以共产党为主体的游击战争上升到主要地位。八路军按照中共中央和毛泽东的指示,在敌后广泛发动群众,开展游击战争,先后在华北建立了晋察冀、晋绥、晋冀豫、山东等抗日根据地。敌后抗日根据地的建立和敌后战场的开辟,有力地配合了这一阶段国民党正面战场的抵抗,使日寇腹背受敌。日寇只得停止战略进攻,以主要兵力把守占领区,这是抗日战争由战略防御转到战略相持的一个重要条件。

进入相持阶段后,中国共产党领导敌后抗日军民在不断粉碎敌人的围攻扫荡的同时,猛烈发展人民军队和解放区。随着人民武装及抗日根据地的发展壮大,1940 年 8 月到 12 月,八路军总部在华北发动了一次大规模的对日进攻,作战部队陆续达到 100 多个团,参加人数有 20 多万人,史称"百团大战"。百团大战共对敌作战 1824 次,毙伤日军 2.5 万多人,极大提高了共产党、八路军的威望,在抗战局面沉闷的时候振奋了全国民心。对此,蒋介石也致电朱德、彭德怀表示嘉奖。到 1940 年底,八路军、新四军人数发展到 50 万人左右,同时还有大量的民兵和地方武装,在华北、华中、华南开辟了 16 个根据地,加上陕甘宁边区,中国共产党领导的抗日根据地已发展到 1 亿多人,逐渐成为坚持抗战、争取胜利的主要力量。

百团大战使日本侵略者大为惊慌,日军认为华北治安的症结就在于中共。1941 年至 1942 年,日军大肆"扫荡"华北根据地,一次使用兵力在千人以上到万人的达 132 次,万人以上至 7 万人的达 27 次,并且实行烧光、杀光、抢光的"三光"政策,甚至施放毒气和进行细菌战,制造无人区。在日军的残酷进攻下,敌后军民伤亡很大,部队减员很多。到 1942 年,八路军、新四军由 50 万人下降到 40 万人,根据地面积缩小,总人数由 1 亿多人下降到 5000 万人以下,根据地进入了抗战最困难的时期。面对日寇的这种疯狂进攻,八路军、新四军在极端艰难困苦的条件下,坚持对敌作战,粉碎了日寇的残酷"扫荡"、"蚕食"、"清乡",巩固了解放区,渡过了抗日战争最困难的阶段。在与日伪军的作战中,各根据地创造了形式多样的歼敌方法,如地雷战、地道战、麻雀战、破袭战等一系列战术,弥补了武器装备落后的缺陷,使日本侵略者被淹没在人民战争的汪洋大海之中。在敌后反"扫荡"斗争中,广大军民英勇顽强,谱写出无数可歌可泣的英雄事迹:冀中回民支队司令员马本斋的母亲坚贞不屈,绝食而死;"狼牙山五壮士",视死如归,气壮山河;八路军副参谋长左权血染太行,以身殉国。敌后军民这种团结一致、不畏强暴的英雄气概,成为坚持长期抗战的精神支柱。

在敌后军民的坚持下,随着世界反法西斯的不断胜利,到 1943 年,解放区战场形势好转,各抗日根据地进入恢复和发展阶段。从 1944 年起,根据地军民对日寇发动了局部反攻。一年中,敌后军民对敌战斗共 11300 多次,毙伤日伪军近 20 万人,攻克县城 47 座,据点 5000 余处,收复国土 8 万余平方公里,解放人口 1700 万。而此时国民党正面战场却出现大溃败。1944 年 4 月,日军发动打通大陆交通线的作战(一号作战),即豫湘桂战役。至 12 月初,国民党损失兵力五、六十万,丧失了河南、湖南、广东、广西、福建等省的大部和贵州一部,计 20 多万平方公里的国土,6000 万人民陷于日寇铁蹄之下。两个战场形成了鲜明对比。

1945 年初,根据地军民向日伪军发动了广泛的进攻。这时人民军队由高度分散转向集中,由分散的游击兵团上升为正规兵团。到 1945 年 4 月,八路军、新四军以及华南抗日中队已经发展到 91 万人,民兵 200 万人左右,创建了 19 块大的解放区,解放区的面积已经达到 95 万平方公里,人口 9550 万。北平、天津、保定、太原、济南、徐州、武汉、南京、上海、杭州、广州等重要城市,均处于人民军队包围之中。共产党领导的军队和根据地已成为大反攻的重要力量和夺取抗战最后胜利的强大基地。1945 年 8 月 9 日,毛泽东发出了《对日寇的最后一战》的声明。从 8 月 11 日至 9 月 2 日,根据地各路大军破袭了平汉、正太、同蒲、北宁等铁路线,使根据地基本上连成一片,取得了全面反攻的重大胜利。

在抗日战争中,八路军、新四军、华南抗日游击纵队在物质极端匮乏的情况下,运用劣势武器开展游击战争,累计作战 12.5 万余次,歼灭日军 52.7 万余人,加上东北抗日联军歼敌 17 万余人,共达 70 万人,另外消灭伪军 118.6 万人。敌后解放区军民为此付出了巨大牺牲,部队伤亡 60 余万人,平民伤亡 890 余万人。中国共产党领导敌后军民英勇抗战的事迹,赢得了国内外民众的普遍崇敬。同时,敌后战场还牵制了大量敌人,减轻了正面战场的压力,成为促使国民党抗战到底的一个重要因素,对抗日战争的坚持和胜利起了至关重要的作用。正如朱德所说:"如果没有解放区战场,又如果没有解放区战场这种与敌相持的战争,如果解放区战场的战争不能在最困难的条件下长期坚持下来,那末敌人就会继续长驱向西南、西北进攻,而国民党的反人民的政治机构及其军队,则又必然招架不住,那就不会有什么相持阶段,抗日战争的局面早已是不堪设想的了。"①

今天,抗日战争的硝烟早已逝去,我们回顾历史,应该不难得出一点共识:抗日战争是一场全民族的战争,无论国民党还是共产党都为抗战胜利作出了卓越的贡献,都表现出了强烈的爱国激情。毛泽东曾说:"这个战争促进中国人民的觉悟和团结的程度,是近百年来中国人民的一切伟大的斗争没有一次比得上的。"正是因为国共两党同仇敌忾,共赴国难,才取得了中国人民抗日战争的伟大胜利。从这个意义上说,中国抗日战争的胜利,无疑是全民族抗战

---

① 《朱德选集》,人民出版社 1983 年版,第 140 页。

的胜利,是全体中华儿女的荣光!

(三)抗战胜利与中华民族伟大复兴

七十多年前,中国人民经过长达十四年艰苦卓绝的浴血奋战,终于打败了穷凶极恶的日本侵略者,赢得了近代以来反抗外敌入侵的第一次完全胜利。抗日战争的胜利,充分显示了中华民族有同侵略者血战到底的气概,有在自力更生的基础上光复旧物的决心,有自立于世界民族之林的能力,为中华民族由近代以来陷入深重危机走向伟大复兴确立了历史转折点。

1. 抗日战争为中华民族伟大复兴赢得了重要的历史契机

鸦片战争后,曾在人类文明史上长期辉煌的中国跌进了积贫积弱、饱受欺凌的最低谷,世界上大大小小的列强几乎都欺负过中国。继第一个不平等条约《中英南京条约》签订后,西方列强纷涌而至,相继染指中国,逼迫清政府签订了一系列不平等条约。通过这些条约,西方列强向中国攫取了大量的领土、赔款和特权,给中华民族带来了深重灾难,给中国人民套上了沉重的枷锁,束缚了中国社会的发展,使中国陷入了黑暗的历史深渊。

中国人民从来没有停止过救亡图存的斗争,进步的仁人志士从来没有停止过探求救国救民的真理。他们前赴后继,谱写了许多可歌可泣的篇章,表现了中国人民顽强的反抗精神。但是,所有这一切斗争都失败了。正如毛泽东指出:"我国从十九世纪四十年代起,到二十世纪四十年代中期,共计一百零五年时间,全世界几乎一切大中小帝国主义国家都侵略过我国,都打过我们,除了最后一次,即抗日战争,由于国内外各种原因以日本帝国主义投降告终以外,没有一次战争不是以我国失败、签订丧权辱国条约告终。"①

————————

① 《毛泽东文集》第八卷,人民出版社 1999 年版,第 340 页。

尽管中华民族走向复兴的历史进程一次次被打断,但中国人民从来没有屈服、没有气馁,而是一次次重新整装出发。在抗日战争中,中华民族达到了空前的觉醒和团结,"这个战争促进中国人民的觉悟和团结的程度,是近百年来中国人民的一切伟大的斗争没有一次比得上的"①。面对亡国灭种的民族危机,在中华民族到了最危险的时候,中国人民的爱国热情像火山一样迸发出来。一切不愿做亡国奴的中华儿女万众一心,众志成城,同仇敌忾,共赴国难。长城内外,大江南北,到处燃起抗日的烽火。他们为民族而战,为祖国而战,为尊严而战,抱定血战到底、抗战到底的信念,汇聚起气势磅礴的力量,用血肉之躯筑起了新的长城,以惊天地、泣鬼神的英雄气概,谱写了中华民族反抗侵略、争取独立的壮丽篇章。

抗日战争的胜利,粉碎了日本军国主义殖民奴役中国的图谋,将长期给中华民族的生存发展造成巨大危害和灾难的日本军国主义势力彻底驱逐出中国,并收复了日本从中国窃取的东北、台湾、澎湖列岛等神圣领土,捍卫了国家主权和领土完整,彻底洗刷了近代以来抗击外来侵略屡战屡败的耻辱,为中华民族的百年屈辱画上了句号,为实现民族独立创造了条件。从此,再也没有任何侵略者可以在中国的土地上横行肆虐,中华民族的历史揭开了崭新一页,古老的中国凤凰涅槃、浴火重生,开启了中华民族伟大复兴新的历史征程。

2. 抗日战争为中华民族伟大复兴提供了有利的国际环境

抗日战争既是一场中华民族挽救民族危亡、奋起抵御外侮的民族解放斗争,又是一场抵制日本扩张、反对法西斯荼毒人类的伟大战争,从一开始就具有捍卫人类文明、维护国际和平的世界意义,是世界反法西斯战争的重要组成部分。正如毛泽东所言:"伟大的中国抗战,不但是中国的事,东方的事,也是世界的事……我们的敌人是世界性的敌人,中国的抗战是世界性的抗战。"②中华民族在为国家主权、独立和尊严而战的过程中,付出了巨大牺牲,为世界

---

① 《毛泽东选集》第三卷,人民出版社1991年版,第1032页。
② 《毛泽东文集》第二卷,人民出版社1993年版,第145—146页。

反法西斯战争作出了不可磨灭的贡献。

在世界反法西斯战争中,中国抗日战争开展时间最早、持续时间最长。在德、意、日法西斯势力相继崛起,世界和平受到严重威胁的形势下,中国人民最先举起了反抗侵略的旗帜,揭开了反法西斯战争的序幕,开辟了世界反法西斯战争的东方主战场,对世界反法西斯斗争起到了鼓舞和先导作用。全面抗战期间,中国又长期牵制与抗击了日本的主要兵力,遏制和延缓了其"北进"侵苏及"南进"太平洋的步伐,制约和打乱了日本法西斯与德意法西斯的配合图谋,在战略上有力策应和支援了盟国作战。此外,中国作为亚太地区盟军对日作战的重要后方基地,还为盟国提供了大量战略物资和军事情报。中国人民为世界反法西斯战争做出的重大贡献,赢得了国际社会的普遍尊重。中国的国际地位也随着抗日战争的开展和胜利得到显著提高,并对世界战后格局产生了深远影响。

1942 年元旦,中国与美英苏三国领衔签署了《联合国家宣言》。这标志着国际反法西斯统一战线的形成,也表明中国成为世界反法西斯战争的四大国之一。同年 10 月,美英等国先后宣布废除与中国签订的一系列不平等条约,彻底宣告了中国屈辱时代的结束。此后,中国又参与制定了《开罗宣言》《波茨坦公告》等反法西斯的国际法规性文件。为巩固战争胜利成果,维护战后世界和平,中国还参与筹划创建联合国的工作,并与美英苏三国共同发起旨在制定联合国宪章的旧金山会议,成为联合国创始会员国和安理会常任理事国。从此,中国开始以能够承担国际责任的大国身份重新走向世界,中华民族开始以能够掌握自身命运的坚毅形象重新步入世界民族之林。

3. 抗日战争为中华民族伟大复兴指明了历史的发展方向

抗日战争不仅是一场争取民族独立与解放的战争,同时也是一场追求民主与进步的深刻社会变革。在抗战期间,毛泽东即曾多次强调:"抗日战争是全民族的革命战争,它的胜利,离不开战争的政治目的——驱逐日本帝国主义、建立自由平等的新中国。"这两个目的是相统一的,"中国今天的民族革命任务,主要是反对侵入国土的日本帝国主义,而民主革命任务,又是为了争取战争胜利所必须完成的,两个革命任务已经联系在一起了。"①而在完成这两项革命任务的过程中,中国共产党发挥了引领时代潮流的关键作用。

在政治上,中国共产党是抗日民族统一战线的首倡者和组织者,并为维护它做出了积极的努力。在统一战线中,中国共产党高举抗战、团结、进步的大旗,坚持独立自主的原则和又团结又斗争、以斗争求团结的政策,巩固与发展了统一战线,充分表现出政治上的成熟和驾驭复杂局势的能力。在军事上,中国共产党坚持全面抗战路线和持久战方针,深入广大农村,放手发动群众,建立了一系列敌后抗日根据地,在极端困难的情况下,运用劣势武器开展了波澜壮阔的人民游击战争,消灭和牵制了大量敌人,减轻了对正面战场的压力,成为促使国民党抗战到底的一个重要因素。

中国共产党始终以民族利益为重的态度和敌后军民英勇杀敌的事迹,赢得了全国人民的爱戴和崇敬。许多中国人,特别是民主党派,正是通过对这场战争的实际观察,才真正认识了中国共产党并自觉团结在她的周围的。在抗日战争中,中国共产党领导的革命力量获得了空前大发展,成为中国政治生活中举足轻重的力量,走向了政治舞台的中央。相反地,国民党却在愈演愈烈的腐败中逐渐丧失了人心。这种政治力量的消长和人心的向背,直接影响了战后中国的政治格局和历史走向。抗战胜利后只用了短短四年时间,中国共产党就领导人民取得了新民主主义革命的胜利,走上了实现中华民族伟大复兴的崭新道路,开辟了中华民族伟大复兴的光明前景。

历史是最好的教科书。中国人民抗日战争的胜利证明,中华民族是具有顽强生命力和非凡创造力的民族,只要全民族团结起来,就没有克服不了的困难。历史还雄辩地证明,只有坚持中国共产党的领导,中华民族才能创造更加美好的未来。今天,我们比历史上任何时期都更接近实现中华民族伟大复兴的目标,比历史上任何时期都更有信心、更有能力实现这个目标。站在新的历史起点上,抚今追昔,我们依然能够清晰地感受到抗战胜利留下的这些永恒启示。

——————————

① 《毛泽东选集》第二卷,人民出版社1991年版,第479、637页。

（四）明确"十四年抗战"是对历史更好的铭记

2017 年 1 月，教育部基础教育二司下发《关于在中小学地方课程教材中全面落实"十四年抗战"概念的函》，要求在教材中落实"十四年抗战概念"的精神，凡有"八年抗战"字样，改为"十四年抗战"，并视情况修改与此相关内容，确保树立并突出十四年抗战概念。这一消息公布后，立即引起社会各界的广泛关注，从专家到民间都有各种解读，甚至还有人质疑"十四年抗战"的说法是否准确？事实上，这次对抗日战争时间的重新界定不仅有理有据、符合历史，而且有着深远的意义。

抗日战争的时间究竟是八年还是十四年，长期以来人们的认识并不完全一致。过去大多表述为"八年抗战"，特别是《没有共产党就没有新中国》歌词中的一句"他坚持抗战八年多"，更让"八年抗战"的说法耳熟能详。不过，"十四年抗战"之说同样渊源有自。1945 年 4 月，毛泽东在中共七大上作了著名的《论联合政府》的报告，报告中虽有"八年抗日战争"的说法，但同时也明确说道："中国人民的抗日战争，是在曲折的道路上发展起来的。这个战争，还是在一九三一年就开始了。"①同年 9 月 3 日，《新华日报》又发表社评《庆祝胜利》指出："中国的（抗日）战争不但进行了六年，也不但进行了八年，实在是进行了整整十四年，……首先是在东北各地兴起了东北义勇军，在这后来发展为抗日联军，它的斗争使东北人民至今没有停止对日本占领者的反抗。"1946 年 2 月，中共中央在给叶剑英等人的指示中也提及："国民党不承认共产党领导东北义勇军，独立坚持十四年抗战的艰苦光荣历史。"②甚至连蒋介石亦曾在 1967 年 4 月 20 日的日记中回顾："直至迟暮之年，犹时念平生三大国耻。一为日本侵侮中国及占领台湾、强夺东北……第一大耻，已经由十四年抗战成功

---

① 《毛泽东选集》第三卷，人民出版社 1991 年版，第 1034 页。
② 《建党以来重要文献选编（1921—1949）》第 23 册，中央文献出版社 2011 年版，第 130 页。

而洗雪。"可见不论国共双方,"十四年抗战"说均由来已久。

在实际运用中,虽然"八年抗战"的说法在以往相当长的一段时间运用得较广,但近年来越来越多的人接受了"十四年抗战"的概念。2005年9月3日,胡锦涛同志在纪念中国人民抗日战争暨世界反法西斯战争胜利六十周年大会上的讲话中指出:"1931年九一八事变是中国抗日战争的起点,中国人民不屈不挠的局部抗战揭开了世界反法西斯战争的序幕。"从此,"十四年抗战"的概念逐渐深入人心。2014年9月3日,在中国人民抗日战争纪念馆举行的纪念活动仪式现场出现了14个方阵、140面彩旗,仪式上鸣响了14声礼炮,现场放飞了14000只气球。纪念馆南面广场上矗立的国旗杆也是高14米,象征着从1931年九一八事变到1945年日本投降,中国人民艰苦卓绝的14年抗战历程。2015年8月31日,中国国民党前主席连战偕夫人参观卢沟桥抗战纪念馆时,也题词"14年血泪史,赢来醒狮万世名"。

将九一八事变确认为日本大规模侵华战争乃至第二次世界大战的起点,也符合国际社会的认知。苏联检察官克伦斯基1948年在远东军事法庭曾说:"如果我们可以指出一定的日期作为第二次世界大战的这段血腥时期的开端的话,1931年9月18日恐怕是最有根据的。"对此,日本国内也有一定的认识。日本著名历史学家藤原彰在其编著的《日本近代史》第3卷序章中声明:"本书是以日本开始发动了历时14年侵略战争的1931年为起点,概括地叙述从那以后的日本近代史。"就连日本天皇也在2015年元旦发表感言时表示:"日本应该借二战结束70周年之际,借此机会好好学习以满洲事变为发端的那场战争的历史,思考日本今后应有的样子。"

中共十八大后,以习近平同志为核心的党中央更是结合国际形势的新变化,站在政治和全局的高度,进一步明确了"十四年抗战"的概念。2015年7月30日,习近平总书记在主持中共中央政治局集体学习时强调:"我们不仅要研究七七事变后全面抗战八年的历史,而且要注重研究九一八事变后十四年抗战的历史,十四年要贯通下来统一研究。要以事实批驳歪曲历史、否认和美化侵略战争的错误言论。"在2015年九三阅兵讲话中,他又开篇即谈:"70年前的今天,中国人民经过长达14年艰苦卓绝的斗争,取得了中国人民抗日战争的伟大胜利,宣告了世界反法西斯战争的完全胜利,和平的阳光再次普照大地。"

用"十四年抗战"取代"八年抗战",它改变的不仅是一个概念,而是引导人们更全面、系统、客观地看待历史。回顾历史,1931 年九一八事变发生后,尽管国民党实行"不抵抗"政策,导致东北迅速沦陷,但奋起抵抗者仍此起彼伏。九一八事变第二天,1931 年 9 月 19 日,中共满洲省委就发表《为日本帝国主义武装占领满洲宣言》;9 月 20 日,中共中央又发表《中国共产党为日本帝国主义强暴占领东三省宣言》;1932 年 4 月 15 日,毛泽东更以中华苏维埃共和国临时中央政府主席的名义发表《对日战争宣言》,掷地有声地公开宣告:"中华苏维埃共和国临时中央政府特正式宣布对日战争,领导全中国工农红军和广大被压迫民众,以民族革命战争驱逐日本帝国主义出中国,反对一切帝国主义瓜分中国,以求中华民族彻底的解放和独立。"[①]

在中国共产党的倡导和推动下,全国人民的抗日运动日益高涨。《大公报》《申报》等各大媒体纷纷发声,批评国民党"攘外必先安内"政策,呼吁团结抗日。东北人民和一部分爱国军队,更是在中国共产党领导或协助下,组织了东北抗日义勇军和抗日民主联军,在白山黑水间英勇抗击日本侵略者,充分表现了可歌可泣、英勇无畏的牺牲精神,由此成为《义勇军进行曲》的创作素材。此外,还有国民党爱国官兵进行的一·二八抗战、长城抗战、绥远抗战和察哈尔抗战等。

毫无疑问,"八年抗战"的说法是无法涵盖上述历史事实的,而"十四年抗战"的概念,则更能准确反映九一八事变是中国人民抗日战争和世界反法西斯战争的起点,更真实地呈现了中国人民抗战的全过程,更符合历史的本来面貌。它告示全世界,以"九一八"抗战为起点,中国人民率先打响了世界反法西斯战争的第一枪,中国是世界反法西斯战争中开始最早、持续时间最长的国家。将 1931 年到 1945 年视为一个整体,把全面抗战前的局部抗战放在"十四年抗战"的框架中,这不仅意味着抗战时间长短的改变,而且更突出了中国对世界反法西斯战争的贡献,更充分反映了中国共产党领导和倡议下的各党派、各民族以及广大人民对抗日战争的贡献。同时,十四年抗战史能够最大程度

① 《建党以来重要文献选编(1921—1949)》第 9 册,中央文献出版社 2011 年版,第 244 页。

地将为争取民族解放而流血牺牲的烈士,囊括到民族英烈的范畴中来,这也是对他们作为民族脊梁的一种尊重和致敬。

明确"十四年抗战",还是对历史虚无主义和日本右翼势力的一种有力回击。近年来,国内外一些人利用网络散布历史虚无主义言论,蓄意抹黑抗日英雄,贬低中国共产党在抗日战争中的地位和作用;日本右翼势力甚至矢口否认侵略战争,极力美化日本在中国所犯下的滔天罪行。落实"十四年抗战"的概念,将更有利于国人铭记历史,更有利于对日本侵略罪行的完整揭露和追诉。

二

多维视野下的国共抗战

七十多年前,中国人民经过长达十四年艰苦卓绝的浴血奋战,终于战胜了日本侵略者,取得了近代以来反抗外敌入侵的第一次完全胜利,开辟了中华民族伟大复兴的光明前景。抗日战争的胜利是世界战争史上的奇观,是中华民族的壮举,是惊天动地的伟业。它创造了半殖民地半封建的弱国战胜帝国主义强国的范例,在世界民族解放运动史上树立了一座不朽的丰碑。在这场全民族抗战中,国共两党都做出了重要贡献,同时具体表现又有所不同,这可以从各方有关记载看出来。

(一)日本战史中的国民党正面战场

第二次世界大战结束后,日本防卫厅曾编撰一批战史,收录了大量原始资料,包括大本营与陆军省的机密文件、日志和颁发的命令等。20 世纪 80 年代,它们大部分被翻译成中文出版。与此同时,中国大陆还出版了一些侵华日军将领的回忆录,披露了他们对那场战争的看法。这些资料对抗战时期的国民党正面战场均不乏描述,今择其要者介绍如下。

1.抗战初期国民党军队的顽强抵抗

抗战初期,国民党在正面战场奋起抵抗,组织了淞沪会战、忻口会战、徐州会战和武汉会战等一系列大规模战役,给敌以较大杀伤。在这些会战中,国民党军队的英勇作战给日军留下了深刻印象。如淞沪会战,日本军方曾记载:"上海作战关于中国军之抗战意志与步兵之战斗力,一反三宅板(陆军省、部等均在此,故俗称三宅板)以往之判断,其主要原因为抗战意志坚定。中国军之步兵,虽在日军无情之炮击下,绝不由阵地后退。中国步兵战术之要求为近接日军步兵战线,一旦接近日军步兵战线后,则可避免日本之陆、海、空综合火力,舍身进入死地,死里求生,可谓彼等之步兵战术。"[①]其中对国民党军队的顽强抵抗不无赞赏。

在此后徐州会战的台儿庄战役中,日军主力第十师团步兵第十联队的《战斗详报》又记载:国民党军队"凭藉散兵壕,全部守兵顽强抵抗直到最后。宜哉,此敌于此狭窄的散兵壕内,重叠相枕,力战而死之状,虽为敌人,睹其壮烈亦将为之感叹。曾使翻译劝其投降,应者绝无。尸山血河,非独日军所特有。"[②]而在武汉会战日军攻击汉口时,也"遭到中国军的顽强抵抗,曾有一度陷入焦虑时期……中央部也无增援的余力。至10月11日才勉强由华北方面军派骑兵第4旅团前往增援"[③]。这无疑是从敌人的视角,为正面战场的抵抗有利于敌后战场开辟提供了一个绝佳注脚。

1938年武汉会战结束进入相持阶段后,国民党军队的对日作战仍比较积极,这在1939年其主动发起的冬季攻势中体现得尤其明显。主管情报的日本军官今井武夫曾回忆,国民党军队在武汉会战后经过休整,"逐渐恢复了战斗力。一年后,即从一九三九年底到第二年一月,终于在汉口北部和南宁两个战

---

① 蒋纬国总编著:《国民革命战史·抗日御侮》第5卷,(台北)黎明文化事业公司1978年版,第59页。

② 日本防卫厅防卫研究所战史室著、田琪之译:《中国事变陆军作战史》第2卷第1分册,中华书局1979年版,第37页。

③ 日本防卫厅防卫研究所战史室著、天津市政协编译委员会译校:《日本军国主义侵华资料长编——〈大本营陆军部〉摘译》上册,四川人民出版社1987年版,第451页。

线上，竟敢积极地进行了一场从开战以来无与伦比的大规模反攻，给日军以很大的冲击"①。面对这种猛烈的攻势，日本军方也不得不承认："中国军攻势规模之大，斗志之旺盛，行动之积极顽强均属罕见。我军战果虽大，但损失亦不小。……在中国事变八年间，彼我主力正式激战并呈现决战状态，当以此时为最。"②并说："这次冬季攻势的规模及其战斗意志远远超过我方的预想，尤其是第三、五、九战区的反攻极为激烈"，"敌人的进攻意志极为顽强，其战斗力量不可轻视。在战术上，鼓励采取夜战，隐避中接近和包围我军据点，善于利用工事和以手榴弹进行近战。武器弹药充足，补给能力也很强"，他们"向中外显示了自己主动发起攻势的力量"，而日军"付出的牺牲是过去作战不曾有过的"。③

　　这一时期，国民党军队尤其是中央军的抗战意志十分顽强。1939 年 11 月，日军第十一军司令官冈村宁次即曾提出："敌军抗日势力之中枢，既不在于中国4 亿民众，亦不在于政府要人之意志，更不在于包括若干地方杂牌军在内之 200万抗日敌军，而只在于以蒋介石为中心，以黄埔军官学校系统的青年军官为主体的中央直系军的抗日意志。只要该军存在，迅速和平解决有如缘木求鱼。"其中对全民抗战的看法虽不无偏见，但亦可见他对中央军的评价极高。经过冬季攻势，日军对蒋介石的掌控力更是有了充分认识，认为国民党"中央直系军队的战斗力，尤其中坚军官强烈的抗日意识和斗志，绝对不容轻视，而且可以看出其中央的威令是相当彻底的"。④ 他们还说："从特种情报中所看到的敌人玩忽命令、敷衍塞责的现象虽然不少，但这次作战也已证明，敌人仍能大致保持命令统一，统帅部的威令不仅在正规军中，甚至深入到游击队的最基层。这些情况说明蒋介石至今仍然在全军中保持着统辖力量。因此，深感敌尚强大。"⑤

---

① ［日］今井武夫著、天津市政协编译委员会译：《今井武夫回忆录》，中国文史出版社 1987 年版，第 123 页。

② 日本防卫厅防卫研究所战史室著、天津市政协编译委员会译校：《日本军国主义侵华资料长编——〈大本营陆军部〉摘译》上册，四川人民出版社 1987 年版，第 519—520 页。

③ 日本防卫厅防卫研究所战史室著、田琪之译：《中国事变陆军作战史》第 3 卷第 1 分册，中华书局 1981 年版，第 80、86、93、94 页。

④ 日本防卫厅防卫研究所战史室著、天津市政协编译委员会译校：《日本军国主义侵华资料长编——〈大本营陆军部〉摘译》上册，四川人民出版社 1987 年版，第 519、501 页。

⑤ 日本防卫厅防卫研究所战史室著、田琪之译：《中国事变陆军作战史》第 3 卷第 1 分册，中华书局 1981 年版，第 93 页。

为了打击国民党的抗战意志,日军第十一军拟定了 1941 年春季击溃第五战区主力,夺取宜昌,继于秋季击破长沙、衡阳方面第九战区的方案。针对这一行动,国民党军队在宜昌战役中表现得十分英勇,几乎使敌人陷入绝境,以致日军第十三师团长内山英太郎中将甚至下令烧毁军旗、机密文件,指定各将官自尽位置,并做好设备及烧掉尸体的准备。在此役中,日军还发现:"在我阵地前,战死的重庆士兵尸体,连长在前,军官继后,在地面上排成了金字塔形。在一名战死重庆军连长精心记载的日记本上,写着对部下士兵的无限信任和明天必将占领宜昌的必胜决心。"他们因此得出结论:"从总体上来看,我军是策划对长沙方面的攻势,而重庆军则在宜昌寻求主要战场。通过重庆军对宜昌的反攻,具体地说明了其战斗意识的高昂和作战规模的庞大。"①

此后,国民党仍坚持抗战、苦撑待变。据日本战史记载,1941 年初,由于美国通过《租借法案》,英中签订军事协定,美英还为中国提供巨额贷款,因此"自 1941 年春以来,重庆政权抗日意志的高昂不容轻视"。尤其值得注意的是,国民党军队此时不仅在华中,而且在华北也给日军制造了长期的麻烦,以至于其感叹:"华北方面,山西省由于西面有以延安为根据地的共产军、南面黄河两岸有中央军第一战区的军队活动,治安情况极为恶劣",特别是"卫立煌指挥的约二十六个师,在山西南部黄河北岸地区构筑了坚固的阵地,成为扰乱华北,尤其是山西的主要根源"。② 鉴于对中条山的几次进剿均未得手,日本中国派遣军 1941 年初决定以华北为重点,由华中的第十一军抽调第三十三师团、由华东的第十三军抽调第十七师团,转属华北方面军,然后发动中条山战役。但该年 3 月,国民党军队在江西取得上高会战的胜利,沉重打击了日军第三十三师团,"因受这次作战的直接影响,第三十三师团推迟了向华北的转进"③。由此可见,国民党军队在华中和华北的行动对日军起到了很大的互相牵制作用。

---

① 日本防卫厅防卫研究所战史室著、天津市政协编译委员会译:《中华民国史资料丛稿译稿·长沙作战》,中华书局 1985 年版,第 113、125 页。
② 日本防卫厅防卫研究所战史室著、天津市政协编译委员会译校:《日本军国主义侵华资料长编——〈大本营陆军部〉摘译》上册,四川人民出版社 1987 年版,第 629—630 页。
③ 日本防卫厅防卫研究所战史室著、田琪之等译:《中国事变陆军作战史》第 3 卷第 2 分册,中华书局 1983 年版,第 129 页。

2. 太平洋战争爆发后的国民党正面战场

1941 年 12 月太平洋战争爆发后,国民党仍不乏积极抗日举动。如在第三次长沙会战(日方称第二次长沙作战)中,第九战区就打得十分惨烈。早在1941 年初,日军第十一军即曾对第九战区的战斗力量做出了如下判断:"1939年秋季湘赣会战以后,该军未再受到我军打击,其战斗力已大体恢复,尤其第一线,与我军近接对峙,不断向我发动进攻,或以游击队破坏我后方联络线等,活动日趋活跃,颇有成为第十一军宿敌之感。"①为了消除这一心头大患,日军先后发动了两次长沙作战,但几次进攻均因国民党守军顽强抵抗而告失败。1942 年 1 月,第十一军"冲进长沙一角,虽竭力进攻,但因重庆军顽强抵抗难以突破……遂决定返转(日军对撤退的另一种说法——引者注)","在返转作战中,遭到优势重庆军的侧击,并被切断退路,陷于苦战"。此战失利后,日军因伤亡惨重,"部分将士的必胜信念发生了动摇,需要年余始能恢复"。同年 4月,中国派遣军参谋宫野正年还曾在军司令官、师团长会议上报告:"一、敌战力虽然低落,但在华北、华中、华南,其情况各有不同。1. 华南方面并无明显的低落,最近并有对我采取小规模攻势的情况。2. 华中方面战力虽然降低,但对蒋介石的命令确能彻底执行。看到第二次长沙作战的情况以及华中方面尚有蒋军嫡系的存在,不可对之轻视。"②言辞中对国民党战力犹存显然不无忌惮。

鉴于这种状况,1942 年 5 月,日军参谋本部第一部长田中新一中将提出:"试图利用大东亚战争序战的成果,摧毁重庆继续战斗的意志,其结局并未取得任何效果。重庆坚决抗战的意志并未动摇……至此终于不得不采取以攻占重庆为目的之作战,别无他途。"③这表明日本为了彻底摧毁国民党的抗战意志,已开始考虑直取重庆。同年 8 月,日本大本营陆军部起草了《根据目前形

① 日本防卫厅防卫研究所战史室著、天津市政协编译委员会译:《中华民国史资料丛稿译稿·长沙作战》,中华书局 1985 年版,第 12 页。
② 日本防卫厅防卫研究所战史室著、天津市政协编译委员会译校:《日本军国主义侵华资料长编——〈大本营陆军部〉摘译》中册,四川人民出版社 1987 年版,第 41—42、189—190 页。
③ 日本防卫厅防卫研究所战史室著、天津市政协编译委员会译校:《日本军国主义侵华资料长编——〈大本营陆军部〉摘译》中册,四川人民出版社 1987 年版,第 368 页。

势陆军的作战准备》,其中也指出:"随着战争的继续,中国的国力及军事力量逐年下降,尤其大东亚战争爆发,主要补给路线已被切断后,其力量下降趋势更加明显,但蒋政权依靠国民党与中央军,不仅抗战决心及能力仍相当大,而且妄信联合军取得最后胜利。因此,按目前形势的发展,不能期待迅速解决中国事变。"为此,大本营提出了《5号作战要领》作为中国派遣军制订作战计划的依据:"作战目的:在于消灭敌中央军主力,占领四川要域,摧毁敌抗战根据地,以促使重庆政权屈服或崩溃。作战方针:中国派遣军以主力由西安方面、以一部由武汉方面进攻,消灭敌中央军主力,攻占重庆,并占领四川要域。"①这个5号作战计划后来虽然因兵力和物质不足未付诸实施,但不难看出,日军此时仍将国民党中央军视为其在中国战场上的劲敌。

即便在1944年豫湘桂战役中,国民党军队一溃千里,但仍不乏顽强抵抗者。如日军进攻河南,就发现"敌军斗志一般旺盛,我军发起冲锋以前,坚持抵抗,并且屡次进行反攻"②。而衡阳之战,日本战史更记载:"敌利用河流、水泊及城墙等巧妙构筑阵地,守兵斗志极为旺盛。"③以致日军几次进攻皆受挫,部队出现大量伤亡。与此同时,中国远征军在中缅印战场也开始反攻,取得了辉煌战果,收复了大批失地,日本战史对此亦多有描述。

3. 一些消极的现象

如上所述,从当时侵华日军和日本战史的叙述来看,国民党军队在正面战场的表现确实有不少可圈可点之处。但不容否认,其中也存在着一些消极的现象,特别是战略指挥的笨拙经常遭到日军讥讽。如1942年浙赣作战结束后,日军就分析:"中国军虽然发现第十三军和第十一军的返回意图,但缺乏利用时机的气魄,在部署方面也毫无准备,尤其是将第三战区内的最精锐的兵

---

① 日本防卫厅防卫研究所战史室著、天津市政协编译委员会译校:《日本军国主义侵华资料长编——〈大本营陆军部〉摘译》中册,四川人民出版社1987年版,第538、542页。

② 日本防卫厅防卫研究所战史室著、天津市政协编译委员会译:《中华民国史资料丛稿译稿·1号作战之一·河南会战》上册,中华书局1982年版,第84页。

③ 日本防卫厅防卫研究所战史室著、天津市政协编译委员会译校:《日本军国主义侵华资料长编——〈大本营陆军部〉摘译》下册,四川人民出版社1987年版,第270页。

团处于可以充分利用我军返回时机这一良好态势的第七十四军抽出,这对于此后的攻击意志和战斗力都造成极大的不良影响。"他们还总结:"中国军在我军返还过程中的所进行的统帅和指挥,就其全局而言,在计划、准备、作战指挥以及兵团运用等方面,颇多矛盾和冲撞现象,缺乏统一性,再加上由于长期作战而造成的士气和战力的损耗,以致使其丧失了像第二次长沙作战中进行的那种顽强而积极反攻的力量和时机。从而使我军在基本上没有妨碍和损失的情况下,各兵团相互策应,顺利地完成了返还任务。"①应该说,日军这一评论是切中肯綮的。

更关键的是,由于战争的持久和艰苦,有不少在敌后战场作战的国民党部队发生了动摇。早在1939年,日军便看出阎锡山的山西军"行动显见消极,苟延残喘于黄河两岸地区",而蒋系军也"大部没有战意,希望归顺",其游击队"丧失了战斗意志,希望归顺者有增加的趋向"。② 这种来自敌人的判断充分表明,我们对国民党在敌后战场的地位和作用不可估之过高。

(二)国民党高层对军队腐败的自我述说

长期以来,由于受政治因素的影响,大陆学界对国民党在抗战中的地位和作用评价偏低。随着学术研究的不断进步,这一现象有了很大改观,对其贡献也多有彰显。但现在有些人为国民党翻案又走向了另一个极端,从竭力丑化到竭力美化,这种研究态度显然不是客观的。应该说,作为一个政党,国民党总体上是坚持抗战的,大多数国民党军队也是英勇杀敌的。但不容否认,有不少国民党官员和军队投降当了汉奸。据统计,自抗战开始至1943年8月,国民党文武官员及作战部队投降的,就有包括副总裁在内的中央委员20人,旅

① 日本防卫厅防卫研究所战史室著、贾玉芹译:《中华民国史资料丛稿译稿·昭和十七、八(1942、1943)年的中国派遣军》上册,中华书局1984年版,第167页。
② 日本防卫厅防卫研究所战史室著、田琪之译:《中国事变陆军作战史》第2卷第2分册,中华书局1980年版,第166—167页。

长、参谋长以上高级将领 58 人,投敌军队 50 多万,占全部 80 万伪军的 62%,诚可谓"降官如毛,降将如潮"。面对这样的事实,怎么可以过分地美化国民党?

另外,国民党军队在抗战中还暴露出严重的腐败问题。1938 年 1 月,全面抗战才进行半年,蒋介石便在一次演说中表示:"在没有开仗以前,一切危险困苦艰难挫折的情形,我都已料到,但决不料我们的军纪,会败坏到这步田地!"①1945 年 1 月,此类情形更趋严重,于是他又在日记中写道:"今日最大之耻辱,乃国军败创,纪律废弛,内部腐化,外表枯竭,此为目前之大耻"②。他还说:"我们过去失败的另一个总因,就是军纪废弛。因为军纪败坏,许多的毛病,随着发生出来。"③那么,抗战期间国民党军队的腐败主要表现在哪些方面? 又为何始终无法遏止? 本节拟着重从当时国民党高层在内部自我述说的角度,对此作一番梳理和分析。

1. 吃空额

就国民党中高级军官而言,最常见的贪污手段就是谎报伤亡,吃空额,盘剥军费,中饱私囊。抗战初期,战争极其残酷,伤亡动辄成千上万,部队又经常调动,上级机关很难及时核准伤亡人数,这就给军官在经费上做手脚留下了可乘之机。各部队领取多少经费,发放多少,欠发多少,尚存多少,往往是笔糊涂账。1938 年 11 月,蒋介石在第一次南岳军事会议上便对"各师官兵时有许多伤亡,而我们经费仍照常领取"的奇怪现象提出了质疑。④ 到抗战中后期,这种状况愈演愈烈。1941 年 8 月,时任国民党中宣部部长的王世杰听说:"各师兵员无一足额者,而且多数不足法定半额。但中央饷款均照足额发给,故师

① 秦孝仪编:《"总统"蒋公思想言论总集》第 15 卷,(台北)中国国民党中央党史委员会 1984 年版,第 14 页。
② 《蒋中正"总统"档案·事略稿本》第 59 册,(台北)"国史馆"2011 年版,第 478 页。
③ 秦孝仪编:《"总统"蒋公思想言论总集》第 15 卷,(台北)中国国民党中央党史委员会 1984 年版,第 28 页。
④ 秦孝仪编:《"总统"蒋公思想言论总集》第 15 卷,(台北)中国国民党中央党史委员会 1984 年版,第 520 页。

长、旅长、团长无人不中饱。"①1944 年 8 月,军事委员会军法执行总监何成濬也在日记中记载:"师管区司令、团长、营长、连长无一不吃空额,司令所吃之数目特多,团长次之,营长、连长又次之,实有兵数不及所领薪饷之一半,已成为定例。"②

在这种风气的蔓延和侵蚀下,甚至连新建部队也未能幸免。如 1942 年初新组建的远征军,据曾任该部队第十一集团军总司令的宋希濂回忆:远征军刚一成立,"就有许多空缺,入缅时各级部队长就已冒领了许多钱。及到战争失败,许多下级干部和士兵都病死、饿死或被敌人打死以及逃散了。正当入缅军丧师辱国,举国震动,士兵的亲属得到噩耗,悲痛万分的时候,入缅军的许多部队长和军需人员却是充满了愉快和欢笑,因为他们可以大捞一把,领来的大批外汇再也无须发给那些死人了。死的逃的愈多,对他们就愈有利,他们就愈高兴。"③远征军是身系国际影响、极受蒋介石重视、待遇最优厚的国民党部队,军官尚且如此贪婪,其他部队的情况如何,也就不难想见了。

本来按正常编制,国民党军队每个师应在 1 万人左右,但军官为了贪污兵饷,常常刻意保持空额,实际上很少有单位满员。到抗战后期,有些部队缺额率更是高达 50%—80%。1943 年,戴笠奉命到云南怒江前线视察时便发现:"实则各师士兵缺额均甚巨大,如三十六师现在腾北一带游击,实数仅约四千人,八十八师现任怒江西面防务,实数仅约四千五百人,八十七师现任怒江正面防务,其战斗士兵有五千人,尚较其他各师为多。但其他各师师长所报之人数,均非实在之数目也。"④1944 年,白崇禧也查实:广西军队"缺员太甚,号为一军,人数不及一师"⑤。同年,陈诚在接任第一战区司令长官后同样指出:

① 《王世杰日记》(手稿本)第 3 册,(台北)"中央研究院"近代史研究所 1990 年版,第 125—126 页。
② 何庆华藏,沈云龙注:《何成濬将军战时日记》下册,(台北)传记文学出版社 1986 年版,第 463 页。
③ 宋希濂:《远征军在滇西的整训和反攻》,《文史资料选辑》第 8 辑,中华书局 1960 年版,第 45 页。
④ 吴淑凤等编:《戴笠先生与抗战史料汇编·经济作战》,(台北)"国史馆"2011 年版,第 379—380 页。
⑤ 何庆华藏,沈云龙注:《何成濬将军战时日记》下册,(台北)传记文学出版社 1986 年版,第 499 页。

"部队普遍吃空:部队兵员缺额极多,以战前而论,洛阳市上之食粮,半数以上为由部队售出者。即此可见一斑。"①他后来又担任军政部长,更是详细描述了全国情况:"国军预算员额为五百万员名,而实际上吃军粮者达七百二十万人;据当局推断如经核实整编,能有三百万可战部队就很不错。依此而论,半数以上的军费开支都是不实不尽的。"②

对国民党军队这种普遍吃空额的情况,蒋介石也相当不满。1941 年 12 月,他十分恼火地指出:"我前方部队兵额之空虚,已为全国尽知之缺点。各级层层蒙蔽,至有一师之中缺额至三千人以上者亦相率视为故常。平时领一师之饷,临时不能作半师之用。"③1942 年 9 月,他又说:"我们师的单位虽多,但兵员总是不能补充足额,事实上各师缺额总是超过编制预定数之五分之一,或至三分之一,其能维持仅有五分之一缺额者,已经算是难得的了。"④

显而易见,这种严重缺编的部队,其战斗力自然是要大打折扣的。1940 年,陈诚在第六战区司令长官任上便感到:"部队缺额太多,名义上一个军,实际上战斗力尚不及一个师。领饷者人多,作战者人少,这是各战区都有的通病。这种病存在一天,自然一天不能打胜仗。"⑤1944 年 11 月,第四战区司令长官张发奎也报告:"本战区兵力虽号称为九个军,每军兵力均仅及四分之一",因此"虽经厘定缜密计划而实施者,每难应弦符节,殊感焦虑。"⑥

2.武装走私

抗战初期,蒋介石为减少军费支出、改善官兵生活,一度允许军队设立合作社,组织士兵、伤兵从事手工及半机械化生产,弥补生活物资不足。这一规

---

① 《陈诚回忆录——抗日战争》,东方出版社 2009 年版,第 94 页。
② 《陈诚回忆录——建设台湾》,东方出版社 2011 年版,第 162 页。
③ 李良志、李隆基:《中国新民主主义革命史长编:同盟抗战,赢得胜利》,上海人民出版社 1995 年版,第 366 页。
④ 秦孝仪编:《"总统"蒋公思想言论总集》第 19 卷,(台北)中国国民党中央党史委员会 1984 年版,第 263 页。
⑤ 《陈诚回忆录——抗日战争》,东方出版社 2009 年版,第 104 页。
⑥ 《蒋中正"总统"档案·事略稿本》第 59 册,(台北)"国史馆"2011 年版,第 11—12 页。

定颁布后,遂一发不可收拾,合作社在各战区遍地开花,变成了军官取财的又一捷径,后来更发展为大面积武装走私。时人即曾观察到:"各战区前线,不法军队或游击队包庇走私,时有所闻;某战区甚至军队包庇走私,以大炮、机枪护送,武力走私横行。"①而这些走私者的理由是:"后方阔老拼命发财,拼命享受,难道我们在前方找一点零用钱都不可以么?"②

当时,国民党部队走私之风极盛。一些部队的驻防区与日占区接壤,故"每假抢购物质为名,遂行公开走私之实","或与商人合股,或直接派员经营,或以公家运输工具,包运私货",导致"民间观感甚差"③。1941年2月,中统局曾汇报:"战时各集团军及战区军人包庇走私,各游击队贩运敌货,实属普遍现象。"④同年7月,军统局戴笠也透露:"查近来各地之走私,大都有不肖军人为其背景,故武装包庇走私之风甚炽。"⑤到1944年,戴笠更是说:"在东南走私经商的不是党政机关就是军队,而纯粹商人走私经商已不容易了,这是实在的话。今日犯科作奸的都是有力量的人,政治的败坏,自上而下,所有经济政治军事全都坏了,欲图挽救还是须要自上而下。如果不能彻底有所改革,社会真是不可收拾。"⑥

抗战期间,那些驻守沿海沿江口岸或出境作战的部队更是利用便利条件大肆走私。据陈诚回忆,"(滇南)若干部队对于走私、运烟、聚赌、盗卖军械等败坏纪律行为,亦较其它驻地之部队为多"⑦。1943年9月,他还曾向蒋介石痛陈远征军各种问题:"部队纪律废弛,战力消失。细加分析,则苟且偷安,走私牟利,士气消沉,缺额日多。以及高级者生活之奢靡,下级生活之压迫,无不相因而至,有加无已。甚者,乃至视缺额走私,为维持部队之正道,以金钱力

---

①　朱偰:《中国战时税制》,财政评论社1943年版,第97—98页。

②　野村:《走私问题透视》,《国讯旬刊》第230期,1940年3月25日。

③　《陈诚回忆录——抗日战争》,东方出版社2009年版,第548—531页。

④　《敌伪经济汇报》第19期,1941年2月。

⑤　中国第二历史档案馆编:《中华民国史档案资料汇编》第五辑第二编"财政经济"(二),江苏古籍出版社1997年版,第269页。

⑥　公安部档案馆编注:《在蒋介石身边八年——侍从室高级幕僚唐纵日记》,群众出版社1991年版,第439页。

⑦　《陈诚失落的回忆资料》,(台北)《传记文学》第54卷第1期,1989年1月。

量,为各立门户之基础。相习成风,恬不为怪。"①宋希濂也回忆,远征军入缅作战,"一到腊戍,许多部队长及军需人员就以大量的外币(当时入缅军都是发的缅币卢比)购买布疋、化妆品、高级食品(如饼干、咖啡、牛奶、白兰地酒等等),一车一车地装到昆明出售,获利十倍到二十倍"②。新近披露的戴笠档案证实了上述回忆。1943 年 7 月,他密报蒋介石:"查怒江前线各驻军官兵,现多勾结商人,走私运货。目前敌人缺乏食盐,商人将食盐由下关、保山等地运至前线后,则勾结当地驻军官兵,送过怒江,换得棉纱布疋而回,交易地点有五、六处之多。"③居然与敌人做生意,他们缺什么就卖什么,其利欲熏心程度由此可见一斑。

对国民党军队这种几乎明目张胆的武装走私,蒋介石也很生气。1941 年 11 月,他致电第五战区军风纪巡察团主任石敬亭,令其就近注意监察贪污走私之风:"据报第五战区长官部幕僚及各部队间不肖之徒,贪污成风,贩售私货,包运烟土,私营盐粮,包庇赌娼,其自敌区运来之仇货,在老河口一带屯集如山,强迫人民为其转运推销,无不疲于奔命等语,希即就近注意监察为要。"④1942 年 9 月,他又严令各战区:"现在军人经商的流弊,恐各战区都不可免,希望各位司令长官与总司令严切取缔与禁绝,如有经营商业贩卖仇货的,一律视作通敌论罪。"⑤1944 年 11 月,他还通电各战区司令长官、各军风纪巡察团主任委员暨远征军卫立煌,严禁部队眷属在战区内营商,"各战区军官即军佐之眷属及其亲戚等均不许在其所属之战区内经营商业,希严督所属,切实遵照办理为要。"⑥

但从后来的情况来看,弥漫在国民党军中的武装走私之风依旧猖獗,乃至泛滥成灾。在这种风气下,"军纪为之荡然,战斗力为之丧失"⑦。1941 年中

---

① 《陈诚回忆录——抗日战争》,东方出版社 2009 年版,第 538 页。
② 宋希濂:《远征军在滇西的整训和反攻》,《文史资料选辑》第 8 辑,中华书局 1960 年版,第 44—45 页。
③ 吴淑凤等编:《戴笠先生与抗战史料汇编·经济作战》,(台北)"国史馆"2011 年版,第 380 页。
④ 《蒋中正"总统"档案·事略稿本》第 47 册,(台北)"国史馆"2010 年版,第 469—470 页。
⑤ 秦孝仪编:《"总统"蒋公思想言论总集》第 19 卷,(台北)中国国民党中央党史委员会 1984 年版,第 279 页。
⑥ 《蒋中正"总统"档案·事略稿本》第 59 册,(台北)"国史馆"2011 年版,第 46—47 页。
⑦ 徐修龄:《如何杜绝华南的走私》,《国民公论》第 3 卷第 12 期,1940 年 6 月 16 日。

条山战役失利后,国防最高委员会就指出:"中条山失利原因之一为,敌人贬价输送敌货毒品,军队上下唯利是图,走私风炽,战斗力削弱。"①1944年河南失陷后,蒋介石更是惊奇地发现:"我们军队里面所有的车辆马匹,不载武器,不载弹药,而专载走私的货物。"②陈诚亦不由感叹:"各级干部差不多都成了官商不分的人物。一个个腰缠累累,穷奢极欲,而士兵之苦自苦,于是官兵生活不能打成一片。要这样官兵组织成的部队发扬斗志,又如何可能?"③当时,甚至还经常发生日军化装成商人,利用走私道路,乘隙攻占国军驻地的事情。

3. 掠夺百姓

抗战期间,国民党的军纪非常差,经常发生掠夺百姓之事。如在1937年秋的平汉线作战中,刘峙所部"沿途鸣枪掠夺,居民财物,洗劫一空"④。又如苏北的韩德勤畏敌如虎,但搜刮民众如狼,"敌至则放弃一切,逃溃劫掠;敌去则搜劫行旅,抢掠村舍,不遂所欲,诬以汉奸;偶撄其怒,指为新四军间谍,于烧杀拷打外,处以活埋……"⑤,以致苏北民众对其愤恨至极,编了"天上有个扫帚星,地上有个韩德勤,放着日本他不打,专门祸害老百姓"的民谣。

顾祝同的第三战区也一样。1941年6月,蒋介石曾严厉责备顾祝同:"第三战区之军风纪可谓扫地殆尽,兄其知之乎? 中初以为战败溃乱一时之现状,故未加深究,不料至今闽浙各地之国军仍到处扰乱抢劫,其所有行动之恶劣诚

---

① 《国防最高委员会呈卅八集团军总司令李家钰走私贩毒等事宜》,中国第二历史档案馆藏档案,43/343。

② 秦孝仪编:《"总统"蒋公思想言论总集》第20卷,(台北)中国国民党中央党史委员会1984年版,第445页。

③ 《陈诚回忆录——抗日战争》,东方出版社2009年版,第94页。

④ 《联络参谋袁德性、熊斌等军政人员有关平汉路北段作战文电》,中国第二历史档案馆藏档案,8/1744。

⑤ 《苏北绅商学各界致重庆诸公电(一)》,中共江苏省委党史资料征集研究委员会编《江苏党史资料》1986年第3辑,第199页。

出乎梦想所不及者。此兄平时治军不认真不严肃,而乃有此不可收拾之一日。"①但言者谆谆听者藐藐,情况并无丝毫改变。1942 年 6 月,戴笠在向蒋介石密报第三战区浙赣会战失利原因时便说:"查此次参加浙东作战之部队⋯⋯沿途拉夫,到处占住民房,查军队原有军盐发给,今则所过地方,则强要地方供给食盐,而以所领军盐高价出售。因是各县乡镇保长,均有无法供应之痛苦。"②可见大肆扰民是国民党军队难以根治的一大痼疾。

第五战区亦是如此。据何成濬日记记载,1941 年鄂北遭遇荒年,"民食已深感不足",但第五战区"各军队以征购军粮为名,尽量搜刮,不遵守中央规定给价,甚至或完全不给价。民间十室九空,饿死流亡者,不绝于途。各军队收集之粮,堆积如山,有随时随地以高价卖出去,亦有暂留置不即卖出者。"③显而易见,这些部队完全是不顾百姓死活。1943 年,刘峙转任第五战区司令长官后,长官部四周的农民更是"大遭其殃,花、果、菜蔬时为官兵强取而去,例不给值。农人有来诉苦的,长官部里的人却说,我们一向是这样的。军人为国抗战,难道吃点水果、菜蔬,还要花钱买?"④

包括薛岳的第九战区,同样是军纪废弛。1941 年第二次长沙会战结束后,第九战区副司令长官杨森曾报告:"各部队官兵纪律太坏。此次各部溃散官兵,普遍奸掳烧杀,甚至部队前进转进中,在部队长官率领下,亦有之,较之上海抗战一役溃散蔓延数百里,有过之无不及。⋯⋯部队官长平时教育之不良,约束之无方可以概见。"1944 年湖南会战失利,第九战区在《战斗要报》中亦承认:"纪律废弛,战志不旺。整个战场,我军多为退却作战,军行所至,予取予求,民不堪扰,而部队之逃散,尤甚惊人。"⑤

此外,陈诚回忆:第一战区汤恩伯驻扎河南时,"长官部特务团随长官部

① 《蒋中正电责顾祝同治军不严以致第三战区军纪败坏应严加整顿》(1941 年 6 月 3 日),转引自李宝明:《"国家化"名义下的"私属化":蒋介石对国民革命军的控制研究》,社会科学文献出版社 2010 年版,第 176 页。
② 吴淑凤等编:《戴笠先生与抗战史料汇编·军情战报》,(台北)"国史馆"2011 年版,第 153—156 页。
③ 何庆华藏,沈云龙注:《何成濬将军战时日记》上册,(台北)传记文学出版社 1986 年版,第 54 页。
④ 李宗仁口述,唐德刚撰写:《李宗仁回忆录》,华东师范大学出版社 1995 年版,第 592 页。
⑤ 中国第二历史档案馆编:《抗日战争正面战场》下册,江苏古籍出版社 1987 年版,第 1107、1297 页。

行动,亦到处鸡犬不留。军民之间俨如仇敌"①。李宗仁也说:汤恩伯部"借口防谍,凡所驻扎村落,除老弱妇孺外,所有成年男子一概迫令离村往别处寄宿。村中细软、粮食、牲口也不许外运。壮年人既去,则妇女、财产便一任驻军支配了。以故汤军过处,民怨沸腾。后来河南人民有句反汤的口号:'宁愿敌军来烧杀,不愿汤军来驻扎。'"②甚至出现了"河南四殃:水、旱、蝗、汤"的民谣。这种状况最终激起了民变。1944年4月,日军发起一号作战,首先进攻河南,汤恩伯部望风而逃,事后则检讨说:"此次会战期间,所意想不到之特殊现象,即豫西山地民众到处截击军队,无论枪支弹药在所必取,虽高射炮、无线电台等,亦均予截留。甚至围击我部队、枪杀我官兵,亦时有所闻。尤以军队到处,保、甲、乡长逃避一空,同时,并将仓库存粮抢走,形成空室清野,使我官兵有数日不得一餐者。……其结果各部队于转进时,所受民众截击之损失,殆较重于作战之损失。言之殊为痛心。"③由此可见,当地老百姓对他们的不满可以说是已经到了忍无可忍的地步。

面对国民党军队这种糟糕的军民关系,何成濬曾一再感叹:"近年各军纪律,皆废驰不堪……国内各战区强奸抢劫等事,几无日无地无之","此等祸国殃民之军队,如何抗战?""有此等之军队,人民真毫无生路矣!"④接任第一战区司令长官的陈诚也说:"这样的部队,还希望它能够打胜仗,岂不是做梦?"⑤蒋介石更是大为震怒:"我们的军队沿途被民众包围袭击,而且缴械!……这样的军队当然只有失败!"他还说:"部队里面军风纪的败坏,可以说到了极点! 在撤退的时候,若干部队的官兵到处骚扰,甚至于奸淫掳掠,弄得民不聊生! 这样的军队,还存在于今日的中国,叫我们怎能做人? 尤其叫我个人怎样对人?"⑥

---

① 《陈诚回忆录——抗日战争》,东方出版社2009年版,第94页。
② 李宗仁口述,唐德刚撰写:《李宗仁回忆录》,华东师范大学出版社1995年版,第564—565页。
③ 中国第二历史档案馆编:《中华民国史档案资料汇编》第五辑第二编"军事"(四),江苏古籍出版社1998年版,第98页。
④ 何庆华藏,沈云龙注:《何成濬将军战时日记》上册,(台北)传记文学出版社1986年版,第69、52、54页。
⑤ 《陈诚回忆录——抗日战争》,东方出版社2009年版,第94页。
⑥ 秦孝仪编:《"总统"蒋公思想言论总集》第20卷,(台北)中国国民党中央党史委员会1984年版,第445—446页。

4. 国民党军队反腐的失败

事实上,蒋介石对国民党军队的这种腐败状况也认识得非常清楚。1942年9月,他在出席军事会议时即曾将之归纳为:"(1)赌博(2)走私(3)吸运鸦片(4)扰民(5)经营商业(6)加入帮会(7)军官眷属住在部队附近(8)新兵殴打接兵官,中途哗变(9)部队接收新兵之弊病(10)高级主管不亲到部队检查缺点(11)部队主管不能彻底监督命令之执行(12)谎报欺骗,纠察不严。"①概括得可谓相当全面。1943年12月,他在日记中又感慨:"军队空虚,官兵不学,指挥无方,军政萎靡腐败,难期振作,殊为前途悲痛也。"②另据其亲信记载,他甚至曾经为此"捶桌顿足,怒不可止"③。

抗战期间,蒋介石也曾煞费苦心地采取措施,作出一些反腐努力。如在1937年9月成立了军法执行总监部,掌理军队纪律的维持和军法执行事务。该机构成立后,旋即在各战区、各方面军、军事运输司令部、兵役部等单位设立军法监、分监部,开展反腐整军。为考察军纪、惩治贪污,蒋介石甚至还一度建立了巡视制度,抽调检察院、军法执行总监部的高级官员,组织军风纪巡回视察团,直属军事委员会,不定期地赴各战区突查部队。为解决军队中吃空额的问题,还成立了点验委员会,隶属军政部,深入战区和部队进行兵员人数的检查。但到头来,这一切努力均付诸东流,国民党军队的腐败不但未能禁绝,相反日渐嚣张。1944年11月,蒋介石承认:"查近年军风纪巡察团对于实施纠察军风纪,迄无成绩。"④无奈之情溢于言表。

抗战期间国民党之所以未能遏制住军队腐败,这固然是因积重难返所致,但在很大程度上也与缺乏具有足够权威、强有力的反腐机构有关。如财政部虽在各战区设有稽查处,办理查缉日货与资敌物品事宜,但"各地货运多操于

---

①　《蒋中正"总统"档案·事略稿本》第51册,(台北)"国史馆"2011年版,第167—168页。

②　《蒋中正"总统"档案·事略稿本》第55册,(台北)"国史馆"2011年版,第566页。

③　公安部档案馆编注:《在蒋介石身边八年——侍从室高级幕僚唐纵日记》,群众出版社1991年版,第233页。

④　《蒋中正"总统"档案·事略稿本》第59册,(台北)"国史馆"2011年版,第37—38页。

高级司令部或驻军之手,稽查处徒负空名,绝不能照中央规定办理。盖贩货运货卖虽由商号或商人出面,而暗中组织,十分之八九,属于高级司令部或驻军,无论其犯法与否,稽查处不敢过问也,即中央命令亦等于废纸"①。至于各战区军法执行监,亦大多由战区司令长官保荐,故与之沆瀣一气,"倘与无私人关系,不陷之于罪戾,即排挤而去之"②。何成濬便曾抱怨:"今日之执法监,职位卑下,各地方政府不惟不予以协助,且往往破坏,或阻碍其进行"③,"余本负有纠察军风纪之贵,然此等军队之长官,殊为中央权威所不及,余又其如之何?此真中华民国之不幸也!"④

　　即便是蒋介石寄予厚望的军风纪巡察团,也同样疲沓无力,"盖历来所派之主任委员、委员等,其资望地位,皆不及各司令长官、主席远甚。各司令长官、主席绝不重视之,且有欲见长官一面而不易得者,似此又何从表现其成绩"⑤。对此,蒋介石也很苦恼。1944年11月,他曾手谕何成濬:"希研拟加强军风纪视察团之职权与其责任以及其能有效实施之办法呈报为要。"⑥军风纪巡察团之无权由此可见一斑。在这种情况下,它们基本形同虚设、流于形式,甚至同流合污、执法犯法。如军法执行总监部高级军法官、战区军风纪第三巡察团成员徐业道受贿贪污,一时引起舆论哗然。而点验委员会在各部队受贿徇私,更是普遍。曾任点验委员兼点验小组组长的国民党中将方暾坦承:"所谓点验,只是一个形式。各个组员的收入,超过了薪俸好多倍,我比组员还多些。"⑦很明显,这些巡视机构仅是敷衍了事,起不到遏制腐败的作用。

　　实际上,国民党军队的这种腐败之所以无法禁绝,归根到底还是因蒋介石未痛下决心。其"文胆"陈布雷曾言:"委座没有彻底改革决心!"⑧高级幕僚

① 何庆华藏,沈云龙注:《何成濬将军战时日记》上册,(台北)传记文学出版社1986年版,第48页。
② 何庆华藏,沈云龙注:《何成濬将军战时日记》上册,(台北)传记文学出版社1986年版,第76页。
③ 何庆华藏,沈云龙注:《何成濬将军战时日记》上册,(台北)传记文学出版社1986年版,第43页。
④ 何庆华藏,沈云龙注:《何成濬将军战时日记》上册,(台北)传记文学出版社1986年版,第52页。
⑤ 何庆华藏,沈云龙注:《何成濬将军战时日记》上册,(台北)传记文学出版社1986年版,第50页。
⑥ 《蒋中正"总统"档案·事略稿本》第59册,(台北)"国史馆"2011年版,第38页。
⑦ 方暾:《国民党军政部点验委员会的真相》,《文史资料选辑》第136辑,中国文史出版社1999年版,第167页。
⑧ 公安部档案馆编注:《在蒋介石身边八年——侍从室高级幕僚唐纵日记》,群众出版社1991年版,第432页。

唐纵也说："委员长近年来的政治精神,都是如此。一方面励精图治,要求改进现状,但同时顾虑太多,处处维持现状。一进一退,无补于时艰,徒然苦了自己,苦了国家民族!"①加上蒋介石的用人思路也有问题。如刘峙腐化无能,却始终官居高位。对此,蒋介石曾解释:"刘峙指挥作战是不行,但是哪个人有刘峙那样绝对服从?"②又如蒋鼎文1944年在担任第一战区司令长官期间,被监察院以"克扣给养从中舞弊"、"扣发弹药勒索贿赂"、"经商牟利无意作战"、"不设防务贻误戎机"、"撤退官兵不予收容"、"战区物资损失惨重"等六大罪状弹劾,腐败之深可谓人神共愤,蒋介石不得不将他撤职查办以掩人耳目。可时隔不久,他又被起用,委以重任。于是,在这种大老虎都漏网的情况下,"由此产生的下级贪污,也就诛不胜诛,越来越多了"③,甚至形成一股风气,不腐败还不行。当时,国民党将领黄维就抱怨:"今日如规规矩矩拿薪水,便要饿饭,而且不能做事,势必失败不可。反之,混水摸鱼,贪污舞弊,自己肥了大家也可沾些油水,倒是人人说声够交情,有了问题大家包涵。这是做好不好,做坏倒好,正义扫地,是非颠倒。"④

总之,国民党军队在抗战中存在着严重的腐败问题,对战争进程造成了十分恶劣的影响,甚至直接埋下了日后垮台的伏笔。因此,在对其抗战期间的表现加以评价时,这一点显然是无法掩盖和美化的。

(三)侵华日军眼中的敌后战场

在抗日战争中,中国共产党领导开辟的敌后战场在物质极端匮乏的情

---

① 公安部档案馆编注:《在蒋介石身边八年——侍从室高级幕僚唐纵日记》,群众出版社1991年版,第479页。
② 李宗仁口述,唐德刚撰写:《李宗仁回忆录》,华东师范大学出版社1995年版,第615页。
③ 《社论》,《华西日报》1944年5月16日。
④ 公安部档案馆编注:《在蒋介石身边八年——侍从室高级幕僚唐纵日记》,群众出版社1991年版,第313页。

况下浴血奋战,运用劣势武器开展游击战争,为抗战的最终胜利作出了巨大贡献。然而长期以来却不断有人贬低敌后战场,甚至诋毁中共"游而不击"。近年来,这种观点在大陆也开始出现,尤其是在网络上流传甚广,混淆了不少人的视听。关于这一问题,其实最具有说服力的材料就是来自敌人的言说。例如战后日本防卫厅防卫研修所战史室曾编纂一部《北支の治安战》(中译本为《华北治安战》,天津人民出版社1982年版),详细叙述了日军在华北作战的历史。其中收录了大量日方原始资料,包括大本营和陆军省的机密文件、日志和颁发的命令,以及当时日本的主要决策者、高级指挥官的回忆和笔记。今天看来,他们的立场和观点虽然站在敌对方面,但对中共抗战的记载还是带有很大的真实性和客观性。因此从这一视角来考察,有助于我们更深刻地了解和认识敌后战场的地位与作用以及人民战争的巨大威力。

1. 日军将中共军队视为"华北治安的致命祸患"

据《华北治安战》记载,早在1938年,日本华北方面军编写的情报记录便写道:"可以断定,今后华北治安的对象是共军。"1939年12月,华北方面军情报负责人会议也指出:"根据最近情报,共产势力渗透华北全部地区,就连北京周围通县、黄村(大兴)等地,也都有组织地渗透于民众中间。"他们由此认定:"中共势力对华北治安的肃正工作,是最强硬的敌人。为此,应加紧收集情报,确立排除中共势力的对策,实为当务之急。"在这次会上,华北方面军参谋长笠原幸雄亦承认:"今后华北治安的致命祸患,就是共军。只有打破这个立足于军、政、党、民的有机结合的抗战组织,才是现阶段治安肃正的根本。"基于这种认识,他主持制定的1940年"肃正计划"规定:"中共势力迅速壮大,不容忽视。如不及早采取对策,华北将成为中共天下。为此,方面军的讨伐重点,必须全面指向共军。"不久后,日本在河北的特务机关又对1940年2月管区内的治安状况做了如下概述:"国民党游击队的投降倾向显著,已至日趋没落之地步。与之相反,共产党八路军所取得的地盘,则占有保定道的全部、河北省80%的地区。如今,河北省成为中共独占的活跃舞台。"①

　　1940年8月八路军发动的百团大战,更是给日军以沉重的打击。根据华北方面军作战记录记载:"此次袭击,完全出乎我军意料之外,损失甚大,需要长时期和巨款方能恢复","日军从未想到中共势力竟能扩大到如此程度"。于是,他们一再惊呼:"随着国民党系匪团的南逃,管内及周围残存之敌,形成一色的共产势力。其赤化及抗日工作,更加隐蔽,活动也更加积极顽强","共军对我占领区的进犯越来越频繁,已成为今后肃正工作上最严重的问题。……有鉴于此,今后的讨伐肃正的重点必须集中指向共军,全力以赴,务期将其全歼","共军无论在质量上、数量上均已形成抗日游击战的主力。因此,占领区内治安肃正的主要对象,自然是中共势力"。②

　　1941年2月,华北方面军召开管内参谋长联席会议,传达新年度的"肃正建设计划"。该计划指出:"在1941年度要彻底进行正式的剿共战,已经成为空前未有的大事","肃正的重点,仍然在于剿共"。他们还进一步分析:"共军由于受到我多次讨伐以及国共相争等原因,其军事行动曾一度似趋消极。但实际上……在我占领地区,以及蒋系实力薄弱地区,对群众的地下工作日趋活跃,且其工作效果扩大到更广泛的地区,从质的方面来看,其深度确是在不断提高。尽管蒋系军队一直处于颓势,但华北的治安肃正工作并未收到预期的效果,其根本原因即在于此。据此,方面军将工作重点置于对共施策上,进一步针对实际情况,予以加强。"③平心而论,这一分析虽来自敌人,却是比较客观公允的。

　　1942年2月,华北方面军召开所属各兵团参谋长会议,下达年度计划大纲,再次强调:"治安肃正的重点,应放在以剿共为主的作战讨伐上。"④1943

①　日本防卫厅防卫研修所战史室著,天津市政协编译委员会译:《华北治安战》上册,天津人民出版社1982年版,第100、126、127、177、223、157页。
②　日本防卫厅防卫研修所战史室著,天津市政协编译委员会译:《华北治安战》上册,天津人民出版社1982年版,第296、297、277、236、216页。
③　日本防卫厅防卫研修所战史室著,天津市政协编译委员会译:《华北治安战》上册,天津人民出版社1982年版,第362—363、364、363页。
④　日本防卫厅防卫研修所战史室著,天津市政协编译委员会译:《华北治安战》下册,天津人民出版社1982年版,第101页。

年 1 月,大本营第十五课长松谷城在向大本营报告中国方面情况时也说:"华北共产党实难对付。现正从事土地革命、社会革命。中原会战、浙赣会战以后,共产党的全部新四军开来,虽经扫荡战,但治安紊乱状况正在恶化。"①另据日本战史记载,"1943 年中期,分驻各地的日军部队,铁路警护队、华北绥靖军部队等,几乎都被封锁在各自的驻地,有的附近就是共产党恐怖横行之处。至同年末,治安更加混乱,不仅日本军的小队、中队,就连大队本部有时也成了中共军夜袭的目标。"②

到 1944 年初,华北方面军司令部更是在 1943 年度的综合战报中详细公布:"敌大半为中共军,与蒋军相反,在本年交战一万五千次中,和中共的作战占七成五。在交战的二百万敌军中,半数以上也都是中共军。在我方所收容的十九万九千具敌遗尸中,中共军也占半数。但与此相比较,在我所收容的七万四千俘虏中,中共军所占的比率则只有一成五。这一方面暴露了重庆军的劣弱性,同时也说明了中共军交战意识的昂扬。……因此,华北皇军今后的任务是更增加其重要性了。只有对于为华北致命伤的中共军的绝灭作战,才是华北皇军今后的重要使命。"③

对当时的华北战局,曾任华北方面军司令官的冈村宁次后来在回忆录中亦曾写道:"(1941 年)我就任华北方面军时的形势是,对重庆政府军的作战已大致结束,周围几乎到处都有共军活动,另有几处盘踞着重庆系地方军。因此,说到作战,大体上各军、方面军直辖兵团对当地共军都在日夜进行讨伐战(规模大小不等)。"他还说:"中共利用与日本的作战,努力掌握华北民心,逐步巩固了地盘。另一方面,蒋介石将其嫡系最精锐的胡宗南部队,集中于接近中共根据地延安的西安附近,几乎不用于对日作战(仅在河南作战时出动过一、二个师),专门监视延安。"④

---

① 日本防卫厅防卫研究所战史室著,天津市政协编译委员会译校:《日本军国主义侵华资料长编——〈大本营陆军部〉摘译》中册,四川人民出版社 1987 年版,第 768 页。
② 日本防卫厅防卫研究所战史室著,天津市政协编译委员会译校:《日本军国主义侵华资料长编——〈大本营陆军部〉摘译》下册,四川人民出版社 1987 年版,第 78 页。
③ 《朱德选集》,人民出版社 1983 年版,第 148—149 页。
④ [日]稻叶正夫编,天津市政协编译委员会译:《冈村宁次回忆录》,中华书局 1981 年版,第 324、37 页。

毫无疑问,以上这些来自敌人、将中共视为主要对手乃至"华北致命祸患"的判断,无不彰显了敌后战场的地位和作用,同时也充分说明中共军队绝非"游而不击"。

2.日军赞叹中共游击战"极为巧妙"

如前所述,日军很早便将"讨伐重点"指向中共,那为何始终未能奏效呢?这就要归因于中共游击战的巧妙了。战争初期,日军便承认:"共军的游击战术巧妙,其势力与日俱增,广泛地扩大了地盘。"1938 年,他们又感慨:八路军"取遇强则退、逢弱便打的战法,对其剿灭极为困难",而日军"望风扑影、劳而无功的讨伐,也实在不少"。1939 年 5 月,日军对五台山的扫荡失败后,第一〇九师团参谋山崎重三郎也总结:"1939 年 5 月的五台作战是继 1938 年秋季作战的再一次剿共作战。其战果与初次相同,毫无所获","作战期间,几乎无法掌握共军的动向,甚至连共军的踪影也弄不清。因此,从未进行过较正规的战斗"。[①]

1940 年,日军第一一〇师团作战主任参谋中村三郎对八路军的游击战曾作了详细描述:"使日军最感棘手者,为冀西及冀中军区的共军。彼等以省境及日军作战地区附近,或沼泽、河流等日军势力不易到达的地区为根据地,进行巧妙的地下工作及灵活的游击战。因此,了解和掌握其动向,极为困难。"他还说:"共军的行动轻快而敏捷,熟悉地理,因而无法捕获。相反,日军却多次遭到共军的伏击。"而在遭到百团大战的沉重打击后,华北方面军参谋部编写的《对华北方面共产势力的观察》更是总结:"共军、匪的机动游击战法极为巧妙、顽强,成为我治安上最大的祸患。"其情报部门亦断言:"对擅长游击战及退避战术的共军,以武装讨伐犹如驱赶苍蝇,收效极微。"[②]

1941 年,在冀中一带作战的第一一〇师团骑兵大队长加岛武还曾回忆:

---

①　日本防卫厅防卫研修所战史室著,天津市政协编译委员会译:《华北治安战》上册,天津人民出版社 1982 年版,第 65、82、83、132、133 页。

②　日本防卫厅防卫研修所战史室著,天津市政协编译委员会译:《华北治安战》上册,天津人民出版社 1982 年版,第 157、157、342、414 页。

"部队最初进驻无极县时,共方工作队、游击队四处潜伏,居民毫不合作,气氛令人可怕。对此,各队首先由所在地开始进行肃正,逐步向四周扩大。但终归抓不住真正的敌人。部队在行动中经常受到来自住房的窗口、墙上、丘陵树林中的突然射击。偶而发现敌人,紧追过去,却无影无踪。以后得知他们挖有地道,地道的入口设在仓库、枯井、小丘的洞穴等处,地道四通八达,甚至有地下集合的场所。"他因此不禁哀叹:"日军总像是在和鼹鼠作战一样,旷费时日,真想举手服输。"①无独有偶,1942 年,在冀南十二里庄担任独立警备小队长的山口真一同样表示:"对神出鬼没的共军每天都要进行神经紧张令人恐惧的战争,不如打一次大规模的战斗反倒痛快。其后我参加过老河口作战,我回忆在中国四年之中,再也没有比驻防在十二里庄当队长时代更苦恼的。"②

对"地道战"的威力,日本战史在叙述 1942 年冀中作战时也写道:"共军的平原地带的抵抗据点,煞费苦心地修筑了各种地下设施。例如在各家炕底下修筑地下室,互相连通一气,甚至有的炕下地下室通过地道与村外秘密联络点相连接,有时村庄之间也设置联络用的暗道。地下室的规模不一,有大有小,一般能收容一百数十名兵员,还有能隐藏、储存一部分军需品的地下室。地道入口多隐蔽在寺院、庙宇、废井、堆肥小屋、堤坝、仓房、森林中,很难发现。此外,田地等的洼道、山坡等地方还设置了很多潜伏用的洞穴。"特别是"沙河、木道沟河沿岸一带地区,素有中共平原根据地模范区之称,交通壕、地道建筑非常普遍,几乎所有的村庄都有地下设施,甚至有相距七、八公里的三个村庄用地道连接起来"。③

不难想见,在这种神出鬼没的中共游击战面前,日军擅长的大兵团正规作战很难发挥其效用。据日本战史记载,"华北方面军于 1943 年虽然在山西、满华边境方面、黄河故道等中共军活动的主要区域,进行了肃正作战,特别是对河北、山西敌根据地展开了大规模的剿共作战,虽然取得很多战果,但终

---

① 日本防卫厅防卫研修所战史室著,天津市政协编译委员会译:《华北治安战》上册,天津人民出版社 1982 年版,第 469 页。

② 日本防卫厅防卫研修所战史室著,天津市政协编译委员会译:《华北治安战》下册,天津人民出版社 1982 年版,第 169 页。

③ 日本防卫厅防卫研修所战史室著,天津市政协编译委员会译:《华北治安战》下册,天津人民出版社 1982 年版,第 162—163、155 页。

究同以往几十次反复剿共讨伐作战一样,枉费心机未能取得决定性的持续效果"①。

有意思的是,由于国民党在华北也曾进行过游击战,日军还屡屡将国共两党军队的战斗力及表现加以对比。早在 1938 年,日军便依托伪政权团体"新民会"做了调查,其调查材料显示:"国民党系统的游击队……同共产党员领导的受过政治训练的游击队相比,战斗力相差很大,而且其下级队员大多数倾向共产党。"②对这一时期国民党的游击战,日本战史也评论:"从作战成果看,重庆军比较容易击败,但要捕捉、消灭采取退避分散战术的共军则极为困难","国民党系统军队的政治工作和游击战,与中共方面相比较,则相形见绌,不够熟练和妥善。故在国共并存的地区内,共产势力掌握着主导权,而且国民党方面逐渐受其侵蚀。"③

1940 年 2 月,日本在河北的特务机关还对管区内的治安状况做了如下概述:"国民党游击队的投降倾向显著,已至日趋没落之地步。与之相反,共产党八路军所取得的地盘,则占有保定道的全部、河北省 80% 的地区。如今,河北省成为中共独占的活跃舞台。"同年 12 月,华北方面军第二十七师团长本间雅晴中将在《师团情况报告书》中也说:"随着国民党系匪团的南逃,管内及周围残存之敌,形成一色的共产势力。其赤化及抗日工作,更加隐蔽,活动也更加积极顽强。"④其中对国共两党军队在华北的不同表现,描述得可谓十分细致。

更吊诡的是,日军在华北对国民党军队的打击还往往有利于中共抗日根据地的开辟,这一点令他们颇为烦恼。例如 1941 年日军通过中原会战,终于占领了国民党卫立煌部长期盘踞的中条山,但结果却是其始料未及的,"中条

① 日本防卫厅防卫研究所战史室著,天津市政协编译委员会译校:《日本军国主义侵华资料长编——〈大本营陆军部〉摘译》下册,四川人民出版社 1987 年版,第 78 页。
② 日本防卫厅防卫研修所战史室著,天津市政协编译委员会译:《华北治安战》上册,天津人民出版社 1982 年版,第 106 页。
③ 日本防卫厅防卫研修所战史室著,天津市政协编译委员会译:《华北治安战》上册,天津人民出版社 1982 年版,第 264、201 页。
④ 日本防卫厅防卫研修所战史室著,天津市政协编译委员会译:《华北治安战》上册,天津人民出版社 1982 年版,第 157、277 页。

山会战以后,在新占据的地区内,以前的不安定势力即重庆军,被中共势力取而代之,逐渐浸透到各个方面,治安反而恶化了"①,"蒋系军在华北最后的地盘由于中原会战失掉以后,共产军(八路军)显然成为扰乱华北治安的主要敌人"②。对此,华北方面军曾反省:"作为蒋系中央军扰乱治安基地的中条山脉据点,的确受到重大打击。但是这个所谓'扰乱治安的游击基地',实际上有名无实。拿它与共党系统相比,它的活动是极其差劲的。然而,当蒋系军受到打击失掉其根据地时,使虎视眈眈寻找机会的共军立即将其势力侵入该地区,取代蒋系军,确立了根据地。从此,华北的游击战便由中共军独占了。"③

与此相类似的还有1942年5月至7月日军在晋冀豫边境作战,因未能捕获中共主力,而向易于捕捉之敌寻求战果,消灭了国民党庞炳勋部。对这一结果,日本战史曾总结说:"这一行动,不仅有损于完成消灭共产党军这一主要目的,而且削弱了一直在阻止共产党势力向南扩大的残余蒋军,结果却使共产军方面坐收渔翁之利",故"此次作战,或可谓为考虑不周的表现。"④对1944年的豫湘桂战役,日本战史同样反思:"本作战虽然打击了在华北的重庆军,却因减少了确保占领区的兵力,削弱了日军对共产军的压力,因而影响了国共双方力量的对比。"⑤

为了解决这一吊诡问题,日军开始利用国民党部队遏制中共发展。1940年,华北方面军制定的《华北地区思想战指导纲要》便提出:应"尽量采用宣传、谋略等各种手段,煽动两党之间的摩擦,破坏两者的合作,以导致'抗日救国'统一战线的崩溃。另外,采取适当的谋略工作,促使国民党军主动去扑灭

---

① 日本防卫厅防卫研究所战史室著,田琪之等译:《中国事变陆军作战史》第3卷第2分册,中华书局1981年版,第135页。
② 日本防卫厅防卫研究所战史室著,天津市政协编译委员会译校:《日本军国主义侵华资料长编——〈大本营陆军部〉摘译》上册,四川人民出版社1987年版,第630页。
③ 日本防卫厅防卫研究所战史室著,田琪之等译:《中国事变陆军作战史》第3卷第2分册,中华书局1981年版,第135页。
④ 日本防卫厅防卫研究所战史室著,天津市政协编译委员会译校:《日本军国主义侵华资料长编——〈大本营陆军部〉摘译》中册,四川人民出版社1987年版,第408页。
⑤ 日本防卫厅防卫研究所战史室著,天津市政协编译委员会译校:《日本军国主义侵华资料长编——〈大本营陆军部〉摘译》下册,四川人民出版社1987年版,第214页。

共军。"其同时制定的《1940 年度第一期肃正建设计划》也规定："讨伐的重点在于剿灭共军。为此,要善于利用国共的相互倾轧,在皇军势力暂时不能控制的地区,应默许那些不主动求战的杂牌军的存在。必要时,甚至可以引导他们占据真空地带以防止共军的侵入。"对这个计划,华北方面军参谋副长平田还作了如下说明："根据过去的经验,由于我军的讨伐,在杂牌军被消灭后,结果,其地盘往往反被共军占据。有鉴于此,今后的讨伐肃正的重点必须集中指向共军。全力以赴,务期将其全歼。如果在讨伐后,不能立即采取恢复治安措施的地区,而且该地区的匪团对皇军又无求战行动,为防止共军趁虚而入,宁可不对其讨伐,暂时默认该匪团的存在,反而对我有利。"①其用心之险恶由此可见一斑。

可叹的是,一些国民党部队对日军这一计划居然颇为认可。据冈村宁次回忆,当时一些国民党将领投降后,"他们到北京或在当地初次见到我时就说:'我们不是叛国投敌的人,共产党才是中国的叛逆,我们是想和日军一起消灭他们的。我们至今仍在接受重庆的军饷。如果贵军要与中央军作战,我们不能协助。这点望能谅解。'"②由此,日军得出结论:"日本与重庆之间暂时处于战争状态,却有能够共存的性质。但是,日本与共产党势力之间则是不容共存的。"所以,"对于中共,只有排除任何妥协,必须从各方面都采取彻底的对抗政策。就中共的信念而言,他们是要一直战斗到日军完全从中国撤退为止的"。③ 其中所揭示的国共两党的抗日态度,显然是有很大区别的。

3. 日军认为中共游击战的威力就在于民众

另外值得注意的是,日军经过与中共的长期交手,终于发现其游击战的力

---

①　日本防卫厅防卫研修所战史室著,天津市政协编译委员会译:《华北治安战》上册,天津人民出版社 1982 年版,第 256、227、236 页。

②　[日]稻叶正夫编,天津市政协编译委员会译:《冈村宁次回忆录》,中华书局 1981 年版,第327 页。

③　日本防卫厅防卫研修所战史室著,天津市政协编译委员会译:《华北治安战》下册,天津人民出版社 1982 年版,第 96、473 页。

量源泉正在于获得了广大民众的支持,他们对此也有极高的评价。具体说来,中共之所以能获得民众拥护,首先是因为其积极抗日、保护群众。关于这一点,日军曾表示:"中共军与日军进行战斗,其目的在于争取群众"①,"八路军游击队不仅与党、政、军、民有着密切的结合,而且干部、士兵也均抱有对主义的信仰和正确的政治态度,民族意识相当高昂"②,"其战斗意志相当强,特别是在村庄的防御战斗尤其坚强,战斗到最后一人仍然顽抗到底的例子屡见不鲜"。日本战史也记载:"共军的战斗意志极为坚强,只剩一兵一卒也要坚持抵抗。"③如"1943 年秋季鲁中作战,在此次剿共作战中,对潜伏于沂蒙山里的少数共军,使用了所有手段企图歼灭和招降,但敌人并不理睬,一直抵抗到底"④。

其次,中共在农村实行了正确的政策,团结了最广大的人民。华北方面军1941 年制定的《剿共指南》便说:"中共为了争取农村民众,以便用于抗日战争,积极策划减轻农民历来深以为苦的各种负担,并以此博得农民的信任和欢心。其主要措施为减租减息、合理负担及统一累进税等三项。"⑤1945 年,日本陆军省兵务局的一位官员也发表文章指出:"中国共产党由于在中国民众中进行唤起民族觉醒工作,在农村中进行政治经济工作,成功地掌握了民心,其势力正在日益壮大。"⑥

此外,八路军的纪律严明、爱护百姓也给日军留下了深刻印象。早在1939 年 5 月日军进攻五台时,第三十六师团参谋小堀晃就看到"共军的纪律严明,例如对五台的寺院、村落等特别注意保护,不予破坏,使人感到很能团结

① 日本防卫厅防卫研究所战史室著,天津市政协编译委员会译:《中华民国史资料丛稿译稿·1 号作战之一·河南会战》上册,中华书局 1982 年版,第 34 页。
② 日本防卫厅防卫研修所战史室著,天津市政协编译委员会译:《华北治安战》上册,天津人民出版社 1982 年版,第 407 页。
③ 日本防卫厅防卫研修所战史室著,天津市政协编译委员会译:《华北治安战》下册,天津人民出版社 1982 年版,第 162、305 页。
④ 日本防卫厅防卫研究所战史室著,天津市政协编译委员会译校:《日本军国主义侵华资料长编——〈大本营陆军部〉摘译》下册,四川人民出版社 1987 年版,第 89 页。
⑤ 日本防卫厅防卫研修所战史室著,天津市政协编译委员会译:《华北治安战》上册,天津人民出版社 1982 年版,第 404 页。
⑥ 日本防卫厅防卫研修所战史室著,天津市政协编译委员会译:《华北治安战》下册,天津人民出版社 1982 年版,第 460—461 页。

群众,深得人心"①。1941 年下半年,日军在对晋察冀边区进行"肃正"作战时,又"观察共军对民众的态度,其纪律更是严格谨慎,亲密无间。例如:使我方工作人员伪装敌方工作人员潜入村庄,妇女、儿童等毫不恐惧地与之接近,这样事例很多"。他们还惊奇地发现:"在共军方面,为了争取民众的支持,对军纪的要求极为严格。例如在行军中,有人摘了路旁树上的梨子给在押的俘虏,俘虏拒绝接受,并说农民的东西不能随便吃。"②1944 年,在内蒙古作战的日军第二十六师团师团长佐伯文中将也承认:"共军地下工作巧妙灵活,群众对他们心悦诚服,而且军纪严明,秋毫无犯。"③

而正是因为八路军长期坚持群众路线,广大民众"被动员起来,密切协助共军抗战,达到所谓军民一致的状态"。如在百团大战中,日军独立混成第四旅团长片山便说:"八路军的工作已深入到居民当中,村民正如'空室清野'的标语那样,几乎逃避一空不见踪影,并且好像曾经积极协助八路军。因而在作战期间,日军的动向被详细泄露给八路军,但在日本方面则对八路军的情报完全不明。"第一军参谋朝枝繁春也回忆:"八路军的抗战士气甚为旺盛,共产地区的居民,一齐动手支援八路军,连妇女、儿童也用竹篓帮助运送手榴弹。我方有的部队,往往冷不防被手执大刀的敌人包围袭击而陷入苦战。"④

百团大战后,日军曾疯狂扫荡报复,给根据地军民造成了很大困难,但中共通过大力开展民众工作,迅速恢复和发展了力量。对此,日本战史写道:"自 1942 年以来,由于不断进行肃正剿抉。冀东共军的游击行动趋于消沉,但其地下活动却活跃起来。其对群众的工作及对中国方面行政机关和武装团体的工作,反而更有了进展。"⑤并说:"中共方面自百团大战以后,用两年多的时

---

① 日本防卫厅防卫研修所战史室著,天津市政协编译委员会译:《华北治安战》上册,天津人民出版社 1982 年版,第 133 页。
② 日本防卫厅防卫研修所战史室著,天津市政协编译委员会译:《华北治安战》上册,天津人民出版社 1982 年版,第 448—449 页。
③ 日本防卫厅防卫研修所战史室著,天津市政协编译委员会译:《华北治安战》下册,天津人民出版社 1982 年版,第 419 页。
④ 日本防卫厅防卫研修所战史室著,天津市政协编译委员会译:《华北治安战》上册,天津人民出版社 1982 年版,第 445、311—312、312 页。
⑤ 日本防卫厅防卫研究所战史室著,天津市政协编译委员会译校:《日本军国主义侵华资料长编——〈大本营陆军部〉摘译》下册,四川人民出版社 1987 年版,第 89 页。

间,极力扩充势力、进行地下渗透与政治工作。最近,为了策应盟国方面的攻势,在军事、政治、思想各方面,再次开始积极的行动,并得到多数民众的同情,从而迅速扩大了势力。"①

1941 年夏,华北方面军制定《肃正建设三年计划》。其之所以以三年为期,就是因为认识到"剿灭"得到民众支持的中共武装"不是短期内所能做到的"。据这份计划的起草人、方面军作战主任参谋岛贯武治说明:"方面军通过对中共势力实际情况调查,作出了如下的结论:'他们是党、政、军、民结成一体的组织,具有明确的使命观。他们为了实现革命,力图通过争取民众,组织民众,以扩大加强其势力。他们巧妙地把思想、军事、政治、经济的各项措施统一起来,且将其努力分配于七分政治、三分军事之上,从而使我方单靠军事力量无法进行镇压。"②

后来在执行这个计划时,日军又不断感到"共军的民众工作极为彻底,居民对有关八路军的情况,均不轻易出口。各村的'空室清野',也均严格执行。"③他们还说:"由于共军在根据地民众工作做得彻底,侦察谍报网在群众中巧妙地扎下了根,很快就会侦悉日军的动向,立即采取回避转移行动。而且由于熟悉地理情况,利用凹形道路,岔道和隐蔽的小道等,能够神出鬼没,巧妙地离合集散。"因此,"与敌人部队作战或得到捕捉部队的机会却极少","从而使讨伐徒劳无功,几乎是毫无成效的,几十次当中,可能侥幸碰到一次。各部队为了取得成果,东奔西跑,迄无宁日。"④

1941 年夏,华北方面军独立混成第三旅团在晋察冀边区"剿共"时还记载了这样几个事例。有一次,"两名特务人员捉到当地居民,令其带路,当接近敌村时,带路的居民突然大声喊叫'来了两个汉奸,大家出来抓啊!'"还有一

① 日本防卫厅防卫研修所战史室著,天津市政协编译委员会译:《华北治安战》下册,天津人民出版社 1982 年版,第 340 页。

② 日本防卫厅防卫研修所战史室著,天津市政协编译委员会译:《华北治安战》上册,天津人民出版社 1982 年版,第 416、411 页。

③ 日本防卫厅防卫研修所战史室著,天津市政协编译委员会译:《华北治安战》上册,天津人民出版社 1982 年版,第 445 页。

④ 日本防卫厅防卫研修所战史室著,天津市政协编译委员会译:《华北治安战》下册,天津人民出版社 1982 年版,第 162、305、412 页。

次，"冈村支队的一个中队，当脱离大队主力分进之际，带路的当地居民将其带进不利的地形，使我陷于共军的包围之中。"另一次，"草野支队两名士兵，由于迷失方向，被村民带到敌军第四团第二营所在地。"①

1942年，日军开始冀东作战。据日本战史记载：此战"虽使共产军逃到管区意外，但由于该地区为共产军的根据地，其工作深深渗入民众，如此短期讨伐，很难使地方安定，今后需要继续进行肃正工作。"与此同时，日军在冀中作战时也发现："吕正操部常用战术为'敌进我退，敌去我追，敌多则避，敌少则打'所谓独特的游击战术。加以其主要机关隐藏地下难以发现，匪民难以分离，甚至老弱妇孺均为其抗战组织之一部"②，"而且农村的老百姓抗日意识很强，形成了半农半兵状态，就连老幼妇女也组织了抗日团体。因此各部队在推行肃正工作时极为困难"。1943年，日军在太行作战时又说："居民对我方一般都有敌意，而敌方工作又做得彻底，根据以往的经验，凡日军进攻的地区，全然见不到居民，因而，想找带路人、搬运夫、以至收集情报都极为困难。另外，空室清野做得彻底，扫荡搜索隐蔽物资，很不容易。"③

在疲于奔命和屡屡受挫后，日军终于意识到人民战争的巨大威力，认为"民心多倾向共产党"④，而中共"作为我治安肃正的对象，在估计其军事实力时，则必须将共军及其潜在民众之中广泛的武装力量考虑在内……群众有机的组织活动与党的地下工作相配合，就能起到加强共军实力、协助其战斗的作用。因此，也可以说，实际上扰乱我治安的就在于这些民众"⑤。这与毛泽东所谓"战争的伟力之最深厚的根源，存在于民众之中"的判断⑥，几乎如出一辙。

① 日本防卫厅防卫研修所战史室著，天津市政协编译委员会译：《华北治安战》上册，天津人民出版社1982年版，第445页。
② 日本防卫厅防卫研究所战史室著，天津市政协编译委员会译校：《日本军国主义侵华资料长编——〈大本营陆军部〉摘译》中册，四川人民出版社1987年版，第407—408、409页。
③ 日本防卫厅防卫研修所战史室著，天津市政协编译委员会译：《华北治安战》下册，天津人民出版社1982年版，第155、307页。
④ 日本防卫厅防卫研修所战史室著，天津市政协编译委员会译：《华北治安战》下册，天津人民出版社1982年版，第440页。
⑤ 日本防卫厅防卫研修所战史室著，天津市政协编译委员会译：《华北治安战》上册，天津人民出版社1982年版，第402页。
⑥ 《毛泽东选集》第二卷，人民出版社1991年版，第511页。

对中共强大的民众动员能力,日本战史曾做过这样的判断:"中共掌握农民大众之方法极为巧妙,已在华北各地施行,此点,日本望尘莫及。"①并说:"共军与民众的关系,同以往的当政者不同。中共及其军队集中全力去了解民众,争取民心,不但日本,就连重庆方面也是远远不能相比的。正因为如此,尽管他们在数量方面处于劣势,却具有不可轻视的坚韧力量。"而冈村宁次也专门提出:"共产党以党、政、军三位一体,与民众的关系有如鱼水,正在积极争取民众,我方也必须以军、政、会三者与之对抗,打一场争取民众的战争。"②这无疑更是说明了人民战争的巨大威力。

(四)海外人士笔下的中共抗战

抗日战争期间,许多海外人士通过各种途径来到了延安和其他抗日根据地。经过实地采访或考察,他们对中国共产党及其领导下的八路军和解放区有了比较直观的认识和深入的了解。在访问期间或结束后,他们纷纷用笔忠实地写下了对中国共产党的观感,具体生动地展现了中共的执政理念、执政行为、执政绩效和精神面貌。因为这些访问者基本都是中立人士,所以其报道和评论相对比较客观,有较高的可信度,从中可以折射出中国共产党当时的真实形象。

1."我们亲眼看到八路军是作战的"

由于国民党长期实施新闻封锁,并宣传"所谓八路军与新四军均抗而不战,游而不击"③,因此海外人士到解放区后首先关注的就是中国共产党是否

---

① 日本防卫厅防卫研修所战史室著,天津市政协编译委员会译:《华北治安战》上册,天津人民出版社1982年版,第97页。
② 日本防卫厅防卫研修所战史室著,天津市政协编译委员会译:《华北治安战》下册,天津人民出版社1982年版,第472、52页。
③ 《皖南事变文电选编(国民党部分)》,安徽省档案馆1985年编印,第21页。

抗战。1944年,在经过几番力争后,中外记者西北参观团终于成行,对延安和晋绥根据地进行了长达数月的采访。访问归来后,美联社记者冈瑟·斯坦因立即在美国《基督教科学箴言报》上撰文说:"在封锁线后面我发现了这样一个热烈的新社会,简直使我目瞪口呆,五年以来,在重庆对共产党除恶意的诽谤而外毫无所闻的我,对着在延安所发现的事物,吃惊的擦拭着自己的眼睛。"①1945年回国后,他又出版《红色中国的挑战》一书,并在书中列出专章"中共作战努力目击记",从不同方面引证了大量材料,证明中共部队"在不断地战斗"。他还澄清:"从我所见到的一切证据来看,我的结论是:延安所说的中共领导的战绩,比我在重庆和西安所听到的国民党的战绩可靠得多。"②

在这次采访活动中,美国合众社记者哈里森·福尔曼曾经近距离观看了晋绥军区第八分区的一场战斗,深受鼓舞。他在庆功会上说:"过去有人告诉我们:八路军不打仗,现在我们亲眼看到八路军是作战的;过去有人同我们讲八路军没有伤兵,现在我们看到了八路军是有伤兵的;过去有人给我们讲八路军没有捉住俘虏,现在我们看到了八路军捉住了俘虏;在过去有人给我们讲这地方人民害怕并恨八路军,现在我们看到了人民是爱护八路军、拥护八路军的。"③回国后,福尔曼又写出《北行漫记》一书,把他在边区的见闻和八路军的抗战事迹写成生动的故事,并从他拍的1000多张照片中选出最好的65张作插图。他在书中首先声明:"我们新闻记者多半是既非共产党,也不是共产党的同情者。"但在亲眼目睹了大量事实后,他这样写道:"从我两月中和八路军在敌后一起活动中所见到的事实——真地从事参加于这种坚强据点与碉堡的占领与毁坏——我才相信共产党的说话并无夸张之处。攻势只在武器缺乏与形势不利下受到限制。"④

美国记者武道是国民党中宣部顾问,被国民党当局认为政治上忠实可靠,但延安之行改变了他的态度。回到重庆后,他在新闻界联席会议上坦言:他过

---

① 袁武振:《面前是新中国一角的曙光——1944年夏中外记者团延安纪行》,《党史纵横》1995年第2期。

② [美]冈瑟·斯坦因著,李凤鸣译:《红色中国的挑战》,希望书店1946年版,第205、199页。

③ [美]福尔曼著,陶岱译:《北行漫记》,新华出版社1988年版,第274页。

④ [美]福尔曼著,陶岱译:《北行漫记》,新华出版社1988年版,第1、133页。

去对八路军共产党是反对的,可是这次到了延安和晋西北,证明他过去的观点是错误的,八路军真是能打仗。他在为重庆《大美晚报》撰写《我从陕北回来》一文时,又从八个方面谈到边区的所见所闻:1. 老百姓生活进步;2. 土地革命已停止;3. 医药设备不够用;4. 人民都有选举权;5. 适应抗战的学校;6. 强烈的抗战意志;7. 言论出版自由;8. 我看见了战斗。①

继中外记者团之后,美国《纽约时报》驻中国特派员艾金山也进入边区访问。他后来也指出:"随共军进入战地的外国记者都认为中共军队的确竭力抗击日寇。有许多在沦陷区跳伞降落的美国航空队多由中共游击队营救出险,对中共尤为感激与赞扬。自然,中央军也有过同样的行为。不过我曾注意考察地名,去年三月每次日本广播与华军接触,事如属实,什九是与共军的冲突。同盟社称他们为'中国红军'。"②

与此同时,美国还曾派了一个军事观察组到延安和晋绥、晋察冀抗日根据地考察,"他们看到八路军在前线英勇作战、战绩辉煌,绝非国民党所诬蔑的'游而不击'"③。于是,他们向国内报告:"最最重要的、无可争辩的事实是,共产党军队,从抗日战争开始几乎一无所有,在华北、华中一个很大地区里,不仅保存了下来,而且极大地增强了他们的实力,在那些地区里他们正继续牵制着大量日军。"④1945 年 3 月 24 日,观察组成员卢登还在华盛顿举行了一次记者招待会,向美国新闻界介绍了中国共产党武装部队抗日的情况。他说:"虽然共产党部队缺乏武器,他们仍然在有效地进行抗日游击战争","中共军队虽然在装备上还不能同日本大规模作战,但他们困扰着日军,对日军积极进行游击战争"。他同时介绍了中共援助美国飞行员、协助收集日军情报和气象情报的事例。⑤ 今天看来,这些对中共抗战的记录和报道显然是比较客观公正的。

---

① 袁武振:《面前是新中国一角的曙光——1944 年夏中外记者团延安纪行》,《党史纵横》1995 年第 2 期。
② 《美国〈纽约时报〉驻中国特派员艾金山撰文指出,国共两党必须根据民主基础拟定一个共同纲领》,《新华日报》1945 年 2 月 20 日。
③ 金城:《延安交际处回忆录》,中国青年出版社 1986 年版,第 196 页。
④ [美]约瑟夫·W.埃谢里克编著、罗清等译:《在中国失掉的机会——美国前驻华外交官约翰·S.谢伟思第二次世界大战时期的报告》,国际文化出版公司 1989 年版,第 278 页。
⑤ 项立岭:《转折的一年》,重庆出版社 1988 年版,第 124 页。

2.“这个政府和军队真正是属于人民的”

在抗日战争中,八路军和新四军的武器非常简陋,却屡屡打败强大的日军。其中究竟有何奥秘? 这自然引起了许多海外人士的兴趣。1937 年 11 月至 1938 年 8 月,美国海军陆战队军官、罗斯福总统密使卡尔逊上校在两度考察华北敌后战场后终于发现:八路军游击战是使日军装备优势得不到发挥的最有效作战方式,“八路军深入敌人的后方发挥游击战争,到处予敌人以重大威胁,这是争取胜利的最大条件”①。

除了游击战术外,八路军的政治工作也给卡尔逊留下了深刻的印象。他说:“这支军队力量的源泉在于道德灌输”,其中最重要的内容是“教育军队和人民了解他们为什么而战”;另一项重要内容是要求军队了解“人民是他们的同盟者,不要错待他们”,并且规定了三大纪律八项注意来约束部队的行动,决不允许像旧军阀军队那样践踏人民的权利;再有就是灌输为社会整体利益而奋斗的意识,因而使人人都能克服困难,“着了迷似的去完成自己的职责”。②

卡尔逊对八路军政治工作的这种肯定,得到了其他海外人士的印证。美国记者和作家斯特朗便说:“(八路军)军队同人民紧密相连,发挥着人民战争的作用。”③美联社记者贝尔登也写道:“农民经常告诉我:‘八路军就像我们的亲爹娘一样’。共产党反过来则说:‘我们是人民的子弟兵,人民是我们的爹娘。’没有比这更清楚地表明中国共产党权力的性质了。”言辞中充满了对八路军军民鱼水关系的赞赏。

美国《时代》周刊驻远东首席记者白修德到了延安后,更是直截了当地指出:“中国共产党的政策只有一点是确定不移的:他们的利益是和那些为穷困所迫、深受苦难的农民群众的利益结合在一起的,从那里他们得到最大的支持。他们,而且只有他们,曾对于农民势不可挡的企求生活受到公平待遇的渴

---

① 冯承柏、黄振华:《卡尔逊与八路军的敌后游击战》,《近代史研究》1986 年第 1 期。
② 冯承柏、黄振华:《卡尔逊与八路军的敌后游击战》,《近代史研究》1986 年第 1 期。
③ 李寿葆、施如璋主编:《斯特朗在中国》,三联书店 1985 年版,第 143 页。

望,给以有力的领导。"①他同时强调:八路军的力量就在于"深入到每个村镇的下层黑暗中去,用他们的意志,用他们的口号从那里唤起了国民党以及日本人所不能想象得到的力量。这力量来自人民——来自无数麻痹着农村的压迫底解除,来自群众的智慧,来自农民的大无畏而持久的英勇精神"②。白修德还曾回忆自己一次跟随国民党游击队行动,为了得到百姓的帮助,国民党游击队谎称是八路军。③ 由此可见,八路军与群众关系之融洽是其他军队无法比拟的。

关于这一点,美军观察组亦是感同身受。谢伟思在 1944 年 8 月 29 日的报告中写道:"他们在有关地区内得到人民的广泛支持,这是大规模和持久地进行这种战斗所必需的。这种群众支持使他们得到一支有用的巨大后备人力。"④戴维斯在 1944 年 11 月 7 日也汇报:"共产党的政府和军队,是中国近代史中第一次受有积极的广大人民支持的政府和军队。他们得到这种支持,是因为这个政府和军队真正是属于人民的。"⑤卢登在 1945 年 2 月 2 日的一份备忘录中亦表示:"我们所目睹的华北共产党得到民众支持的证据是这样广泛和明显,已经不能再认为这仅仅是为了欺骗外国来访者的一场表演。在中国近代史上,头一次有一个统治着广大地区的完全由中国人治理的政府得到民众积极支持,而且民众的参与正在不断扩大。"⑥

3."共产党在和国民党相形之下是光耀四射的"

由于这些海外人士赴延安之前大多驻留过重庆,对国民党有着透彻的认识,所以经常会将二者加以对比,甚至对国共两党较量的结局作出大胆预测。如陈嘉庚 1940 年先后到访过重庆和延安,他后来即曾回忆:到延安后,"余所

---

① [美]白修德、贾安娜:《中国的惊雷》,新华出版社 1988 年版,第 357 页。
② [美]白修德、贾安娜:《中国的惊雷》,新华出版社 1988 年版,第 224 页。
③ 白修德:《中国抗战秘闻——白修德回忆录》,第 59 页。
④ [美]约瑟夫·W.埃谢里克编著,罗清等译:《在中国失掉的机会——美国前驻华外交官约翰·S.谢伟思第二次世界大战时期的报告》,国际文化出版公司 1989 年版,第 278 页。
⑤ 《中美关系资料汇编》第 1 辑,世界知识出版社 1957 年版,第 589—590 页。
⑥ 资中筠:《美国对华政策的缘起和发展(1945—1950)》,重庆出版社 1987 年版,第 397 页。

见所闻,不论政治与军事,大出我之意外。军事则与民众合作,联络一气,同甘共苦,推诚相待,已将军队扩充至二十余师,使敌人在华北势力,仅占交通线及若干大城市而已。至政治方面,其领袖及一般公务员,勤俭诚朴,吃苦耐劳,以身作则,纪律严明,秩序整然,优待学生,慎选党员,民生安定。其他兴利除弊,都积极进行。余观感之下,衷心无限兴奋,喜慰莫可言喻,认为别有天地,如拨云雾而见青天。前忧虑建国未有其人,兹始悟其人乃素蒙恶名之共产党人物。由是断定国民党蒋政府必败,延安共产党必胜。"①

1944 年,美国记者斯坦因到了延安后也说:"这里没有厌战情绪,只有开路先锋者的社会的坚持的战斗热情。……无论年龄多大,这里的人看来特别年青,而且充满了欢乐与信心","这里没有像重庆一样的毁谤与闲谈……他们还同时有一种自我批评的热情,真正准备尽可能改正错误,如果必要的话,他们不惜改正若干久已被认为最后解决的政策。"他还预言:"人们已开始把新民主主义制度看作他们自己的制度。必要时,他们将为保卫新民主主义制度而战。在八年持续不断的战争和恐怖中,多少万装备优良的日军在众多的伪军协助之下,攻打中共领导的军队和具有政治意识的人民的联合力量,没有得到决定性的成功;那么蒋介石的军队纵然有外国武器装备起来,也不见得能比日军成功罢。"②

随后到访延安的美国记者白修德更坦言:"至今为止,共产党在和国民党相形之下是光耀四射的。在国民党是腐化的地方,它保持洁白。在国民党是愚昧的地方,它是英明的。在国民党压迫人民的地方,它给人民带来了救济。整个抗战时期该党用英明的领导,不仅抗击敌军,保护人民,而且使人民脱离古老的苦难,这样获得了威权。访问过中共区的人士似乎是逃脱了国民党的压迫,进入到光明的地区。"③

在此期间,美军观察组成员也一致认为中国共产党的前途比国民党更光明。谢伟思在 1944 年 7 月 28 日的报告中指出:"我们全体成员都有相同的感

---

① 　《陈嘉庚言论集》,新加坡南侨报社 1949 年版,自序。
② 　[美]冈瑟·斯坦因著,李凤鸣译:《红色中国的挑战》,希望书店 1946 年版,第 7—8、310—311 页。
③ 　[美]白修德、贾安娜:《中国的惊雷》,新华出版社 1988 年版,第 356—357 页。

觉:我们来到了一个不同的国家,碰到了不同的人"①,"延安民众官吏打成一片,路无乞丐,家鲜赤贫,服装朴素,男女平等,妇女不穿高跟鞋,亦无口红,文化运动极为认真,整个地区如一校园,青春活泼,民众模范,自修,自觉,自评,与重庆另一世界"②。他还说:"共产党已建立了既广且深的群众支持……从这基本的事实,我们必须得出结论,未来的中国,共产党将占有确定的和重要的地位……在短短的几年中将成为中国唯一的主导力量"③,"当国民党已丧失它早期的革命性,并随着这一丧失而呈现四分五裂的时候,共产党由于必须继续奋斗而保持了其革命性,而且渐渐壮大和比较成熟了"④。戴维斯在1944年11月7日的报告中同样表示:"蒋的封建的中国,不能长期与华北的一个现代化的、有活力和有人民拥护的政府并存。共产党将在中国存在下去。中国的命运不是蒋的命运,而是他们的命运。"⑤

　　有意思的是,这些海外人士还尤其关注中国共产党的领袖群体,并热衷于将国共两党的领袖群体进行比较。卡尔逊便认为:"八路军的高级领导人以诚实、坦白、人道和智慧著称。他们是一批抛弃了舒适生活和物质享受的人。因为他们立志要为受苦的无权的大众去争取一个较好的社会经济制度。……他们非常正直,具有高度的爱国主义和彻底的忘我精神。"⑥白修德也指出:"中共党的领袖们是一个十分有趣的团体。……他们最主要的特点就是他们团结的意识","他们互相信任,紧紧地团结在一起,没有一点宗派主义的裂缝。"而在重庆,"专以讥诮为能事的国民党官僚们,整天在叽叽吱吱,经常地勾心斗角互相嘲骂"。他还说:"当我1944年访问延安时,他们实际上比重庆的领袖们无论在体质上或思想上都要坚实得多","第一桩使你觉察到的事情就是他们对中国的知识,他们彻底地了解他们自己的国家,并且了解农村。他

①　[美]约瑟夫·W.埃谢里克编著,罗清等译:《在中国失掉的机会——美国前驻华外交官约翰·S.谢伟思第二次世界大战时期的报告》,国际文化出版公司1989年版,第181页。
②　金城:《延安交际处回忆录》,中国青年出版社1986年版,第196页。
③　《中美关系资料汇编》第1辑,世界知识出版社1957年版,第595—596页。
④　[美]约瑟夫·W.埃谢里克编著、罗清等译:《在中国失掉的机会——美国前驻华外交官约翰·S.谢伟思第二次世界大战时期的报告》,国际文化出版公司1989年版,第184页。
⑤　《中美关系资料汇编》第1辑,世界知识出版社1957年版,第576页。
⑥　冯承柏、黄振华:《卡尔逊与八路军的敌后游击战》,《近代史研究》1986年第1期。

们可以说是社会关系的工程师,他们完全懂得农民的疾苦是些什么,而且完全懂得这些疾苦怎样能转化为行动"。因此,"中国共产党属于世界上最伟大的经验家之列,是错误与考验过程中出类拔萃的艺术家"。①

作为美军观察组成员,谢伟思同样写道:"国民党领导人政治上是盲目的,而又彻头彻尾的自私,他们主要关切的是保存他们摇摇欲坠的政权",而"人们得到的对中国共产党领导人总的印象是,他们是由精力充沛的、成熟的和讲求实效的人们组成的一个统一的集体,这些人忘我地献身于崇高的原则,并且有杰出才干和坚毅的领导素质。这一印象——和使我联想起的他们的经历——把他们排列在现代中国任何一个团体之上。"②卢登亦说:"在我到过的所有共产党根据地,即使最漫不经心的人也会立即注意到,那里有一种生机勃勃的气氛和力量,一种与敌人交手的愿望。这在国民党的中国是难以见到的。高级的领导人无一例外都是久经考验的老战士,能给人民提出充满活力的纲领。毫无疑问,目前他们是中国最现实、组织最严密、意志最坚决的组织。"③据此,观察组成员多姆克甚至断言:"中共是新兴的,办法、作风、民主都是新的,人民拥护。……我想,国民党如不想新办法,死亡不久了。"④

总之,海外人士根据自己在根据地的直接观察和亲身体验写下了大量报道,有的后来还撰写专书介绍中国共产党及其领导下的抗日力量。这些报道和文章,打破了国民党长期的欺骗宣传,向世人展示了另一个中国——红色中国的存在,使大后方和国际舆论对中国共产党有了更全面的认识和评价,扩大了其在世界上的影响。同时,他们通过与国共两党的广泛接触,得出了一致的看法,即延安是中国未来的缩影,共产党是中国未来的希望。这个充满远见卓识的预言,已经完全被历史所证实。

---

① [美]白修德、贾安娜:《中国的惊雷》,新华出版社 1988 年版,第 255—264 页。
② [美]约瑟夫·W.埃谢里克编著、罗清等译:《在中国失掉的机会——美国前驻华外交官约翰·S.谢伟思第二次世界大战时期的报告》,国际文化出版公司 1989 年版,第 276、202 页。
③ 资中筠:《美国对华政策的缘起和发展(1945—1950)》,重庆出版社 1987 年版,第 397—398 页。
④ 耿飚:《国际统一战线问题》,中共晋察冀分局《战线》第 121 期,1945 年 6 月 15 日。

三

国共合作的危机与维系

　　1937年,在经过多次秘密接触和正式谈判后,国共两党终于在抗日问题上达成合作,这无疑为全面抗战的最终胜利奠定了重要基础。但抗日民族统一战线的发展并不是一帆风顺的,国共两党由抗战初期的精诚合作,到后来的磨擦频发甚至一度兵戎相见,经历了许多曲折。不过所幸的是,国共合作最终还是维持了下来。究其原因,统一战线之所以历经八年的风雨磨砺而不曾破裂,一方面固然是由于蒋介石出于各种考虑,未彻底反共;另一方面更因为中国共产党采取了正确的策略方针,妥善处理了民族矛盾和阶级矛盾的关系,强调各阶级的利益必须服从抗日的利益,同时又坚持独立自主的原则,实行发展进步势力、争取中间势力、孤立顽固势力的方针,对国民党又联合又斗争。由此看来,抗日民族统一战线的得以维系,显然主要是中共以斗争求团结的结果。

(一)蒋介石合并国共两党的设想

　　1937年国共合作的形成,原本就是一种在特殊环境下加速促成的。然而两党之间隔阂已久,实际上还存在着许多尚未解决的问题。特别是在国民党必欲保持其一党独裁,而共产党又决心不受其约束,确保自身独立发展的态势下,这种矛盾遂更难解决。因此,双方合作刚刚开始,一系列的分歧便很快出现了。

抗战之初,中共就决定放手发动民众和保持相当的独立性,这自然引起了国民党的防范心理。1937 年 7 月 15 日,时任第三十六师师长兼西安警备司令的宋希濂即曾致电蒋介石,力陈自"剿匪"军事停止以来,中共"利用时机整理训练,发展组织,扩大宣传,设立抗日军政大学,以训练干部诱致青年"等种种情况。他认为:"若不急谋根本解决之计,抗日前途必多窒碍也"。10 月,戴笠也向蒋通报:"中共密电各地高级干部八点,其最要者为在国民党中央未实现民族统一战线与政治未达民主化以前,各地共产党员不得参加任何行政机关及各种委员会之组织;共产党在苏区及游击区应绝对保有领导地位。"他还发现,中共在原属国民党控制区域内的影响逐渐扩大,如阎锡山利用牺盟会干部充任山西各县县长,"实则各该团之主要干部,大都多左倾,不啻为共党建立政治基础。苟太原一旦失陷,则山西政权必立即完全操诸共党之手,毫无疑义也"。①

这些属下的报告当然对蒋介石产生了影响。从他这一阶段的日记中,足见其对中共的怀疑和不满。如对中共要求确定边区为特区,以林伯渠为行政长官,范围包括 27 个县区等,蒋视之为"乘机要胁"。对八路军一二九师延迟出动,逼蒋承认林伯渠为边区主任,同时拒绝中央政工及参谋人员进入部队,蒋介石则断言:"共党违约势所必然"。而随着淞沪会战形势恶化,他对中共的观感更加恶劣:"军事失利,反动派逐渐猖狂,共党尤为跋扈,呜呼! 外患未消,内忧日增矣!"②为了解决中共问题,蒋介石此时提出了将国共两党合并成一个大党的设想。围绕这一主张,国共双方展开了多个回合的交锋,初步呈现出两党在合作中的分歧。

1. 从"国民革命同盟会"到"三民主义青年团"

早在 1937 年 2 月 10 日,为了促进国共合作,中共就致电国民党五届三中

---

① 杨奎松:《国民党的"联共"与"反共"》,社会科学文献出版社 2008 年版,第 390—393 页。
② 杨奎松:《国民党的"联共"与"反共"》,社会科学文献出版社 2008 年版,第 393 页。

全会,作出了停止推翻国民政府之武装暴动方针、工农政府改名为中华民国特区政府、红军改名为国民革命军并直接受南京中央政府与军事委员会之指导、停止没收地主土地政策等四项政治承诺。① 毫无疑问,这是中共的重大让步。但国民党历来以正统自居,故视其为"输诚"②,急欲借此机会彻底取消共产党。5 月 13 日,蒋介石在日记中即曾写道:"对共党应使其取消名称与改编组织,如此则拟积极指导,否则不许其公开。"为了达到此目的,他提出了将国共两党合并成一个大党的设想。5 月 31 日,蒋介石在日记中首次提出建立"国民革命同盟会"的主张,并要求加入者"先取消原有党籍,重填盟约、誓书"。

在 6 月的庐山谈判中,蒋介石向周恩来提议:"(1)成立国民革命同盟会,由蒋指定国民党的干部若干人,共产党推出同等数目之干部合组之,蒋为主席,有最后决定之权。(2)两党一切对外行动及宣传,统由同盟会讨论决定,然后执行,关于纲领问题,亦由同盟会讨论决定。(3)同盟会在进行顺利后,将来视情况许可,扩大为国共两党分子合组之党"。③ 这是他第一次正式向中共表达了合并两党的意图。

同月下旬,当复兴社干将贺衷寒提出"三民主义青年团"这个新名称后④,蒋介石觉得甚合心意,决定以之取代"国民革命同盟会",作为新党的称号。时任国民政府行政院政务处长的何廉后来回忆:"1937 年暮春,我第一次听人说起委员长打算在国民党内再组织一个党。夏天,一个朋友告诉我,委员长真的打算组织这样一个政党,并定名为三民主义青年团。"他还说:"(1937 年)8 月的一个雨天,我被召到委员长的军校官邸去见他。当我走进他的会客室时,发现陈立夫、吴鼎昌、何应钦、康泽等人也在场。委员长在这个正式会议上首次宣布,他将组织三民主义青年团……并说他宣布这些不是为了听取我们对

① 中央统战部、中央档案馆编:《中共中央抗日民族统一战线文件选编》中册,档案出版社 1985 年版,第 385—386 页。

② 荣孟源主编:《中国国民党历次代表大会及中央全会资料》下册,光明日报出版社 1985 年版,第 434 页。

③ 中央统战部、中央档案馆编:《中共中央抗日民族统一战线文件选编》中册,档案出版社 1985 年版,第 514 页。

④ 于国勋:《蓝衣社复兴社力行社》,(台北)传记文学出版社 1984 年版,第 78 页。

这个问题的意见,而只是通知我们。"①

对蒋介石这一提议,中共最初曾给予积极回应,同意成立包括国共两党及其他党派在内的"统一的民族联盟(或党)",并推举蒋介石为领袖。② 不过中共始终注重在合作中保持自身的独立性。早在 1937 年 2 月 24 日,周恩来即曾致电洛甫、毛泽东,提出自己拟定的与国民党谈判的五项原则性方针,其中一、二两条涉及到两党的组织合作问题:"一、可以服从三民主义,但放弃共产主义信仰绝无谈判余地。二、承认国民党在全国领导,但取消共产党绝不可能。唯国民党如能改组成民族革命联盟性质时,则共产党可整个加入这一联盟,但仍保持其独立组织。"次日,中共中央复电表示同意。同年 6 月,周恩来在为中共中央起草国共《两党关系调整方案》时又提出:国民革命同盟会可负责调整两党关系,决定两党共同行动事项,但不能干涉两党内部事务,两党均须遵守共同纲领,又均保留各自的组织独立性及政治批评和讨论的自由权。③ 显而易见,这些条件与蒋介石的期望相距甚远。于是,合并一事暂告搁浅。④

2."两党委员会"的成立及其争吵

1937 年 11 月底,王明回国,带回了共产国际关于"抗日高于一切"的指示。在随后召开的十二月会议上,中共中央决定改变此前对国民党过于防范的一些做法,争取与国民党尽快取得相互间的真正谅解与合作。在与蒋介石

① 何廉著,朱佑慈等译:《何廉回忆录》,中国文史出版社 1988 年版,第 199 页。

② 中央统战部、中央档案馆编:《中共中央抗日民族统一战线文件选编》中册,档案出版社 1985 年版,第 450—451 页。

③ 《周恩来年谱(1898—1949)》,人民出版社、中央文献出版社 1989 年版,第 353、369 页。

④ 1938 年 5 月,任弼时向共产国际汇报时曾说:"蒋介石企图把中国各个党派,统一于他的控制之下,以逐渐削弱融化共产党。他在去年抗战爆发前,曾提出一种合作方式,是在两党之上成立一个共同的党,两党分子均可加入,由两党选出同等数量人员组织最高委员会,而以他为主席,主席有最后决定之权,两党必须服从这最高机关的决议而行动,共产党不再与第三国际发生关系,即由最高委员会与第三国际发生关系。他这一建议,被我们拒绝了。"中央统战部、中央档案馆编:《中共中央抗日民族统一战线文件选编》下册,档案出版社 1986 年版,第 126 页。

谈判的问题上,会议明确主张在边区名称及长官人选方面作出让步,同时允许派联络参谋,不拒绝国民党派团参观边区。这一政策变化当然引起了蒋介石的重视,因此他接连发出邀请,请王明前来晤谈。12 月 21 日,王明、周恩来、博古等人在武汉与蒋介石见面。在会谈中,中共代表分别提了一些国共合作的具体建议。对此,蒋介石表示:"所谈极好,照此做去,前途定见好转","外敌不足虑","只要内部团结,胜利定有把握"。最后,他希望今后中共代表能就两党关系与陈立夫"共商一切"。①

12 月 26 日,在蒋介石的同意下,国共两党成立"两党委员会",并召开第一次会议,会议决定起草一个大家可以共同遵守的政治纲领。但实际上,国民党对这个共同纲领并没有多大兴趣。所以,两党代表很快在两党委员会中发生争吵,国民党代表甚至当场批评八路军不贯彻中央军令,要求中共将军队交给中央,中共重要的领导人应离开军队到中央来服务,八路军应与中央军交换干部,应分散使用八路军。与此同时,国民党还利用《扫荡报》等报刊开始鼓吹"一个主义"、"一个政党"、"一个领袖"、"一个政府"、"一个军队"的主张,并含沙射影地指责共产党妨碍和破坏国家统一。面对这种宣传攻势,连力主与国民党缓和关系的王明也认为不得不做出反应,遂以毛泽东的个人名义发表了答记者问,公开表明了中共的不同立场。

这一时期,蒋介石合并两党的设想亦再度受挫。1938 年 1 月 30 日,他在日记中曾决定"容纳各派组成大党"。2 月初,他又命邵力子与周恩来商谈,催促中共并入国民党。② 很快,蒋介石得知共产党不赞成此议,不得不在 2 月 5 日的日记中决定"此事宜缓处"。

3. 蒋介石说"国民党的名义亦可以取消"

在合并设想两度受挫后,蒋介石并未气馁。同月 10 日,他在会见周恩来时再次声称,为了"集中力量来应付当前关系国家民族生死存亡的大战",国

---

① 中央统战部、中央档案馆编:《中共中央抗日民族统一战线文件选编》下册,档案出版社 1986 年版,第 61 页。
② 《王世杰日记》(手稿本)第 1 册,(台北)"中央研究院"近代史研究所 1990 年版,第 176 页。

民党"竭诚盼望各党各派能够合而为一,并且为实现这个举国一致的新党起见,虽具有光荣悠久历史的'国民党'的名义亦可以取消。"他还说:"国共两党应即消泯一切形迹,确实作到团结一致","我始终认定我们要对外战胜,要革命成功,就只能有一个党,一个团体"。

对蒋介石的这一建议,周恩来立即毫不含糊地答复:"与其两党合并,无形中不免酝酿磨擦,不如两党各仍其旧。"他建议,由蒋提出一个共同纲领,促使两党联合,以达到统一两党行动、团结两党精神的目的。① 蒋介石对此表示可以详加研究,要周恩来与陈立夫等进一步商谈。在随后周与陈的谈话中,鉴于周恩来坚持不能取消共产党的立场,陈立夫重新提出在两党外组织共同加入的三民主义青年团的办法。因为事关重大,周恩来当日即将会见情况报告延安,认为蒋介石"一党思想仍旧,但目前并无强制执行意"②。

对蒋介石这种不惜取消国民党之名,必欲将国共两党合并为一个新的大党的强烈愿望,延安方面给予了极大重视。1938 年 2 月 4 日,中共中央书记处致电请示共产国际:"最近,国民党不止一次地,尽管是非正式地,提出中国统一党的问题。据一些消息说,近期国民党将召开国民党中央全会讨论中国统一党问题。目前国内存在不同的观点:一些人主张解散除国民党以外的所有政党。另一些人主张解散所有的政党,即国民党、共产党和其他政党,重新共同建立一个新的国家党。再一些人则主张建立各党派的全国联盟,即各党在共同纲领基础上加入一个共同的组织,但各党仍保留自己原有的组织。当然,我们不能同意前两种观点。考虑到人民群众要求把全国各种力量联合起来的呼声日益高涨,请你们就把中国各党派联合起来的第三种方法作出指示。我们可否同意将各党派联合起来的这种方法? 请于近期给我们指示,最好在这个月,因为,否则国民党全会向我们提出这种问题时,我们将难于作出明确的原则性答复。"但直至 3 月 23 日,共产国际才对此作出答复:"我们认为,争取由国民党、共产党和其他组织在抗日民主纲领基础上建立与共产国际没有

---

① 《委座召周恩来谈话记录》,(台北)《近代中国》第 161 期,转引自杨天石:《找寻真实的蒋介石——蒋介石日记解读》第 2 册,华文出版社 2010 年版,第 34—35 页。

② 《抗战初期中共中央长江局》,湖北人民出版社 1991 年版,第 156—157 页。

联系的民族解放联盟是合适的。"①

在未接到共产国际的明确指示之前,1938 年 2 月底至 3 月初,中共中央就专门召开政治局会议讨论两党关系的解决办法。与会者一致认为,解决国共关系的唯一正确办法,是"建立一种包括各党各派共同参加的某种形式的民族革命联盟",这种联盟建立的基本原则应有下列三点:"(一)各党各派各团体拟定一统一战线纲领作为各方宣传行动共同遵守方针;(二)由各方代表组成一自上而下的,即中央与地方的统一战线组织,以规划抗日救国的大计和调整各党派各团体间的关系;(三)参加此联盟之各党派仍保存其政治上和组织上的独立。"至于统一战线的组织方式,或采取各党派各团体选派代表组织的方式,或恢复大革命时期第一次国共合作的方式,或拟定其他的办法和方式,"只要与团结抗战有利,中国共产党均愿与国民党及其他一切抗日党派诸同志共同计议和执行"。② 3 月 24 日,王明以中共中央名义送呈《对国民党临时全国代表大会的提议》时,正式向国民党提出了这一设想。③

不难看出,中共此时所主张的民族革命联盟,旨在协调党派关系,各党派仍保留其独立地位,这与国民党企图将国共两党"合为一体"的组织形式,还是有很大差别。于是,蒋介石原拟在国民党临时全国代表大会上完成国共两党合并的计划未能如愿。蒋介石的"文胆"陈布雷曾回忆:1938 年 4 月国民党"临时代表大会之前后,尚有一事宜补记者,即蒋公对于党派问题之态度。……蒋公之理想,以为与其用政权力量抑制其他党派或思想之存在,不如融合其他党派于一个信仰——三民主义与一个组织之下,其为国家前途而努力。简言之,即化多党为一党。陈布雷还分析:蒋介石"顾犹虑其他党派以合并为嫌,不能使其党徒谅解,因之主张苟各党能赞成合并,则中国国民党可更改党名,或酌改组织,以泯吞并或降服之嫌猜。此种意见,于会前曾向各党派负责人坦白说明之,中国青年党表示可接受,国家社会党允可考虑,独中共负

① 中共中央党史研究室第一研究部译:《共产国际、联共(布)与中国革命档案资料丛书》第 18 卷,中共党史出版社 2012 年版,第 38—39、40 页。

② 《王明言论选辑》,人民出版社 1982 年版,第 583 页。

③ 中央统战部、中央档案馆编:《中共中央抗日民族统一战线文件选编》下册,档案出版社 1986 年版,第 86—87 页。

责人秦邦宪、王明等坚决拒绝,谓合作可,合并则不可,此议遂寝。"①

4. 中共态度转向积极

国民党临时全国代表大会未能实现合并各党的夙愿,蒋介石自然心有不甘。因此,他在会上一再强调:"我们是当政的唯一大党","不仅共产党要尊重本党,服从领导,国内现存一切党派都必然消融于三民主义之下"②,仍然倾向于吞并。在这一指导思想下,国民党一方面宣布组织国民参政会,吸收各方面人士参政议政;另一方面则决定成立三民主义青年团,试图以此达到争夺青年乃至"消融"各党之目的。

由于对国民党上述意图不了解,以及将三青团视为一个新的民族革命联盟,中共中央对它的成立一度表示欢迎,"准备赞成成立三民主义青年团主张"③,力图"使三民主义青年团实质上成为各阶级各党派广大革命青年的民族联盟",并"经过三民主义青年团去改造国民党"④。毛泽东指出:"我们党对国民党一切口头上要做的好东西,如扩大国民党、成立三民主义青年团,都应该采取积极赞助的态度,使全国最大多数人民与国民党中一切进步分子,看到共产党同国民党合作的诚意。"⑤他还公开表示,国共两党要想精诚合作,确实应当设法统一起来,"两个不同的政党要统一起来就要有一个桥梁,组织一个共同的委员会,或者另外组织一个党,国共两党都参加进去,作为统一战线的上层组织"⑥。不过即便如此,毛泽东还是没有忽视中共在组织上的独立性,他不断提醒党内:"统一战线是相对的,共产党在统一战线中要保持自己

---

① 《陈布雷回忆录》,东方出版社 2009 年版,第 189 页。
② 荣孟源主编:《中国国民党历次代表大会及中央全会资料》下册,光明日报出版社 1985 年版,第 512 页。
③ 中央统战部、中央档案馆编:《中共中央抗日民族统一战线文件选编》下册,档案出版社 1986 年版,第 106 页。
④ 《抗战初期中共中央长江局》,湖北人民出版社 1991 年版,第 232 页。
⑤ 中央统战部、中央档案馆编:《中共中央抗日民族统一战线文件选编》下册,档案出版社 1986 年版,第 115 页。
⑥ 《毛泽东年谱(1893—1949)》中卷,人民出版社、中央文献出版社 1993 年版,第 61 页。

的相对独立性。"①而他理解的三民主义青年团是,"凡接受本团宗旨之青年,不分性别、阶级、职业、民族、信仰皆得为本团团员,团体会员亦可加入,但各团体除执行青年团的各项决议决定外,仍应保持其本身的组织"②。

事实上,蒋介石之所以想成立三民主义青年团,就是为了统一青年组织,与中共争夺青年,进而吞并共产党。其内定的"组织训练要旨"明确规定:本团是在国民党领导之下,以三民主义为皈依,凡加入本团者"必须脱离其原有的党派组织关系"。随后公布的团章也特别强调团员"不得加入其他任何党派","不得发表有背本团宗旨之政治主张"和"不得在本团内有任何小组织"。③ 由此可见,中共要求允许团体会员加入,并允许保持各自组织的独立,是与蒋介石组建三青团的初衷完全相悖的。

此后由于国共磨擦增多,两党相处日益困难。为了保证与国民党的长期合作,中共中央在1938年9月29日至11月6日召开的六届六中全会上,再次重申了加强两党组织上合作的极端必要性。毛泽东明确指出:"为了保证长期合作,还要解决合作的组织形式问题……没有这种统一的共同的组织,不利于团结抗日,更不利于长期合作。因此,各党应该认真研究,找到一种最适合于长期合作的统一的共同的组织形式。"为此,他设想了三种合作形式:一是把国民党本身变为民族联盟,各党派加入国民党而又保持其独立性;二是各党派共同组织民族联盟,拥戴蒋介石作这个联盟的最高领袖,各党以平等形式互派代表组织中央以至地方的各级共同委员会,为执行共同纲领处理共同事务而努力。三是现在的办法,没有成文,不要固定,遇事协商,解决两党有关之问题。在这三种形式中,毛泽东认为第一种办法最好,而第三种方式"太不密切,许多问题不能恰当的及时的得到解决","对于长期合作是不利的"。④

10月1日,周恩来于六届六中全会尚未结束之际就急忙返回武汉,向蒋介石转达了中共中央的上述提议,并提出四点具体意见:(1)停止两党斗争。

① 《毛泽东文集》第二卷,人民出版社1993年版,第109页。
② 《抗战初期中共中央长江局》,湖北人民出版社1991年版,第232页。
③ 林泉编:《中国国民党临时全国代表大会史料专辑》上册,(台北)中国国民党中央委员会党史委员会1991年版,第613—614、708—709页。
④ 中央统战部、中央档案馆编:《中共中央抗日民族统一战线文件选编》下册,档案出版社1986年版,第154—155页。

（2）共产党员可以加入国民党，或令其一部分先加入；如情形良好再全部加入。（3）中共取消一切青年组织，其全体分子一律加入三青团。（4）以上参加者均保留其党籍。① 14 日，蒋介石约周恩来谈话，表示中共党员加入国民党和三青团问题，须由国民党中常会讨论，不过三青团可修改章程允许中共党员参加，只待进一步研究后即可考虑实行。两党的进一步合作，似乎由此有了转机。11 月 6 日，中共六届六中全会又作出决议："中国共产党认为国共两党合作的最好的组织形式是共产党加入国民党和三民主义青年团"，这种"两党合作组织形式的适当解决，对于亲密两党关系保证两党长期合作有极重大的意义"。②

5.谈判最终破裂

就在中共态度转向积极、同意党内合作之时，蒋介石却通过阅读中共书籍《党的建设》，充分认识到共产党在组织、纪律等方面的优越性，加上对第一次国共合作时中共党员以个人身份加入国民党后引起许多纠纷心有余悸，他逐渐改变了想法，重新回到反对跨党的主张。12 月 6 日，蒋介石在桂林向周恩来表示：跨党大家不赞成，中共既信三民主义，最好与国民党合并成一个组织，力量可加倍发展。如果同意，他拟到西北后约毛泽东面谈。如果共产党全体加入做不到，可否以一部分党员加入国民党而不跨党？ 周恩来当即回答：中国共产党信仰三民主义，不仅因其为抗战的出路，而且为达到社会主义的必由之路，中国国民党则必不都如此想，故国共终究是两党。跨党是为了取得互信，但我们也不强求。如认为时机未到，可采取他法。要求共产党员加入国民党而退出共产党，这是不可能而且做不通。少数人退出共产党而加入国民党，不仅是失节、失信仰，于国民党也有害而无益。③ 从而拒绝了蒋介石的要求。

---

① 秦孝仪编：《"总统"蒋公思想言论总集》第 9 卷,(台北)中国国民党中央党史委员会 1984 年版,第 81 页。

② 中央统战部、中央档案馆编：《中共中央抗日民族统一战线文件选编》下册,档案出版社 1986 年版,第 168 页。

③ 国防大学党史党建政工教研室编：《中共党史教学参考资料》第 16 册,国防大学出版社 1986 年版,第 105 页。

12 日,蒋介石在重庆又约周恩来、王明等人谈话,态度更趋强硬。他说:"共产党员退出共产党,加入国民党,或共产党取消名义将整个加入国民党,我都欢迎,或共产党仍然保存自己的党我也赞成,但跨党办法是绝对办不到。我的责任是将共产党合并国民党成一个组织,国民党名义可以取消,我过去打你们也是为保存共产党革命分子合于国民党,此事乃我生死问题,此目的如达不到,我死了也不心安,抗战胜利了也没有什么意义,所以我的这个意见,至死也不变的。共产党不在国民党内发展也不行,因为民众也是国民党的,如果共产党在民众中发展,冲突也是不可免。……根本问题不解决,一切均无意义。"对此,王明等言:"一个组织办法做不到,如跨党办法作不到,则可采取我们提议的其他方式合作。"但蒋却答复:"其他方式均无用。"①

1939 年 1 月 20 日,蒋介石约见周恩来,再次提出统一两党问题。周恩来明确表示"不可能",但蒋仍要周请示中共中央,希望能在其给国民党五届五中全会的电文中有具体让步。根据周恩来的提议,中共中央于 1 月 24 日给蒋介石和国民党五届五中全会发了一个公开贺电,25 日又发出一封经周恩来转交蒋介石的密电,明确表示:"两党为反对共同敌人与实现共同纲领而进行抗战建国之合作为一事,所谓两党合并,则纯为另一事。前者为现代中国之必然,后者则为根本原则所不许。共产党诚意的愿与国民党共同为实现民族独立、民权自由、民生幸福之三民主义新中华民国而奋斗,但共产党绝不能放弃马克思主义之信仰,绝不能将共产党的组织合并于其他任何政党。"②至此,蒋介石企图将国共两党合并为一个新的大党的计划,已完全落空。

综上所述,蒋介石在抗战初期便已出于猜忌,主张将国共两党合并成一个大党,力求置共产党于自己的控制之下;而中共为了长期合作,对此主张一度给予了积极回应。对此,毛泽东在 1945 年曾总结:"我们曾经设想过改造国民党,这件事似曾犯过错误,就是说这个估计不确当"③。但几个回合谈判下来,

① 中央统战部、中央档案馆编:《中共中央抗日民族统一战线文件选编》下册,档案出版社 1986 年版,第 183 页。
② 中央统战部、中央档案馆编:《中共中央抗日民族统一战线文件选编》下册,档案出版社 1986 年版,第 192—203 页。
③ 《毛泽东文集》第三卷,人民出版社 1996 年版,第 311 页。

双方分歧逐渐显露：一方注重吞并、拒绝跨党，一方强调联合、坚持不放弃自身
独立性。最后鉴于蒋介石的强硬态度，中共中央不得不彻底放弃在组织方面
进一步密切两党关系的设想。这次谈判虽然无果而终，但充分展示了中共的
诚意，同时又抵制了蒋介石的吞并图谋，维持了国共继续党外合作的局面。

（二）磨擦与反磨擦

抗战初期，中共力量获得了迅猛发展。八路军 1937 年 8 月改编时，三个
师约 3.4 万人，至 12 月底已扩军到 9.2 万余人，还发展了游击队 2.5 万人，
1938 年底进一步扩展到 16 万人左右。八路军活动区域已由陕北一隅，扩大
到山西、河北、绥远、山东等华北敌后农村，并准备着手向华中发展。由于敌后
空虚，八路军的行动不受战区约束，不受进入省份原省府的管辖，自行组建诸
如冀中、冀南行政公署和晋察冀边区政府等名义上隶属于中央政府、实际上独
立自主的地方政权，发动民众，建立武装，因而很快在华北取代了国民党的地
位，以致国民党人哀叹"（本党）失地愈多该党发展愈速"，"本党统治之土地，
将一失而不易复得"。① 在这种情况下，他们逐渐转向了对共产党加以限制的
政策。

1. 国民党限共方针的制定

1939 年 1 月 21 日至 30 日，国民党五届五中全会在重庆召开，会议确定了
"溶共、防共、限共、反共"的方针。蒋介石在会上明确提出："我们对于共产党
不必有恐惧的心理，我们是一个执政的大政党，是中国一切民众的褓姆，负有
作三军之师的责任，教之治之，使他走入正途。"他还说："共产党是讲斗争的，
你见他就怕，他格外要得寸进尺，正中着了他的希望。假如你拿出了有进无退

① 《中共党史参考资料》第 8 册，解放军政治学院党史教研室 1979 年编印，第 323、325 页。

的革命办法,来对付他,他便赶快缩回了去。"①在蒋介石这一思想指导下,国民党中央执行委员会秘书处很快起草并拟定了《防制异党活动办法》,并于会议刚一结束就立即下发执行。

《防制异党活动办法》提出,对于异党活动要严格防制,如"任何假借共产党或八路军与新四军等名义擅自组织武装队伍者,当地驻军得随时派兵解散,不得有误";对未立案即擅自活动之青年文化救亡等团体,各地党政机关应"切实取缔,勿稍宽纵";对已立案各种社会团体中如发现有异党分子,"主管党政机关应令饬所隶属之社团取消其团员资格,并强制其服务之机关、学校或工厂等开除其职务,借以警戒其他分子";各地党部及警察局、新闻邮电检查所等机关"对内容反动及违反抗战建国纲领之各种宣传刊物,如图书、杂志、报纸、小册子、壁报等,应随时查禁,若经一再查禁而仍秘密发行者,应从严制裁,以儆刁顽"。《办法》还称:"纵因此而发生磨擦,设非出于本党之过分与不是,亦应无所避忌。"②

根据国民党五届五中全会确定的反共方针,在《防制异党活动办法》的示范下,国民党各地各党政军机关也纷纷制定了有关本部门应付异党之对策和方法。如1940年2月1日,国民党中央党部秘书长叶楚伧拟具"对共产党应取态度之原则"八条,其中第三条规定:"各战区之国军于暗中划一地境线,不许第十八集团军部队自由越境,若不服制止,即将其越境部队剿灭之。"第四条规定:"对第十八集团军在晋、冀、察、鲁各沦陷地区所造成之既成事实,如各地方之非法政权,一律不予以法律上之承认,保持中央对任何地方皆可任命官吏行使地方政权。"第六条规定:"对陕甘宁边区问题,必须取消非法组织,回复行政常规,然后予以解决。在未解决前,对边区外围仍严密监视之。"第八条规定:"默许各机关及沦陷区之国军采取任何方法肃清其内部之不良分子。"蒋介石批复:"可如拟办理。"③

在此期间,国民党军事委员会拟具《处理河北问题六项办法》,授予鹿钟

---

① 杨奎松:《国民党的"联共"与"反共"》,社会科学文献出版社2008年版,第409页。
② 中国第二历史档案馆编:《中华民国史档案资料汇编》第五辑第二编"政治"(二),江苏古籍出版社1998年版,第23—24页。
③ 《蒋中正"总统"档案·事略稿本》第43册,(台北)"国史馆"2010年版,第111—112页。

麟军政全权,以收回落入八路军和共产党人之手的河北军事、行政和组织民众团体等各项权力。宣传部拟具《纠正共党不法行为宣传办法》,明令封锁国共军事冲突消息,不许刊登共产党方面关于各地惨案之调查报告。① 天水行营和陕西省政府则分别拟具《处理异党实施办法》和《陕甘两省防止异党活动联络办法》,主张利用一切办法"逐步削弱伪边区","地方绝对强硬不稍退让"。另外,国民党战地党政委员会、中央组织部等还分别拟具《异党问题处理办法》、《运用保甲组织防止异党活动办法》、《共党活动情形及本党之对策》、《防止异党兵运方案》、《防止检举后方奸谍方案》、《沦陷区防范共党活动办法草案》、《第八路军在华北陕北之自由行动应如何处置》等秘密防共文件,力主"策动沦陷区本党忠实党员,打入共产党各级组织,从事内线工作,刺探其内情,并分化其力量","策动本党党员及优秀青年,打入共产党所操纵之各种民众团体及游击部队,起党团作用,分化其组织,并夺取其领导权"。②

在这一系列反共文件中,陈诚等于 1939 年 6 月制定的《共党问题处置办法》是一个典型。该文件在军事方面规定:八路军与新四军之军政军令必须统一于中央;正规军只有驻地,并无防区,八路军与新四军自应服从上级司令部之指挥调遣,不得要求划给区域;游击部队可划定游击区域,但非得军事委员会之命令不得脱离驻区,尤不得越出其活动范围,八路军与新四军派遣游击部队,事先须请示中央,否则即以违抗军令处置;八路军与新四军绝对不准自由招募,尤其不准就地筹粮或收缴民枪,乘机扩充私有武力;游击根据地之规定及当地政权之建立,应由主管战区司令长官协同战地党政委员会决定,而委派地方官吏及征收赋税,则仍应归各该所隶省府办理。在党务方面则规定:共党在各地不得有任何公开或秘密之组织,如个别共产党员在各地公私机关团体服务者必须开列名单,呈报中央,否则一经发现,即以战时非法活动论罪;共党外围组织"民先队"与"救国会"应即令取消,其分子一律由中央指定机关接收训练;共党应即停止违反本党政策之种种荒谬宣传及共产主义思想之传播;共党不得单独设立机关报与杂志,及印刷前述种种宣传品之书店,违者即行封

---

① 杨奎松:《国民党的"联共"与"反共"》,社会科学文献出版社 2008 年版,第 412 页。
② 《中共党史参考资料》第 8 册,解放军政治学院党史教研部 1979 年编印,第 330——332、第 323——324 页。

闭。在行政方面又规定：绝对否认共党所谓"陕甘宁边区"之组织，中央应即决定认此为地方问题，授意各该省政府自动以种种必要手段，恢复管辖权力；共党在华北各省游击区内组织之地方政权，应即令移交冀察战区党政委员会分会。①

　　由上可知，国民党五届五中全会是抗战时期国共关系的一个转折点。从此以后，国民党虽未决心彻底反共，但已决定全力削弱中共，在政治、组织、经济和地域等各个方面严格限制其存在。1945 年，周恩来曾总结："从一九三九年国民党五中全会一直到去年参政会国共两党公开谈判为止，时间整整有六年之久。我们党跟国民党争论的中心，也就是像我们党一九三九年七七宣言上所说的，我们是坚持抗战、团结、进步，而国民党则是要妥协、分裂、倒退。……正因为这样，所以在这六年中，就有三次反共高潮，进行过三次谈判。"②

2. 小规模的武装磨擦

　　国民党各地各机关拟具的一系列防共办法，不可避免地使本来就已十分紧张的国共关系更趋白热化。从 1939 年冬到 1940 年春，国民党的反共活动迅速扩大。他们由制造小规模的武装磨擦，发展到向中共几个抗日根据地发动较大规模的军事进攻，从而掀起了第一次反共高潮。

　　国共两党最早的军事磨擦出现在河北。最初，国民党委任的河北省主席鹿钟麟因为立足未稳，尚无力统一河北军政和党务，而共产党在此早就植下根基，甚至已建立起部分地方政权，所以他不得不暂时收敛，与共产党相安无事。但在逐渐确立对国民党各色武装的统一领导地位后，他开始谋求排挤共产党。1938 年秋冬，鹿钟麟宣布撤销共产党人主导的冀中、冀南行政公署，并另行任命专员、县长，制造双重政权。对此，八路军迅速作出了强烈反应，除组织民意代表向各方请愿外，并以武力反对鹿钟麟任命的政府。鹿随即利用张荫梧的民军和受命陆续调入河北的石友三、朱怀冰、庞炳勋等各部与之对抗，试图驱

①　中国第二历史档案馆编：《中华民国史档案资料汇编》第五辑第二编"政治"（二），江苏古籍出版社 1998 年版，第 52—54 页。
②　《周恩来选集》上卷，人民出版社 1980 年版，第 198—199 页。

赶八路军出河北。

与此同时,国民党军政当局还在山东博山、湖南平江、湖北黄冈、河南确山等地屡屡挑起事端,制造了一连串的磨擦事件,袭击抗日军民,使两党间的磨擦和冲突严重升级。正如周恩来当时致函蒋介石称:近来各地磨擦日益加剧,"考其原因,地方幼稚,举动失常,固为肇事近因,但自国民党五中全会后,中央发有防制异党活动办法之通告,实予地方上以极大之刺激。因是,各地磨擦渐趋普遍,武装冲突者有之,中共党员被暗杀者有之,被捕者有之,被骂为汉奸者有之,其所出版之书报多被查禁,其所参加之团体多被封闭,其所来往之友朋多被怀疑,其所从事之工作多受限制。"①

面对国民党的这种挑衅,中共当然毫不示弱,决定采取强硬立场。1939年1月28日,毛泽东在一次会议上就说:"我们要懂得,统一战线里是一定有磨擦的……统一战线有一万年,磨擦也有一万年,有统一战线就有磨擦存在","有人硬要磨擦一下,那末我们应该怎样呢? 在六中全会里我们曾说过,对无理的磨擦我们是决不容忍姑息的,我们要抱定'人不犯我,我不犯人;人若犯我,我必犯人'的原则。这后一条原则是很重要的,比方我在这屋子站着,他把我挤一下,我若让他,退一下,这样一步一步会挤得我无容身之地,所以,他挤来,我们反挤一下,挤回他到原来地位,他要磨擦,我们就反磨擦。……亲爱团结是统一战线的原则,然而更要反磨擦这一条,没有这一条就不行,只有坚持这一条原则,才能巩固与扩大抗日民族统一战线"。② 他还说:"他们要打,我们没有办法","来而不往非理也",不仅军事上须坚决抵抗,而且要准备更高的谈判条件。③

遵照这一原则,1939年2月10日,中共中央发出《关于河北等地磨擦问题的指示》,要求在与国民党的谈判中必须申明以下主张:(1)敌后抗战形势需要军、政、党、民之一致,应由当地高级指挥官兼地方行政官,因此为真正统一指挥及统一行政起见,要求撤换鹿钟麟,以朱德为冀察战区总司令兼河北省主席;(2)冀、察、鲁三省为山西、中原、西北之屏障,三省之八路军只应增加,

①　杨奎松:《国民党的"联共"与"反共"》,社会科学文献出版社2008年版,第415—416页。
②　《毛泽东文集》第二卷,人民出版社1993年版,第151—152页。
③　杨奎松:《失去的机会?——战时国共谈判实录》,广西师范大学出版社1992年版,第84页。

不能减少;(3)敌后抗战形势证明建立边区是正确的,因此冀察晋边区、冀中、冀南现行政权不但不能取消,而且山东及其他地区亦应依照战略形势重新划分行政区域;(4)对于非理进攻,必须反击,决不轻言让步;(5)政府发饷甚少,八路军及游击队不能不就地筹粮,今后仍应如此。① 这些都严正驳斥了国民党的无理要求。

在此期间,中共中央和八路军总部还接连发出指示:"在冀南各县应采取一切方法阻止及破坏鹿及其部下组织和扩大军队的企图,对各地挑衅必要时采取正当的自卫手段","我正规军及各游击队积极向敌后活动,在冀南、冀中应努力粉碎敌之进攻","我们对磨擦如逆来顺受,则将来磨擦逆流必更大,顽固气焰必更高,故我应以冷静而严正之态度对之","不要设想让步可以解决问题","总之,对付顽固分子之无理举动,以态度强硬为原则","在华北、西北、中原一带,凡遇军事进攻,准备在有理又有利的条件下坚决反抗之,极大地发挥自己的顽强性,绝不轻言退让","我们所创立起来的抗日民主政权、抗日武装、抗日群众团体,一定要坚持下去,因为退让反与坚持华北抗战、坚持巩固抗日民族统一战线有害的,结果只是有利于敌人"。② 言词中充满了斗争精神。

由于磨擦斗争是国民党挑起的,而且国共两党在华北抗战的表现有天壤之别,所以中共的反驳显得特别理直气壮。1939 年,中共中央发出指示:"我们要用很大的政治理由来驳倒他所谓'不合法'与'破坏统一'的论据,在全国人民中广泛的说明违反抗战建国纲领,违反三民主义基本大略,破坏团结统一的不是我而是鹿钟麟,说明鹿在河北作了些什么? 八路军在河北做了些什么,说明八路军应该'干政',应该在敌后抗战有'机动自由',说明冀南主任公署应该存在,说明冀察晋边区应该存在。……要用这样充分的政治理由来抵制国民党中央政权的优势,来打击顽固分子的活动,来争取全国人民的同情。"③

---

① 中央统战部、中央档案馆编:《中共中央抗日民族统一战线文件选编》下册,档案出版社 1986 年版,第 230—231 页。

② 中央统战部、中央档案馆编:《中共中央抗日民族统一战线文件选编》下册,档案出版社 1986 年版,第 188、191、194、250、251、342、351 页。

③ 中央统战部、中央档案馆编:《中共中央抗日民族统一战线文件选编》下册,档案出版社 1986 年版,第 351—352 页。

这些话都说得义正词严,内在之自信溢于言表。

当然,中共为了维护抗日民族统一战线,仍然有所克制,尤其注意反击的"有节"。1939 年 6 月 10 日,毛泽东在延安高级干部会议上指出:"国民党五中全会后,在河北、山东,特别在边区所举行的破坏性与准备投降性的磨擦及武装斗争,是必须给以坚决抵抗的。这种抵抗是有用的,但必须严格站在自卫立场上,决不能过此限度,给挑衅者以破裂统一战线之口实。这种自卫的防御的反磨擦斗争之目的,在于巩固国共合作。为此目的,一定条件下缓和、退让也是必要的。统一不忘斗争,斗争不忘统一,二者不可偏废,但以统一为主,'磨而不裂'。"①8 月 19 日,中共中央又发出《关于对待局部武装冲突的原则的指示》强调:"在武装冲突中我党我军在政治上必须占取上风,有严正的态度……必须严密不宜给我中下级干部以随便进行武装冲突之权,以免弄坏事情,影响统战并免吃亏",同时"必须收集对方的各种材料人证、物证,以便在必要时把反共分子及分裂者的阴谋向全国公布"。② 这就使中共对磨擦的反击占据了"有理"、"有节"的地位,更能得到舆论的同情。

这一时期,中共还屡屡将国民党的反共与其"准备投降"联系起来,以求更有力地遏止这一逆流。1939 年 6 月 7 日,中共中央发出《关于反对投降危险的指示》指出:"目前最大的危险就是国民党投降的可能,新的慕尼黑的可能。国民党的反共运动就是准备投降的一个组成部分,对共产党的压迫,对八路军、新四军的攻击与磨擦,对边区的挑衅,对抗日民族统一战线与国共合作的破坏等,都是准备投降的步骤。"并号召全党做好一切准备,"给一切投降阴谋和叛变行为以适时的、坚决的反抗"。③ 同月 30 日,毛泽东在《反对投降活动》一文中也提出:"我们坚决斥责那些公开的汪精卫和暗藏的汪精卫辈制造反共空气、挑拨国共磨擦,甚至企图再来挑动一次国共内战的阴谋。"他号召全国爱国党派和同胞"用一切努力去反对投降和分裂"④。

---

① 《毛泽东文集》第二卷,人民出版社 1993 年版,第 221—222 页。

② 中央统战部、中央档案馆编:《中共中央抗日民族统一战线文件选编》下册,档案出版社 1986 年版,第 302 页。

③ 中央档案馆编:《中共中央文件选集》第 12 册,中共中央党校出版社 1991 年版,第 80 页。

④ 《毛泽东选集》第二卷,人民出版社 1991 年版,第 571—573 页。

1939 年 7 月 7 日是全面抗战爆发两周年,中共中央发表了《为抗战两周年纪念对时局宣言》,提出"坚持抗战、反对投降,坚持团结、反对分裂,坚持进步、反对倒退"三大政治口号,号召全党和全国人民为克服国民党的投降反共逆流、争取时局好转而斗争,在全国产生了重大的影响。9 月 16 日,毛泽东在与国民党中央社、《扫荡报》、《新民报》的记者谈话时又表示:"大敌当前,国共两党又都有了过去的经验,大家一定要长期合作,一定要避免分裂"。他还指出:国民党"如果欺人太甚,如果实行压迫,那末,共产党就必须用严正的态度对付之。这态度就是:人不犯我,我不犯人;人若犯我,我必犯人。但我们是站在严格的自卫立场上的,任何共产党员不许超过自卫原则。"①中共中央和毛泽东这种从民族大义和两党团结大局出发的态度,赢得了国民党内爱国人士与广大人民的赞许,获得了舆论的普遍同情。

3.打退第一次反共高潮

在遭到中共的政治反击后,蒋介石并未就此罢手,而是继续制造规模更大的反共事件。第一次反共高潮的掀起,是以国民党在陕甘宁地区、晋西地区、太行山地区进行的三次大的军事进攻为标志的。

国民党五届五中全会制定的限共方针,是以政治限共为主、军事限共为辅,所以当时的反共磨擦规模还不算大。但在 1939 年 11 月召开的国民党五届六中全会上,则把军事限共放在突出地位。从此,较大规模的军事反共开始了,首当其冲的是中共中央所在地陕甘宁边区受到攻击。1939 年 12 月,国民党军队袭占了边区淳化、旬邑、宁县、正宁、镇原 5 座县城,并集结大军准备进攻延安。同时,蒋介石还指使国民党绥德地区专员何绍南袭击八路军军政机关,企图迫使八路军退出绥德地区,以此配合胡宗南的进攻。

面对严重的反共军事进攻,中共从大局出发,一面坚持斗争,决不示弱;另一面又采取维护合作的有效措施,防止破裂。中共中央和中央军委指示八路军指战员:"反磨擦斗争必须注意自卫原则,不应超出自卫的范围,如果超出

---

① 《毛泽东选集》第二卷,人民出版社 1991 年版,第 590—591 页。

这个范围,则对全国的影响和统一战线是不利的,尤其对中央军应注意此点,因国共合作就是同中央军合作。"①同时,中共中央派谢觉哉为代表与国民党当局谈判,力求避免冲突。八路军总部和留守兵团也先后致电蒋介石和通电全国,呼吁停止进攻边区,反对枪口对内,要求撤走包围边区的国民党军队。但因国民党方面一意孤行,致使谈判未有结果。根据地军民被迫进行自卫还击,坚决打退来犯顽军,恢复了陇东大部地区。由雁北返回陕甘宁边区的三五九旅赶跑了何绍南,解放了绥德、米脂、葭县、吴堡、清涧5县,将陕甘宁边区与晋西北抗日根据地连成一片。

在胡宗南进攻陕甘宁边区的同时,阎锡山在山西发动了晋西事变。山西是国民党地方实力派阎锡山长期统治的独立王国,他同日本、蒋介石都有矛盾,因此在抗战初期表示愿意与共产党合作,企图利用中共来抵御日军的进攻和蒋介石势力的渗透。但当他看到中共领导下的牺盟会、决死队和新军的力量不断壮大后,又心存担忧。1939年3月25日至4月22日,阎锡山在宜川县秋林镇召开高干会议,提出取消新军政治委员,缩小进步人士担任专员的职权,以同志会代替牺盟会,限制群众运动等排斥共产党的议案。

中共中央密切注意事态的发展。1939年9月21日,中共中央发出《关于山西开展反逆流斗争的指示》。10月初,中共中央北方局对山西反逆流反投降的斗争作了具体部署。10月10日,中共山西省委组织根据中共中央、北方局的指示,积极展开反对妥协投降,准备应付突然事变的工作,除个别部队外,这一工作都做得比较充分,因而赢得了时间和主动。

12月1日,阎锡山以对日军发动"冬季攻势"为名,命令晋西决死二纵队于5日向同蒲线实行破击。同时,他又命令王靖国、陈长捷指挥六个军尾随其后,企图与日军前后夹击之。在此前后,阎锡山还指使部下摧毁晋西各县的抗日政权和抗日救亡团体,杀害牺盟会干部和八路军后方医院伤病员二百余人,屠杀共产党人和进步分子五百余人,绑架一千余人。面对这一挑衅,新军被迫自卫反击。阎便通电全国,反诬"决死队叛变",这就是十二月事变的开端。

---

① 中央统战部、中央档案馆编:《中共中央抗日民族统一战线文件选编》下册,档案出版社1986年版,第394页。

决死二纵队经过二十余天苦战,在八路军第三五八旅接应下,突破阎、日军的包围,于 12 月 28 日转抵晋西北,而阎军则继续向晋西北进攻。在危急时刻,中共中央派王若飞、萧劲光到秋林直接见阎锡山,请他制止磨擦,但遭拒绝。在此情况下,新军和八路军于 1940 年元旦发动了反磨擦战役,贺龙、关向应率一二〇师主力由冀中返回晋西北,八路军第三八六旅和总部特务团进入太岳区,协同当地部队,坚决消灭来犯者,遂将阎军击退。经过一个多月的战斗,阎锡山发动的十二月事变被粉碎,其主力部队损失惨重。决死三纵队失去的一些地区,曾被国民党军占领。后来日军扫荡,国民党溃退,八路军和决死队又从日伪军手中收复了这些失地,扩大了晋东南抗日根据地。

在击退国民党军事进攻后,毛泽东总结:"抗日战争胜利的基本条件,是抗日统一战线的扩大和巩固。而要达此目的,必须采取发展进步势力、争取中间势力、反对顽固势力的策略,这是不可分离的三个环节,而以斗争为达到团结一切抗日势力的手段。在抗日统一战线时期中,斗争是团结的手段,团结是斗争的目的。以斗争求团结则团结存,以退让求团结则团结亡"①,因而在斗争中应注意有理、有利、有节的原则,应做到"磨而不裂"。根据这一原则,在阎锡山的进攻被粉碎后,八路军主动与之休战言和。1940 年 1 月 27 日,中共中央以陕甘宁边区留守兵团主任萧劲光的名义致电阎锡山,表示愿意调解山西新旧军冲突,使山西恢复团结抗战的局面。2 月 25 日,萧劲光、王若飞又持毛泽东的亲笔信到秋林,向阎锡山面陈了中共关于新旧军团结拥阎抗日的主张。该信建议:双方停止军事行动和敌对宣传,划界抗敌;新军仍属晋绥军序列,不接受蒋介石方面的改编;实行阎锡山公布的《民族革命十大纲领》,统一于进步,恢复电台联络和人员来往。此时阎已别无出路,只好接受中共的主张。至此,十二月事变得到解决。

八路军总部所在地的太行山地区,是国民党制造反共磨擦的另一个重点。1939 年 12 月初,国民党朱怀冰部进入冀西,逼近八路军阵地,破坏抗日政权,频发制造磨擦。为维护团结抗日大局,彭德怀、刘伯承先后到冀西同鹿钟麟、朱怀冰等会谈,劝告他们以大局为重,停止磨擦,一致对敌。但朱怀冰置若罔

---

① 《毛泽东选集》第二卷,人民出版社 1991 年版,第 745 页。

闻,指使部下向平汉路以西的游击纵队大举进攻。1940 年 1 月,国民党石友三部 1.7 万余人,又在冀南、冀鲁豫地区向平汉路附近的八路军进攻。2 月,朱怀冰、石友三等部再次从平汉路东西两侧向太行、冀南地区的八路军进攻,其矛头直指八路军总部。八路军一二九师被迫自卫还击。在平汉路东,八路军集中 25 个团的兵力,于 2、3 月间先后发动冀南战役和卫东战役,歼灭石友三顽军大部。3 月 5 日,八路军又集中平汉路西各部主力 13 个团,发动磁(县)、武(安)、涉(县)、林(县)战役,四天中消灭朱怀冰军部及其主力两个师的大部。

在击退国民党的军事进攻,巩固了太行、冀南、冀鲁豫等根据地后,毛泽东对时局作了深入分析,估计再打下去,国民党在华北的力量可能会往日本那边跑,对巩固统一战线、争取蒋介石继续抗日不利,因此于 1940 年 3 月 5 日致电蒋介石,提出了停止磨擦、团结抗日的主张。同时,中共中央派朱德与卫立煌谈判,争取双方休战。而蒋介石此时也感到:"最近共党之态度,似已转化,岂犹未至叛乱之时乎?"故倾向于缓和。不过他仍不忘提醒卫立煌:"共党巧言欺人,无论何言皆不足信,更不可为其服从拥护之蜜语所迷惑,望审慎严防。"并命其"严令第十八集团军所部于本月十五日以前撤至长治邯郸以北地区。如其不遵限撤去,应以违抗命令破坏抗战之叛军论罪,并即用驻晋南中央军之全力剿除之,勿稍犹豫,致误大局。"①

经过反复磋商,国共双方达成协议,划定了驻防区界限。为缩小纠纷范围,避免新的磨擦,争取国民党官兵的多数继续抗战,3 月 14 日,中共中央及中央军委又发出指示:"目前山西、河北的反磨擦斗争,即需告一段落,不应再行发展。"②次日,毛泽东也电告朱德:"考虑对蒋、卫作必要让步,避免因此破裂两党团结。"③此后,八路军自动退出了大片地区,与国民党各守防地,分区抗日。

至此,在中共中央"以斗争求团结"方针的指导下,国民党发动的第一次

① 《蒋中正"总统"档案·事略稿本》第 43 册,(台北)"国史馆"2010 年版,第 129、210、269 页。
② 中央统战部、中央档案馆编:《中共中央抗日民族统一战线文件选编》下册,档案出版社 1986 年版,第 394 页。
③ 国防大学党史党建政工教研室编:《中共党史教学参考资料》第 16 册,国防大学出版社 1986 年版,第 209 页。

反共高潮就被打退了。1940年3月,中共中央通报说:"晋西北顽固势力已全部肃清,(河北)石、高已溃败,残部退山东之菏泽,朱怀冰一个师大部被消灭,鹿、朱退(河南)辉县","在华北特别在汾离公路、白屯公路、长治、磁县、大名之线以北,我们已占绝对优势,山东境内我顽两方尚在对峙中,惟我有政权之县份已达四十县"①。这说明在经过近一年的反磨擦斗争后,中共在华北的势力反倒更加壮大,国民党再也没有力量对其发号施令了。于是,双方开始逐渐将争夺重心转移到华中地区来。

(三)皖南事变前后的交锋

华中地区,特别是江浙地区,向来是国民党极端重视的战略要地,它虽然陷于敌手,但蒋介石仍旧不能容忍中共染指其间。因此,在华北对八路军的进攻遇挫后,国民党又将反共磨擦的重点转向华中新四军。而中共在获取华北后也确立了新的发展目标,即"巩固华北,发展华中",力图再拿下华中,"将整个华北直至皖南、江南打成一片,化为民主的抗日根据地,置于共产党进步势力管理之下,同时极大发展鄂中与鄂东,以便与全国工作相配合"②。1940年3月,毛泽东指示彭德怀:"我军将来出路,实在中原,此时不争,将来更难了。"4月,他就作出发展华中根据地的部署,并将之视为"我最重要的生命线"。③5月,他又向东南局解释说:"所谓发展,就是不受国民党的限制,超越国民党所允许的范围,不要别人委任,不靠上级发饷,独立自主地放手扩大军队,坚决地建立根据地,在这种根据地上独立自主地发动群众,建立共产党领导的抗日统一战线的政权,向一切敌人占领区域发展。"④由此,国共两党在华中的争夺更趋激烈。

---

① 杨奎松:《国民党的"联共"与"反共"》,社会科学文献出版社2008年版,第417页。
② 《毛泽东年谱(1893—1949)》中卷,人民出版社、中央文献出版社1993年版,第167页。
③ 《毛泽东文集》第二卷,人民出版社1993年版,第275、281页。
④ 《毛泽东选集》第二卷,人民出版社1991年版,第753—754页。

1. 关于划界问题的谈判

面对新四军在华中的迅猛发展,国民党极为恐慌。为了清除异己,刚开始蒋介石曾想让新四军南下。1940年3月,他电令新四军军长叶挺:"将江北部队全数移至江南服行作战任务,不得故意延宕"①,企图以此割断新四军与八路军的联系,将新四军困死在苏南敌后狭小区域,然后伺机消灭之。中共在识破这一包藏祸心的命令后,当然予以拒绝。毛泽东指示东南局:"对于一切反共顽固派的防共、限共、反共的法律、命令、宣传、批评,不论是理论上的、政治上的、军事上的,原则上均应坚决地反抗之,均应采取坚决斗争的态度。……例如,他们要四、五支队南下,我们则以无论如何不能南下的态度对付之;他们要叶、张两部南下,我们则以请准征调一部北上对付之"。他还强调:"只有向顽固派采取这种强硬态度和在斗争时采取有理、有利、有节的方针,才能使顽固派有所畏而不敢压迫我们,才能缩小顽固派防共、限共、反共的范围,才能强迫顽固派承认我们的合法地位,也才能使顽固派不敢轻易分裂。所以,斗争是克服投降危险、争取时局好转、巩固国共合作的最主要的方法","在应付可能的全国性的突然事变的问题上,也只有采取斗争的方针,才能使全党全军在精神上有所准备,在工作上有所布置。否则,就将再犯一九二七年的错误"。②

在中共拒绝新四军南下的情况下,国民党又改变了主意,试图逼其北调。1940年初,有人即曾上书蒋介石提出:"假定中共势力继续膨胀,各地冲突继续发生,尤以中共活动范围漫无限制,我既不能消灭之,又不能调整运用之,徒加以不生效果之防止,即所谓以磨擦对磨擦,则久而久之,到处滋漫,对消我之抗战武力,扰乱我之社会秩序,动摇我之政治基础,不特为敌伪造机会,且将引起国际误会,而陷外交于僵局。"该函建议,鉴于当前局势,似应本各个击破之法,划清国共两军作战界线,即"将冀察战区给予中共,发表朱、彭为总副司

---

① 中国第二历史档案馆编:《中华民国史档案资料汇编》第五辑第二编"政治"(二),江苏古籍出版社1998年版,第308页。该书将此电系于9月,应为3月之误,参见李国芳:《皖南事变若干文电考证》,《抗日战争研究》2004年第2期。
② 《毛泽东选集》第二卷,人民出版社1991年版,第754—755页。

令,而将黄河以南以及长江流域所有中共部队强制调赴北方,并示意只准向东四省发展,不准向南进出,在黄河以南尤其是长江流域,任何地方不容丝毫客气,雷厉风行,禁绝并剿灭中共一切活动分子,确保国民党之统制态势",如此,则既可"使中共转向其锋,与倭寇及伪组织直接冲突",又可"肃清华中华南之中共势力","其不服调动者,即认为贼匪,一律剿灭之"。①

1940年4月16日,白崇禧也上书蒋介石建议:"于适当地带,划定第十八集团军作战之区域,同时令新四军编入十八集团军战斗序列,一律集结于此区域内,授以攻敌任务,指定攻击目标,如此则既可限制其活动之范围,复可免除滋生事端之口实,若其不遵约束,抗命称兵,则彼罪恶既彰,自当绳之以法,而是非可大白于天下矣。"为此,他提出:(一)在漳河以北之地带,划定第十八集团军作战区域,并明白规定中共活动之范围,只限于此区域,不得有所逾越;(二)将黄河以南之豫鲁皖苏等省之新四军或与该军有关之游击队,一并集中于指定区域以内,彼此既有明确之界限,可免相互磨擦,减少祸端。② 白崇禧的这一建议显然颇符合国民党众多领导人的想法,所以自1940年5月后,国民党高层就如何解决国共磨擦冲突问题达成共识,划界谈判开始提上议事日程。按照国民党7月16日拟订的《中央指示案》,八路军和新四军全部应扫数调赴冀察两省及鲁北晋北③。

关于划界谈判,中共中央并不反对。毛泽东曾明确表示:要"争取划界,我们不超出界外,避免同国民党引起大的冲突,以减少国民党的恐惧情绪,争取抗战时间的延长。"但中共中央此时关于划界的设想,与国民党有着重大的区别,他们基本上只是希望就现有态势略作调整,而不是全部向北集中力量,更无法接受仅有冀察两省的狭小区域。因此,中共中央提出:"同意划分作战区域,但不能限于旧黄河以北,最好应包括华北五省在内,或以新黄河为限"。④

---

① 杨奎松:《国民党的"联共"与"反共"》,社会科学文献出版社2008年版,第417页。
② 秦孝仪主编:《中华民国重要史料初编——对日抗战时期》第5编第4册,(台北)中国国民党中央委员会党史委员会1985年版,第224—225页。
③ 秦孝仪主编:《中华民国重要史料初编——对日抗战时期》第5编第4册,(台北)中国国民党中央委员会党史委员会1985年版,第229页。
④ 杨奎松:《失去的机会?——战时国共谈判实录》,广西师范大学出版社1992年版,第105—106、第110页。

对中共的这一要求,蒋介石根本拒绝。他声称:"如果八路军、新四军不能开至黄河北岸,则一切问题都不能解决。"①他甚至认为共产党如听命令有诚意,则抗战必胜,否则必失败。当周恩来指出,中共五十万军队将难以在敌后冀察两省狭小地区中生存与作战,要求共产党军队全数集中冀察过于困难时,蒋介石却只是坚持说有办法,要周与何应钦具体商谈细节。至此,国共关于划界问题的谈判陷入了僵局,也由此埋下了皖南事变的伏笔。

2. 皖南事变的发生

皖南事变是以"皓电"为起点的。1940 年 10 月 19 日,何应钦、白崇禧联名发出"皓电"给朱德、彭德怀、叶挺,命令八路军及新四军各部队"限于电到一个月内,全部开到中央提示案第三问题所规定之本地境内,并对本问题所示其它各项规定切实遵行"②。为配合这一最后通牒式的通告,国民党停发了八路军和新四军的军饷,军令部还秘密拟具了《剿灭黄河以南匪军作战计划》,于 11 月 14 日上报蒋介石,开始了军事"剿共"的具体准备。白崇禧甚至扬言:"此次对于军事已有把握,不至再败。"③

面对国民党发动的新的反共高潮的严重局面,中共中央研究了对策。1940 年 11 月 1 日,毛泽东指出:蒋介石"用武力驱逐新四军八路军于老黄河以北而严密封锁之,这一计划是下了决心的,故我们有迅速考虑应付办法之必要"。3 日,他致电彭德怀征求意见,提出中央的两个方案:第一是政治上进攻,军事上防御,即对反共军只在根据地附近加以反击,我军不主动打入彼后方。若采取此方案,其利是政治上可以剥夺蒋的政治借口,其害是在军事上不利,不能用实力制止投降。第二是政治上与军事上同时进攻,即从八路军五十万人中抽调至少十万至十五万精兵,分数路突入彼后方。若采此案,政治上可能不利,但军事上能制先机,不被封死,有用实力制止投降之可能。④

①　杨奎松:《国民党的"联共"与"反共"》,社会科学文献出版社 2008 年版,第 419 页。

②　中央档案馆编:《皖南事变(资料选辑)》,中共中央党校出版社 1982 年版,第 89 页。

③　杨奎松:《失去的机会?——战时国共谈判实录》,广西师范大学出版社 1992 年版,第 114 页。

④　中央档案馆编:《皖南事变(资料选辑)》,中共中央党校出版社 1982 年版,第 73、77 页。

经过对两案的反复比较和权衡利弊,特别是在征求了共产国际的意见后,中央最后决定采用第一方案。此后,中共一方面加紧应战准备,一方面为了避免皖南新四军军部陷入国民党重兵围困之中,同时也为了有利于政治宣传,决定在江南新四军北移问题上作出让步,"采取缓和态度,以期延缓反共战争爆发时间。对皖南方面,决定让步,答应北移"。11 月 9 日,朱德等发出"佳电",同意将江南的新四军部队移到江北,但恳请宽以限期,并拒绝再将江北部队北调。同日,毛泽东致电周恩来阐述"佳电"的立场:"明确区分江南、江北部队,江南确定主力北移,以示让步,江北确定暂时请免调,说暂时乃给蒋以面子,说免调乃塞蒋之幻想","又《佳电》所称肺腑之言,乃暗示彼方如进攻,我方必自卫,而以鹬蚌渔人之说出之,亦请对外宣扬,以期停止彼之进攻"。他还一再指出:"在此情况下,我之方针是表明和缓,实际抵抗,有软有硬,针锋相对。缓和所以争取群众,抵抗所以保卫自己,软所以给他面子,硬所以给他以恐怖","只有软硬兼施,双管齐下,才能打破蒋介石的诡计,制止何应钦的投降,争取中间派的向我,单是一个软,或单是一个硬,都达不到目的"。①

在此期间,根据中共中央的指示,周恩来多次与国民党交涉,解释因长江交通被敌控制、渡江不易,请展缓北移时间,并要求补发饷弹。但几经谈判,蒋介石的态度仍十分坚决。12 月 9 日,他亲下手令要求十八集团军及新四军务必在 12 月底和明年 1 月底分别移至黄河以北,而新四军皖南部队则必须在 12 月底以前先开到长江以北,"毋得再误"②。

不过,蒋介石此时也并非一心求战。12 月 25 日,他在日记中表示:"一面则准备军事,一面则仍主政治方法解决,不使全面破裂。"③至于中共部队能否遵令撤至黄河北岸,蒋介石亦未抱太大希望。他之所以下此命令,还有"试观其能否遵行,即可推断最近期间俄国对华之政策矣"的目的。这一时期,他甚至考虑:"如过于硬性强迫,反于我不利;何况彼此于此时决不肯轻易调防河

① 中央档案馆编:《皖南事变(资料选辑)》,中共中央党校出版社 1982 年版,第 78、97、104、102 页。
② 秦孝仪主编:《中华民国重要史料初编——对日抗战时期》第 5 编第 2 册,(台北)中国国民党中央委员会党史委员会 1981 年版,第 521 页。
③ 杨奎松:《国民党的"联共"与"反共"》,社会科学文献出版社 2008 年版,第 430 页。

北,如此则徒失威信或引起纠纷。不如以弹性出之,而留有旋转操纵在我之余地为宜也。"①态度似乎又趋于缓和。

尽管如此,蒋介石表面上还是十分强硬的。12月25日,他召见周恩来说:"你们一定要照这个办法,开到河北,不然我无法命令部下。苏北事情太闹大了,现在谁听说了都反对你们。他们很愤慨,我的话他们都不听了"。并表示:"我难道愿意内战吗? 愿意弄坍台吗? 现在八路、新四还不都是我的部下? 我为什么要自相残杀?"但"如果非留在江北免调不可,大家都是革命的,冲突决难避免,我敢断言,你们必失败",而"只要你们肯开过河北,我担保至一月底,绝不进兵"。②

应该说,蒋介石这番话并非全为虚言。相比之下,当时有些国民党将领的反共态度更为急迫,尤其是在苏北与中共交手遇挫后,他们对之极为仇视。特别是1940年6月陈毅率新四军江南指挥部北上后,苏北迅速成了中共的天下。国民党方面的江苏省主席兼鲁苏战区副司令韩德勤无法容忍,遂于9月底向陈毅部发起攻击,结果在黄桥一战中损失惨重。

皖南新四军北渡,本有两条路线可走。第一条是北线,直接从泾县向北,于铜官和繁昌间北渡长江去皖东。此线虽是捷径,但有两大阻碍:一是沿江被日军控制,上万人要想顺利渡江,几乎不可能;二是江北桂系李品仙敌视新四军,对江南部队北渡可能会极力阻击。第二条是东线,由泾县往东,经苏南渡江去苏北,11月北移先遣队1700多人就是由此北渡的。但国民党担心江南新四军到苏北后会加大对韩德勤的攻击,因此明确反对东线方案。1940年12月4日,军令部拟就呈文称:"对江南之N4A(指新四军——引者注)拟不准其由镇江北渡,只准由江南原地北渡。或由顾长官另予规定路线,以免该部直接参加对韩德勤部之攻击。"对此,蒋介石批复照办。9日,蒋又密电第三战区司令长官顾祝同:"(一)查苏北匪伪不断进攻韩部,为使该军江南部队不致直接参加对韩部之攻击,应不准其由镇江北渡,只准其由江南原地北渡,或由该长官另予路线亦可。(二)该战区对江南匪部应按照前定计划妥为部署并准备,

---

① 《蒋中正"总统"档案·事略稿本》第44册,(台北)"国史馆"2010年版,第482、695—696页。

② 中央档案馆编:《皖南事变(资料选辑)》,中共中央党校出版社1982年版,第121—122页。

如发现江北匪伪竟敢进攻兴化,或至限期(本年十二月卅一日)该军仍不遵令北渡,应立即将其解决,勿再宽容。"①这意味着国民党已不允许皖南新四军借道东线北上。

在这种北线和东线都走不通的情况下,作为新四军的最高领导人,项英一直左右为难,对开拔时间和北移路线犹豫不决。最后几经催促,他决定冒险走南线,即经茂林转天目山去苏南,试图绕过国民党的防区,目的还是要经苏南北渡。但国民党此时已做好准备。早在1940年12月13日,蒋介石便致电顾祝同:"新四军最后计划必如兄五日电所报者,其必在黄山天目山与泾县云岭一带化整为零,在我后方扰乱。故我军对匪军必须先妥筹预防对策,作一网打尽之计"②。显然,天罗地网已经布下。1941年1月4日,皖南新四军共九千余人秘密出发,但6日行至茂林时便与国民党部队发生遭遇,随即引来其重兵围剿,皖南事变由此发生。

3. 中共的紧急应对

皖南事变发生后,中共中央迅速于1月12日电告重庆周恩来,命其向国民党提出严正交涉,要求即日撤围,以证明国民党并非有意破裂。中原局刘少奇等也气愤地致电中共中央,提议:"请朱、陈、罗准备包围沈鸿烈,我们准备包围韩德勤,以与国民党交换。"此议得到了毛泽东的赞同。13日,毛复电:"同意胡、陈十二日电,苏北准备包围韩德勤,山东准备包围沈鸿烈,限十天内准备完毕,待命攻击……以答复蒋介石对我皖南一万人之聚歼计划",并表示:"我全国政治上、军事上立即准备大举反攻"。同日,周恩来、叶剑英紧急找到国民党代表刘为章,陈述皖南事变情况,说明华北、华中的中共部队"气愤填膺,几不可遏,只有迅速解除对新四(军)围攻,才能免危机于万一"。刘答复说,蒋昨夜已告诉顾祝同:"只要新四军确实北渡,你们应予帮助,不应为难","此事不成问题",并表示可以走苏北,但"部队过江后,不得打韩德勤,且

---

① 中国第二历史档案馆编:《中华民国史档案资料汇编》第五辑第二编"政治"(二),江苏古籍出版社1998年版,第416、427—428页。

② 《蒋中正"总统"档案·事略稿本》第45册,(台北)"国史馆"2010年版,第116—117页。

过江后不得盘踞,须遵命继续到河北去"。①

14日,周恩来又通过张冲再次向蒋介石抗议,蒋则要求其转告中共中央,"勿将事件扩大",并说"新四军北开中央决不留难","如此路不通,转向皖北开亦可,命令李品仙勿留难"。但此时皖南局势已万分危急,毛泽东因此致电周恩来:"现在不是走何路线问题,而是救死问题,如不停止攻击,即将全军覆灭,请立即要蒋下令停战撤围。"同日,他向全党发出指示:"中央决定在政治上军事上迅即准备作全面大反攻,救援新四军,粉碎反共高潮"②,并电告共产国际:"我们准备在政治上和军事上给予蒋介石所实行的这种广泛的进攻以有力的反攻。"③

15日,周恩来再找张冲催问停火令事,蒋答复说:12、13日已有两令给顾,或许下达迟延,但顾不会不听命,周可电告叶、项放心东进,他可再发一电给顾要他停战解围。但周恩来此时已得知皖南新四军覆灭的消息,知道国民党并未停战,因而电告毛泽东:"恐蒋、刘等所说的是鬼话。"④毛则复电称:"蒋介石一切仁义道德都是鬼话,千万不要置信","中央决定发动政治上的全面进攻,军事上准备一切必要力量粉碎其进攻"。电报还指出:"只有猛烈坚决的全面反攻,方能打退蒋介石的挑衅与进攻,必须不怕决裂,猛烈反击之,我们'佳电'的温和态度须立即终结。"⑤

17日,国民党宣布取消新四军番号,这更是激怒了毛泽东,认为是国共决裂的信号。在18日的政治局会议上,他明确说:国民党最近消灭皖南新四军,现在又公开宣布取消新四军,这表明国民党准备与共产党大破裂的决心。20日,他在政治局会议上又提出:自蒋介石十七日宣布新四军为"叛军"后,实际上蒋已准备得罪我们,得罪苏联,已是准备全部破裂的开始。⑥ 同日,毛泽东

①　中央档案馆编:《皖南事变(资料选辑)》,中共中央党校出版社1982年版,第137、139、143页。
②　中央档案馆编:《皖南事变(资料选辑)》,中共中央党校出版社1982年版,第144—146页。
③　中共中央党史研究室第一研究部译:《共产国际、联共(布)与中国革命档案资料丛书》第19卷,中共党史出版社2012年版,第116—117页。
④　杨奎松:《国民党的"联共"与"反共"》,社会科学文献出版社2008年版,第442页。
⑤　中央档案馆编:《皖南事变(资料选辑)》,中共中央党校出版社1982年版,第147页。
⑥　《毛泽东年谱(1893—1949)》中卷,人民出版社、中央文献出版社1993年版,第257、259页。

还致电周恩来、彭德怀、刘少奇等称:"蒋介石已将我们推到和他完全对立的地位,一切已无话可说。"①在 23 日的政治局会议上,他进一步得出结论:一周以来的种种事实都证实,中日实际上已经休战,不议而和,全面破裂已经开始,"如果日军与国民党反共军配合,那我党有很大危险,将会受到损失"。② 当天,他又致电刘少奇指出:"蒋介石一月十七日命令是全国性突然事变的开始,是全面投降与全面破裂的开始,我们在十二月十七日以前的估计不适用了。"③显而易见,毛泽东对形势的估计十分严重。

不过,此时中共党内对局势的判断和应对措施也开始出现一些分歧。15日,已渐渐冷静下来的刘少奇致电毛泽东提出:"现叶、项已被俘,皖南新四军已全部歼灭。中央决定在政治上、军事上准备作全面的大反攻,这里的同志于义愤之余,亦有立即举反攻之主张,然根据各方面情况,平心静气一想,我们却有下列意见,望中央细心考虑:一、全国局面,国民党未投降,仍继续抗战,对共产党仍不敢分裂,且怕影响对苏联的关系,在皖南消灭我军,蒋亦曾下令制止,即证明蒋生怕乱子闹大。在此时,我党亦不宜借皖南事件与国民党分裂。何应钦下令只说严防我军报复,未说即此在全国乘机进攻我军。二、目前华中我占领地区很大,兵力不够,仍不能巩固。皖东北敌伪匪猖獗,已全部成游击区,原来巩固地区均已丧失,淮海区亦不能支持,盐阜区土匪亦蜂起,黄桥已被敌占,海安亦有被敌占领可能。我们部队尚须休整补充。故以华中来看,能在半年、一年之内不发生大的战斗,肃清土匪,巩固现有地区,对我为利。"

在这封电报中,刘少奇还分析:"一、目前能在军事上向国民党实行反攻者,大概有下列几着:1.打韩德勤、沈鸿烈。2.华中主力集中,经雪枫地区过新黄河出击。3.陕北部队向西兰大道出击。4.华北部队向河南或向绥远出击。5.全国各地党部实行武装起义。除此以外就只有个别小军事反攻之可能了。二、上述各着,均无胜利把握,亦无大利可图,且系进攻性质,对人民、对部队、对统战朋友均无充分理由。在目前向国民党实行这种反攻和破裂,不独将引起中间分子的非议,即自己部队亦难长期在精神上维系不发生动摇,如果再遇

---

① 中央档案馆编:《皖南事变(资料选辑)》,中共中央党校出版社 1982 年版,第 183 页。
② 杨奎松:《国民党的"联共"与"反共"》,社会科学文献出版社 2008 年版,第 445 页。
③ 中央档案馆编:《皖南事变(资料选辑)》,中共中央党校出版社 1982 年版,第 187 页。

挫折,则对我更有极大不利,那时,反共高潮更不能压正,国民党更可借此向我大举进攻,故实行全面军事反攻,对我不利,且有极大危险。"据此,他建议:"在全国主要的实行政治上全面大反攻,但在军事上除个别地区外,以暂时不实行反攻为妥。"①

与此同时,莫斯科也一再要求中共冷静。早在事变发生前,共产国际总书记季米特洛夫便提醒毛泽东:"不该将破裂作为出发点"。即使在事变发生后,苏联驻华大使和武官仍表示,目前局势须有全局的观察和布置,尤其要从各方面探查,蒋介石是不是与日本有秘密联络,或有新的谈判,因此虽然必须积极加强军事准备,但"今天的工作中心,仍是求得抗战继续"。② 1月15日,苏联大使潘友新还告诉周恩来:"我认为,目前中共的主要敌人依然是日本,倘若中共对国民党主动展开进攻,这只会促使中国内战扩大,于抗战不利。必须千方百计保持合作,但这并不意味着你们应该自甘受辱,必须继续进行业已开始的对国民党的政治进攻。"③不难看出,莫斯科此时力图调解与缓和国共关系,反对中共在军事上报复,主张仅在政治上反击。

莫斯科对国民党的这种暧昧态度,显然引起了毛泽东的不满。1月20日,他在给周恩来、彭德怀、刘少奇的电报中就明说:远方的政策与我们所想的相左,"三个月来几经往复,尚未解决"。④ 23日,他又电告南方局:"朋友们的意见是错误的,请对朋友们说,蒋介石一月十七日命令是中国全国性事变的开始,是全面投降全面分裂的开始,要他们停止接济,准备后事,不然要上当的。"⑤ 30日,毛泽东索性让周恩来明确转告苏联驻华武官崔可夫:"苏联如再接济重庆武器甚为不好,请要武官设法停止。"⑥言词中对苏联仍未停止给国民党的武器援助明显带有怨气。

但在经过深思熟虑后,特别是对中共军事实力有了更深入的了解后,毛泽

---

① 中央档案馆编:《皖南事变(资料选辑)》,中共中央党校出版社1982年版,第148—149页。
② 杨奎松:《国民党的"联共"与"反共"》,社会科学文献出版社2008年版,第446页。
③ 《1941年1月15日全权代表潘友新与周恩来和叶剑英谈话记录》,转引自A.M.列多夫斯基著,陈春华等译:《斯大林与中国》,新华出版社2001年版,第292页。
④ 中央档案馆编:《皖南事变(资料选辑)》,中共中央党校出版社1982年版,第184页。
⑤ 杨奎松:《国民党的"联共"与"反共"》,社会科学文献出版社2008年版,第447页。
⑥ 中央档案馆编:《皖南事变(资料选辑)》,中共中央党校出版社1982年版,第201页。

东也适时调整了应对措施，改变了立即在军事上全面反攻的主张。1月19日，中共中央致电彭德怀、刘少奇指出："我们决定在政治上、军事上、组织上采取必要步骤。在政治上全面揭破蒋之阴谋，见《新中华报》社论及中共发言人谈话，惟仍取防御姿态，在坚持抗日反对内战口号下动员群众。在军事上先取防御战，必要时打出手，打到甘川去。在组织上拟准备撤销各办事处。"20日，毛泽东又致电周恩来、彭德怀、刘少奇说："目前我们在政治上取猛烈攻势，而在军事上暂时还只能取守势。"这实际上已经采纳了刘少奇和莫斯科的建议。1月下旬，日军乘国民党抽调兵力对付华中共产党军队之机，突然大举进攻河南。在这种情况下，毛泽东随即于25日致电彭德怀、刘少奇、周恩来，重申了"政治上取攻势，军事上暂时仍取守势"的主张。①

不过，毛泽东此时虽然迫于形势不得不主张军事上暂取守势，但对发起政治攻势的态度则愈发弥坚。1月25日，他电告周恩来："人家已宣布我们叛变，我们决不能再取游移态度，我们决不能再容忍，我们决不能怕破裂，否则我就要犯严重错误。……你们应向各方表示，蒋介石已将我们推到对立地位，除非蒋介石取消十七号命令及实行其他必要步骤，我们是只有和他对立一途，因为我没有别的路走"，"我们的让步阶段已经完结，我们须准备对付全面破裂，蒋以为我们怕破裂，我们须表示不怕破裂"。同日，毛泽东还在给彭德怀、刘少奇、周恩来的电报中强调："我们三个月来的让步态度（佳电及皖南撤兵），取得了中间派的好感，但给了蒋以向我进攻的机会。这种态度应立即结束，转到尖锐对立与坚决斗争的立场。"

29日，中央政治局会议通过毛泽东起草的《关于目前时局的决定》。《决定》再次指出："对于以蒋介石为首的反动了的大地主大资产阶级，我们过去一面斗争一面联合的两面政策，现在已经不适用了，对于他们，我们现在已不得不放弃联合政策，采取单一的斗争政策"，"只有这种尖锐对抗的政策，才是目前唯一正确的政策"。② 同日，毛泽东还电告季米特洛夫："既然蒋介石反对

---

① 中央档案馆编：《皖南事变（资料选辑）》，中共中央党校出版社1982年版，第180、184、192页。

② 中央档案馆编：《皖南事变（资料选辑）》，中共中央党校出版社1982年版，第190—193、198—199页。

我们,那我们就不能再作让步,因为在目前情况下,这种让步不能团结民众",同时也表示:"在军事方面我们暂时只能进行防御"。① 至此,中共在皖南事变后军事上取守势、政治上则坚决反攻的方针最终确定。

4.皖南事变后的国共宣传战

皖南事变发生后,国民党不得不对此作出解释。1941 年 1 月 17 日,国民政府军事委员会发布通令,宣称新四军"违抗命令、不遵调遣",因此"着将国民革命军新编第四军番号即予撤销","借申军纪,而利抗战"。同日,军委会发言人也发表谈话称:"此次事件完全为整饬军纪问题。新编第四军之遭受处分,为其违反军纪,不遵调遣,且袭击前方抗战各部队,实行叛变之结果。"在这一谈话中,国民党还指责新四军"自奉令开动时,即决意不遵令北调,早已定谋,移赴苏南……期于短期内,掌握京沪杭三角地区建立根据地",故不得不予以"剿灭"。② 这种将事变定性为军纪问题的论调,无疑是为自己辩解和开脱,以求师出有名。

根据这一定调,国民党的宣传机器纷纷开动,极力渲染解决新四军之不得已,并强调与政治无关。1 月 18 日,《中央日报》发表社论说:"我们相信这次军事最高当局处理这事变,一定比我们更痛心、更惋惜。其心理与诸葛孔明挥泪斩马谡,正复相同。新四军擅自行动,是反抗军令、破坏军纪的重大问题,这不但与政治问题无关,而且与其它部队也风马牛不相及,责任完全在叶挺、项英几个人身上。"③23 日,军委会政治部机关报《扫荡报》亦发表社论,着重从军纪角度加以解释,内称:"诸葛武侯斩马谡,则以马氏违反军令","韩复榘、石友三等辈破坏军纪,天下皆曰可杀","这次苏皖境内有一部分军队违反军令,擅自移动,罪在该军少数负责将领身上"。④

---

① 中共中央党史研究室第一研究部译:《共产国际、联共(布)与中国革命档案资料丛书》第 19 卷,中共党史出版社 2012 年版,第 129 页。
② 中央档案馆编:《皖南事变(资料选辑)》,中共中央党校出版社 1982 年版,第 170—172 页。
③ 《抗战的纪律》,《中央日报》1941 年 1 月 18 日。
④ 《贯彻军令整肃军纪》,《扫荡报》1941 年 1 月 23 日。

1月27日,蒋介石在国府纪念周发表长篇讲话。这是皖南事变以来,重庆当局最具权威性的一次政策宣示。不过,蒋的基调仍是把事件定性为军纪问题,淡化事件的政治色彩,企图息事宁人。他说:"性质很明白,问题很单纯,事件也很普通","除此之外,并无其它丝毫政治或任何党派的性质夹杂其中","现在新四军番号既已取消,这个问题自然是完全解决,再没有其它问题了"。① 显而易见,该谈话仍不脱自我辩护的窠臼。

对国民党拒绝认错、反而指责新四军抗命叛变的说法,中共中央是绝不认可的。在他们看来,"新四军是积极抗日的,北移是服从命令的,现在得着的是被消灭,被宣布为叛变与被交军法审判。一切理由都在我们方面"②,所以必须予以坚决反击。早在1月13日,毛泽东、朱德、王稼祥就联名致电各地:"周、叶正在重庆抗议,我们正用朱、彭、叶、项名义发出抗议通电……对皖南事变应公开宣传。"③18日,中共中央又向全党发布《关于皖南事变的指示》,要求各根据地调动一切舆论工具和宣传形式,揭示事变真相,向国民党亲日派和顽固派同谋歼灭新四军的行动,提出严重抗议。随后,中共在各地发起了凌厉的宣传攻势,华北、华中各抗日根据地军民纷纷举行集会,发表通电,声讨和谴责国民党制造内战破坏抗战、制造分裂破坏团结的举动。《新中华报》从1月16日开始到2月初,连续登载中共中央关于皖南事变的指示、谈话和新四军将领声讨亲日派的通电、社论等,"抗议无法无天之罪行"。重庆《新华日报》也愤然刊登了周恩来悼念江南死难烈士的题词和挽诗。

在这场宣传战中,有几个特点是值得注意的,充分展示了中共宣传的成熟。其一,宣传目标明确且远大。皖南事变发生后,国共分别对事变的性质做出各自界定,重庆判定为军纪问题,延安则判定为政治问题。而如何定性,其实质就是事变的责任应由何方承担。按照国民党的逻辑,这是军纪问题,责任当然在新四军,因其违抗北上命令,擅自向南移动。而在中共看来,这完全是政治问题,责任在国民党,因其排斥打击中共。因此与国民党企图将事变性质

----

① 《皖南事变资料选》编写组:《皖南事变资料选》,上海人民出版社1983年版,第378—387页。
② 中央档案馆编:《皖南事变(资料选辑)》,中共中央党校出版社1982年版,第174页。
③ 中央档案馆编:《皖南事变(资料选辑)》,中共中央党校出版社1982年版,第139—140页。

局限于军纪问题相反,作为受害者,中共极力将事态扩大,以争取舆论的同情。

1月18日,中共中央在《关于皖南事变的指示》中专门就宣传工作提出了要求:"在宣传鼓动工作中,应无情的揭露国民党当局自抗战以来对人民、对革命分子则肆意压迫与屠杀,对日寇汉奸则消极应付与宽容,有功者罚,有罪者赏等一切倒行逆施的黑暗的反动的方面;指出只有改革政治机构,实行民主,才能使抗战坚持到最后胜利"。这显然已不限于皖南事变,而是要求从政治上通盘解决。与此同时,毛泽东还敏锐看到:"一月十七日的步骤是蒋一大失策,我们须紧紧捉住,跟踪追击,绝不游移,绝不妥协。"①由此精准把握到了皖南事变的症结之所在,选定了宣传战的突破口。

1月29日,中共中央政治局通过的《关于目前时局的决定》又指出:"他(蒋介石)现在宣称目前的问题是军事问题非政治问题,是局部问题非全局问题,是内政问题非外交问题。我们必须全部揭破他的这种阴谋。必须指出他的先消灭新四军,再消灭八路军,再消灭共产党,再消灭其它人民抗日力量的各个击破政策。必须指出目前的问题是政治问题,是全局问题,是与外交分不开的问题。"②这更是直接反驳国民党对皖南事变的定性,宣告了自己的立场。

其二,宣传材料丰富且具有针对性。1月19日,在周恩来的组织下,南方局军事组撰写了《新四军皖南部队惨被围歼真相》一文,并通过各种关系和渠道秘密散发到重庆全市的许多地方。该文概括了八个问题,逐条驳斥了国民党对新四军的诬蔑之词。其中,第一条"关于所谓新四军违反命令不受调遣的问题",列举了叶挺、项英在答复何应钦、白崇禧的"佳电"中已公开表示江南新四军部队可全部渡江北移,而且大部已于1940年12月开始出动,陆续经苏南渡江北上的事实,由此来证明在这次调往江北行动中,"没有丝毫违犯上级命令之处"。第二条"关于新四军渡江路线问题",则指出国民党指定经皖南渡江北上的路线绝无可能,"主要的是由于敌人封锁,与友军包围阻截"。新四军为了避免与友军发生冲突,要求从苏南渡江北上,这也获得了国民党方面的同意,并非违抗军令、不遵调遣。第三条"关于新四军移动的时间问题"

---

① 中央档案馆编:《皖南事变(资料选辑)》,中共中央党校出版社1982年版,第174—175、191页。

② 中央档案馆编:《皖南事变(资料选辑)》,中共中央党校出版社1982年版,第198页。

和第四条"所谓藉端要索问题",更是痛陈国民党拖欠、克扣新四军军饷、弹药的事实,如十个月来仅获五万发子弹,"此外,颗粒未得到上级补充","开拨费直至本月四号,仅仅批准两万元,并且也还未领到",以此来反驳所谓"藉端要索"之罪状。第五条"究竟谁打谁的问题",则从逻辑上直截了当地质问:皖南新四军只有军部、直属部队及其后方人员万余人,其中伤病人员即有二千余人,其余亦大多非战斗人员,"既为避免与友军磨擦而假道苏南,难道还能对比自己力量大约七八倍的友军发动攻势吗?"第六条"所谓要在江南建立根据地问题",同样从逻辑上质问:既准备在江南建立根据地,为什么原在该区的第一、第二两支队及三支队一部先后开往江北而不开回江南呢?假定是准备建立江南根据地,为什么去年顾祝同、韩德勤要新四军江北部队调往江南时,新四军不趁机南下呢?"凡此种种,都说明'建立江南根据地'之说是妄言"。第七条"叶、项正副军长与新四军部队"和第八条"取消番号与审判军长",则针对国民党强调新四军事件的责任在于几位长官的说法,指出叶挺、项英都是抗战有功的将领,国民党也曾多次予以褒奖,而如今"还有些官家报纸,比着叶、项正副军长为韩复榘、石友三之流,这不仅是侮辱民族战士,而且是泯灭良知"。①

同日,刘少奇也发表文章驳斥国民党的有关言论。他指出:(一)新四军确实遵命北移,此前已与国民党方面接洽沿途事宜,皖南军医院药品及伤兵员均交红十字会派人接受,存粮和印刷所器械、纸张等也交当地接收,并发表《告别皖南民众书》,这些迹象均表明新四军准备北移。(二)改变北移路线之原因,是由于国民党事先宣传新四军北上路线,引来日军和顽军的严密封锁,所以不得不经苏南转移,况且,"本来蒋及第三战区所指示路线,一条向铜陵,一条经由苏南北上,并无一定限制"。(三)所谓我方先开枪袭击友军,纯属捏造。"我军如果有进攻友军企图,则决不至如此事前毫无准备而致全军覆没"。②

可以看出,以上一系列文章均写得理直气壮、义正词严,通过列举大量的

---

① 中央档案馆编:《皖南事变(资料选辑)》,中共中央党校出版社 1982 年版,第 152—159 页。
② 中央档案馆编:《皖南事变(资料选辑)》,中共中央党校出版社 1982 年版,第 177—178 页。

事实和严密的逻辑分析,详细揭露了国民党制造皖南事变的真相,极具针对性地反驳了国民党扣在新四军头上的种种"莫须有"的罪状。这些文章的散发和传播,对于澄清人们的疑惑、促使人们认识国民党的反共本质产生了重要作用。

其三,注重宣传策略且有节制性。中共在展开猛烈的舆论攻势同时,也强调宣传应注意策略。1941 年 1 月 18 日,中共中央在《关于皖南事变的指示》中便提出:"在大后方应经过各种不使党的组织遭受破坏的、侧面的、间接的方式去动员舆论与群众,特别抓住物价高涨去提高人民的不满情绪到要求驱逐亲日派,改组国民政府,实行民主抗日的水平。"①这就跳出了皖南事变本身,不再就事论事,而是抓取了国统区群众最不满意的物价问题做文章,以求起到"有利"的舆论鼓动作用。

在此期间,中共在"有理、有利"的同时还十分注意"有节",并未直接点名批评蒋介石。1 月 19 日,毛泽东与朱德、王稼祥联名致电彭德怀、刘少奇等人,对皖南事变后的应变措施作了原则指示,明确提出:"我们决定在政治上、军事上、组织上采取必要步骤。在政治上全面揭破蒋之阴谋(但暂时不提蒋名字)"。20 日,毛泽东又致电周恩来、彭德怀、刘少奇指出:"八路人员暂时亦不发表反蒋言论。"25 日,毛泽东再次致电彭德怀、刘少奇、周恩来提醒:"蒋现尚未提及八路与中共,故我们亦不提及整个国民党及中央军,八路及中共人员亦不公开出面,看蒋怎样来,我们便怎样去。"②

28 日,毛泽东、朱德、王稼祥在《关于皖南事变后新四军行动方针致刘少奇等电》中又强调:"惟在蒋没有宣布全面破裂时(宣布八路军及中共叛变),我们暂时不公开提出反蒋口号,而以当局二字或其它暗指方法代替蒋介石名字。"29 日,中央政治局通过的《关于目前时局的决定》同样指示:"在蒋介石没有宣布全面破裂以前,在他还只是宣布所谓新四军叛变,没有宣布所谓八路军与共产党叛变以前,我们亦不公开提出反蒋口号,而在公开发表的文字中则用当局字样或其他暗指办法,代替蒋介石的名字。对于何应钦等亲日派首领,

① 中央档案馆编:《皖南事变(资料选辑)》,中共中央党校出版社 1982 年版,第 175 页。
② 中央档案馆编:《皖南事变(资料选辑)》,中共中央党校出版社 1982 年版,第 180、184、192 页。

则指名反对之。"①30 日，总政治部也致电八路军、新四军各级政治部指出："中央决定目前除中央军委及新四军表示与蒋介石尖锐对立的态度外，八路军将领暂时对外保持沉默态度，不发表宣言通电演说等文件，而动员民众团体发表文件在报纸上发表社论，声援新四军，驳斥重庆军委会一月十七日命令及一月二十七日蒋介石演说。对蒋暂时不要提打倒口号，也不要提拥护口号，在根据他的命令及演说作社论时，称他为蒋介石氏，民众团体发表文件指责政府时以当局二字代替蒋介石的名字，而中心应痛骂日寇与亲日派联合发动内战消灭抗日军队的阴谋。"②

应该说，中共中央这一决策在其掌控的部队中是得到坚决贯彻的。彭雪枫即曾多次强调："在政治攻势中，我们一打一拉的，没有提出'打倒蒋介石'与'组织新中央'的口号，这就是我们的'限度'。"③而这种既针锋相对又留有余地、富有灵活性的斗争策略，显然为此后局势的缓和埋下了伏笔。毛泽东后来就总结："我们这种有理、有利、有节的政策，对于打退这次反共高潮，是完全必要的，且已收得成效。"④

其四，宣传范围广泛且特别注意国际宣传。1 月 28 日，中共中央组织部长陈云明确指示港沪地下党组织："宣传的方针应根据中央关于皖南事变的指示及我革命军事委员会的发言，并进一步揭破他们在政治上宣称为地方事件来掩盖其全面分裂准备投降的阴谋，在军事上以各个击破达到其全部消灭我军的目的，用侧面的间接的各种方法（如利用英美策动国际舆论，运用中日矛盾在敌伪报纸透露部分真的消息，发动中间分子各界人士用各种方式、不同语调、不同立场主持公道或印发小册子等），动员舆论，公布真相"。⑤ 在这一方针的指导下，廖承志利用国民党无力在香港进行新闻封锁的有利条件，通过在香港和东南亚华侨中有广泛影响的国新社和《华商报》发表了大量文章，揭露皖南事变经过，引起了侨胞们的密切关注。

---

① 中央档案馆编：《皖南事变（资料选辑）》，中共中央党校出版社 1982 年版，第 195、199 页。

② 国防大学党史党建政工教研室编：《中共党史教学参考资料》第 17 册，国防大学出版社 1986 年版，第 17 页。

③ 《彭雪枫军事文选》，解放军出版社 1997 年版，第 596 页。

④ 《毛泽东选集》第二卷，人民出版社 1991 年版，第 779 页。

⑤ 中央档案馆编：《皖南事变（资料选辑）》，中共中央党校出版社 1982 年版，第 196 页。

　　在这场宣传战中,中共除积极利用各抗日根据地和香港以及海外的电台、报纸等反驳国民党的舆论进攻外,更把主要精力放在了国统区的对外宣传上。特别是周恩来利用自己的合法地位,做了大量卓有成效的宣传工作。在其领导下,南方局和《新华日报》安排专门人员准备材料,通过种种途径送给各国新闻媒体驻重庆的记者,并安排南方局外事组的王炳南、王安娜、龚澎等人冒着生命危险逐一造访各国使馆、记者,向他们说明事件的真相和中共的观点。龚澎还作为周恩来与外国记者之间的联络员,经常"步行到外国记者招待所去,手提包里放着延安最近广播稿的复本"①。周恩来也亲自会见了苏联驻华大使潘友新、大使馆武官兼驻华军事总顾问崔可夫,英国驻华大使卡尔和美国总统罗斯福的代表居里,以及美国记者斯特朗、白修德等人,向他们提供了国民党制造磨擦的丰富材料。由于外国记者们只能得到官方新闻发布会上对中共的攻讦消息,所以十分欢迎中共方面的报道。一些外国记者就向国民党中宣部明确表示:如果不让他们报道国共双方的观点,他们就拒绝发表蒋介石的讲话,"他们公开蔑视审查制度,将全部消息航寄到香港去发表。结果,全世界都知道了事实真相,而不单是听国民党提出的经过仔细篡改的说法。"②

5. 各界的反应

　　皖南事变的真相公诸世后,在国内外引起了强烈反响,国民党陷入前所未有的孤立地位。1941 年 1 月 12 日,宋庆龄、柳亚子、何香凝等民主人士联名致电国民党中央,要求"撤销剿共部署,解决联共方案,发展各种抗日实力,保障各种抗日党派"。另据周恩来报告,事变发生后,各小党派及中间派对国民党大为失望,第三党章伯钧、青年党左舜生等拟发起成立民主联合运动,要求与中共积极联合以抵抗国民党的压迫。黄炎培也对新四军表示同情,并说:"不论事情经过之是非,当局如此措置绝对错误,希望大事化小,小事化无。"③
　　皖南事变的发生,在国民党上层也引起了轩然大波,"老党员甚至说出这

---

① 　[美]费正清著,陆惠勤等译:《费正清对华回忆录》,知识出版社 1991 年版,第 317 页。
② 　伊斯雷尔·爱泼斯坦:《中国未完成的革命》,新华出版社 1987 年版,第 154 页。
③ 　中央档案馆编:《皖南事变(资料选辑)》,中共中央党校出版社 1982 年版,第 255、258 页。

样做恐至自取灭亡,国民党人员亦多忧虑愤慨,表示此事做得过火"。当初充当和事佬的冯玉祥、于右任、张冲等人,则大骂何应钦,说何搞阴谋,骗了他们,现在让他们"没有脸见人"。冯玉祥还说:"新四军抗战有功,妇孺皆知,此次被政府消灭,政府方面实没有办法能挽回人民的反对。"甚至连山西的阎锡山、榆林的邓宝珊、绥远的傅作义、宁夏的马鸿逵、四川的刘文辉、云南的龙云、广东的余汉谋等地方实力派,也"多数感到新四军之被解散即为解散地方势力之先声……因而表现恐慌与对我同情","在此次国共斗争中都站在中间派地位"。①

海外侨界对皖南事变同样深表遗憾。据当时舆论反映,"海外侨胞从国内时局的演变和自身的经验中,日益厌恶重庆当局的'反共'措施"②。巴拿马华侨郑华秋对记者说:"皖南事变的发生,诚为抗战以来最不幸的事件之一,而且也是最痛心的事。"加拿大华侨黄寄生也认为:"在今天,民族公敌在前,各党派应团结一致,枪口对外。"旅美华侨各社团亦发表通电申明:"消息传来,遂令侨胞惊惶万分,不寒而栗。良以当此国家民族危机千钧一发之际,正需团结而不暇,岂容分裂而内战。曹植七步之诗,煮豆相煎。岳飞十二金牌之诏,宋室以亡。干戈对内,无异予敌人以可乘之机,自相残杀,等于陷万劫于不复之境,国家民族前途,何堪设想。"③

如果说美洲华侨的态度尚属温和,那么南洋华侨的反应则更为激烈。菲律宾华侨看到共产党揭露皖南事变真相的小册子后,"无不万分关切,义愤填胸",发表通电要求当局释放叶挺。有些报刊则严厉抨击国民党制造分裂的行径,斥责他们"直欲扩大事态,造成全面内战,弄到国亡种灭而后甘心",严正声明:"凡我爱国侨胞,无论其属于任何党派或无党无派者,均不愿意看见我们国家民族由分裂而灭亡","海外二千万侨胞是拥护团结到底,而誓死反对枪口向内,弄到中国人杀中国人的。"并大声疾呼:"大敌尚未打倒,国人仍

①　中央档案馆编:《皖南事变(资料选辑)》,中共中央党校出版社 1982 年版,第 258、262、258、263 页。

②　中央档案馆编:《皖南事变(资料选辑)》,中共中央党校出版社 1982 年版,第 264 页。

③　《皖南事变资料选》编写组:《皖南事变资料选》,上海人民出版社 1983 年版,第 437—438、457 页。

须团结。"有些华侨社团还尖锐指出："事实证明,新四军问题完全不是单纯的'军令'问题,而是国共磨擦的问题",要求国民党政府真正实行民主政治,彻底清除出那些顽固分子。①

国外媒体的反映亦十分激烈。苏联《真理报》便表示:皖南事变"无异扩大内战,而内战唯有削弱中国而已"②。而英美等国的舆论界也认为皖南事变会影响到中国抗战前途与英美利益,于是纷纷予以谴责。英国《曼彻斯特导报》指出:"解散皖南新四军事件,只有日本最为兴奋",因此"必须以最大努力来恢复团结"。③ 美国《纽约先驱论坛报》则发表评论说:"当日本正准备向'南海'推进时,中国为本身及其友邦之利益计,急应尽量牵制多数在华之日军,是故此刻竟发生此种剧烈之内讧,实为极大不幸",希望"蒋介石将军能作妥善措置,以免成为中国之不幸与远东轴心同盟国之胜利"。④

当然,影响最大的还是外国政府的态度。但据蒋介石身边亲信观察,"同情政府之处置者并不普遍,尤其苏英美各国人士"⑤,他们"群以中国将发生大规模之内战为惧,且颇多受共产党方面宣传而不直政府之处置者"⑥。首先是当时大力援助中国的苏联。1941 年 1 月 17 日,国民政府新任驻苏大使邵力子举行到任后的第一次宴会,宴请苏外交、贸易两部长及其他高级官员。外长莫洛托夫本已答允亲赴宴会,但因皖南事变的消言传来,便借故缺席,以此来表达对皖南事变的反对态度。25 日,苏联驻华大使潘友新又在会晤蒋介石时称:"苏联政府对于此次之冲突与斗争,非常关怀,深恐由此引起内战,因而损及贵国抗战之力量也。"他还质疑:"新四军为数不过六七千人,何敢进攻邻近之大军?"⑦苏联驻华武官崔可夫也先后质问何应钦、白崇禧等人:"现在正在

---

① 《皖南事变资料选》编写组:《皖南事变资料选》,上海人民出版社 1983 年版,第 464、466、469、471 页。

② 《皖南事变资料选》编写组:《皖南事变资料选》,上海人民出版社 1983 年版,第 478 页。

③ 龚古今、唐培吉主编:《中国抗日战争史稿》下册,湖北人民出版社 1984 年版,第 29 页。

④ 《皖南事变资料选》编写组:《皖南事变资料选》,上海人民出版社 1983 年版,第 479—480 页。

⑤ 公安部档案馆编注:《在蒋介石身边八年——侍从室高级幕僚唐纵日记》,群众出版社 1991 年版,第 188—189 页。

⑥ 《王世杰日记》(手稿本)第 3 册,(台北)"中央研究院"近代史研究所 1990 年版,第 22 页。

⑦ 秦孝仪主编:《中华民国重要史料初编——对日抗战时期》第 3 编第 2 册,(台北)中国国民党中央委员会党史委员会 1981 年版,第 386—387 页。

和侵略者打仗,为了打赢这场战争,人民应该团结一致。何以要打自己人,要屠杀自己的士兵和军官呢?"并暗示蒋介石:如果"他进犯共产党、调转枪口对准人民,而不是侵略者,这可能影响苏联方面提供军事援助"。①

出乎蒋介石意料的是,英美等国也不赞成国共分裂,"无论是英国人,还是美国人都不赞成蒋介石对共产党的军队采取敌对行动……他们对蒋介石行动的不满是认真的"②。皖南事变发生后,他们普遍认识到:"这种情况直接影响中国解放战争的前景和英美的利益",因而"要求英美统治集团向中国统治集团施加压力。"③有鉴于此,"伦敦和华盛顿要求他们的使节立即作出报告"④,并通过外交途径明确表明立场。英国驻华大使卡尔面见蒋介石提出:"内战只会加强日军的攻击"⑤,劝其停止国内冲突,还以中国内战危险尚未消除为由,表示暂缓开放滇缅公路。英国伦敦援华委员会也致电指出:"团结抗战,实为中国之基本力量,为我辈所热烈拥护之中国抗战事业,切勿为内部争斗所败坏,而遭日本宣传及亲日分子所暗算。"⑥

与此同时,美国的一些知名人士和团体也纷纷发表通电,对皖南事变"表示惊骇与抗议",指出"这样的行动只会帮助日本而有损中国在美国的令誉",希望蒋介石"谨慎处理","使不致使事态发展为中国的危机,轴心国远东盟友之胜利"。⑦ 对美国朝野的这种舆情,国民党中宣部驻纽约办事处主任李夏曾向国内报告:"美国民众所听见的当然只有激烈攻击国民党与中央政府的一面之辞。"他因此哀叹道:"我们这种在美负责宣传的人员……处于非常困难的地位。"⑧时任驻美大使的胡适也报告:"新四军事件,美国人士颇多疑虑,其

---

① ［苏］瓦·伊·崔可夫著、万成才译:《在华使命——一个军事顾问的笔记》,新华出版社 1980 年版,第 57—58、56 页。
② ［苏］瓦·伊·崔可夫著、万成才译:《在华使命——一个军事顾问的笔记》,新华出版社 1980 年版,第 79 页。
③ 中共中央党史研究室第一研究部译:《联共(布)、共产国际与抗日战争时期的中国共产党》第 19 卷,中共党史出版社 2012 年版,第 121 页。
④ 蒋建农、王本前:《斯诺与中国》,黑龙江人民出版社 1993 年版,第 183 页。
⑤ ［德］王安娜著,李良健等校译:《中国——我的第二故乡》,三联书店 1980 年版,第 361 页。
⑥ 安徽省文物局新四军文史征集组编:《皖南事变资料选》,安徽人民出版社 1981 年版,第 367 页。
⑦ 安徽省文物局新四军文史征集组编:《皖南事变资料选》,安徽人民出版社 1981 年版,第 366—367 页。
⑧ 刘景修、张钊:《美国记者与中国抗战》,《民国档案》1989 年第 1 期。

左倾者则公然批评我政府。"为此,国民政府外交部专电指示胡适,要他"随时妥予解释"。① 蒋介石还给正在美国争取援助的宋子文发电报,希望借其在美的个人影响,向美国各界作出解释。但事变真相传出后,胡适、宋子文等人已是百口莫辩、无法解释,以致蒋介石在日记中写道:"新四军问题余波未平,美国因受共党蛊惑,援华计划几乎动摇,子文甚以此为虑。"②

1 月 29 日,美国驻华大使詹森向蒋介石表示:"我一向认为共产党问题不应导致大规模的自相残杀的斗争。"2 月 8 日,美国总统罗斯福的私人代表居里访华,在会见蒋介石时也转述了罗斯福给蒋的口信,罗氏表示希望国共双方消泯歧见,更密切地合作,俾有利于对日本作战的共同目标。③ 居里还说:美国"闻中国内部发生磨擦,有发生内战之虞者,咸感不安,因而影响其援助中国之热诚。"④并表示:"美国在国共纠纷未获解决前,无法大量援助中国,中、美之经济财政问题,不可能有任何进展。"⑤对此,蒋介石曾在日记中感叹:"美国朝野已深受中共宣传之影响,殊为遗憾"。⑥

面对这种四面楚歌的舆论环境,蒋介石已是内外交困,深感"抗战时对共党作战,容易失去国际同情"⑦。为了摆脱窘境,蒋介石不得不暂时收敛反共势头。1941 年 3 月 6 日,他在第二届国民参政会上表示:皖南事变"不牵涉党派政治",保证"以后决无剿共的军事"行动。14 日,他又主动约见周恩来,答应解决国共之间的一些具体问题,国共关系开始趋向一定程度的缓和。18 日,毛泽东指出:"从何白《皓电》(去年十月十九日)开始的第二次反共高潮,至皖南事变和蒋介石一月十七日命令达到了最高峰;而三月六日蒋介石的反

---

① 中国社会科学院近代史研究所编:《胡适驻美大使期间来往电稿》,中华书局 1978 年版,第101 页。

② 《蒋中正"总统"档案·事略稿本》第 45 册,(台北)"国史馆"2010 年版,第 422 页。

③ 《皖南事变资料选》编写组:《皖南事变资料选》,上海人民出版社 1983 年版,第 505 页。

④ 秦孝仪主编:《中华民国重要史料初编——对日作战时期》第 3 编第 1 册,(台北)中国国民党中央委员会党史委员会 1981 年版,第 544、546 页。

⑤ 《居里重视国共关系,声言国共纠纷未解决,美国无法大量援助中国》,《新中华报》1941 年 3 月 9 日。

⑥ 《蒋中正"总统"档案·事略稿本》第 45 册,(台北)"国史馆"2010 年版,第 598 页。

⑦ 公安部档案馆编注:《在蒋介石身边八年——侍从室高级幕僚唐纵日记》,群众出版社 1991 年版,第 377 页。

共演说和参政会的反共决议,则是此次反共高潮的退兵时的一战。时局可能从此暂时走向某一程度的缓和。"①

至此,国民党的第二次反共高潮就被打退了。经过这次交锋,中国共产党获得了全国人民的同情和拥护,博得了国际舆论的称赞和声援,争取和教育了中间势力,极大地提高了政治威望。这是抗日战争中国共两党力量的一次大检阅,毛泽东曾总结说:"蒋从来没有如现在这样受内外责难之甚,我亦从来没有如现在这样获得如此广大的群众(国内外)"②,"这次斗争表现了国民党地位的降低和共产党地位的提高,形成了国共力量对比发生某种变化的关键"③。

(四)"内战危机,有一触即发之势"

以皖南事变为标志的第二次反共高潮被打退后,国共关系一度趋于缓和,双方展开了一系列谈判,虽然没有获得多少实质性进展,但气氛至少不再那么剑拔弩张。不过到了1943年,两党之间再度紧张,并由此引发了国民党的又一次大规模反共高潮,抗日民族统一战线再次遇到了危机。

1. 共产国际的解散与进攻陕北计划的制定

国民党发动第三次反共高潮,是以共产国际宣布解散为起点的。1943年5月22日,为了适应世界反法西斯战争的形势,共产国际宣布解散。这在蒋介石看来,无疑意味着共产主义势力的削弱,因此在日记中赞誉:"此实为划时代之历史","此实为二十世纪上半期史之惟一大事,殊为世界人类前途幸福庆也。而吾一生最大之对象,如果能因此消除……此不仅为此次世界战争

① 《毛泽东选集》第二卷,人民出版社1991年版,第778页。
② 中央档案馆编:《皖南事变(资料选辑)》,中共中央党校出版社1982年版,第207页。
③ 《毛泽东选集》第二卷,人民出版社1991年版,第778页。

中最有价值之史实,且为我国民革命三民主义最大之胜利也"。他并且将此与处理中共问题相联系,认为"此后对于国内共产党之方针与计划,应加重研讨,是乃对内政策之重要时机"。①

在蒋介石的授意下,戴笠拟订了《对中共方案》,提出国民党应把握此有利时机求得中共问题之彻底解决。他的方法是:以迫使中共把军权、政权交还中央为主要目的;把握中共弱点,以达到政治解决为原则,惟在军事上仍须施极大压力,促其就范;取消边区政治、组织,听候中央处置;派遣政工人员、参谋人员、军队政工人员至该军工作,对其在特定区域以外之部队,相机予以解决;加强军队之准备,以为政治解决之助力;在宣传工作方面强调第三国际之解散,中共再无独立组织之必要,以证明民族至上国家至上之理论最适合世界潮流;派赴延安组织中央通讯社分社,使消息更加灵通,以适应政治解决之需要。

在这一方案的指导下,国民党采取了双管齐下的措施。一方面是施加政治压力。共产国际宣布解散后,国民党中宣部立即对各省市党部、各报社、各刊物、各新闻检查处、各省市图书杂志审查处颁发临时宣传指示:要求各报评论共产国际解散时,要赞扬此举"为共产国际指导者所采取之最正确路线,洵为贤明之决定","如涉及中共问题,可根据共产国际解散建立案之原意……竭诚劝告其真能为祖国及反侵略战争而努力,尤须加强政令军令之统一,以争取最后胜利"。②

这一时期,《中央周刊》先后发表《从共产国际底解散展望世界各国共产党的前途》《共产国际的解散》和《第三国际解散与马克思主义》等一系列反共色彩十分浓厚的文章,所有这些文章的主题都在于指明:"第三国际今日明智的行动,似乎正是今后中共应采的行动之指针。"③并说:"领导共产国际的苏联领袖现已有了这英断,我们希望中国共产党人应该赶快有这同样的觉悟!"④在此期间,国民党各地组织还纷纷以共产国际解散为借口,策动各种文

---

① 《蒋中正"总统"档案·事略稿本》第53册,(台北)"国史馆"2011年版,第498、531、497页。
② 王晓岚:《抗战时期的国共宣传战》,《北京党史研究》1998年第1期。
③ 伊人:《第三国际的解散》,《中央周刊》第5卷第42期,1943年6月3日。
④ 伊人:《中共应有的觉悟》,《中央周刊》第5卷第45期,1943年6月24日。

化团体进行反共宣传,要求中共交出政权和军权。6 月 12 日,国民党西安劳动营训导处长张涤非召集三十余文化团体开会(实际到会者 9 人),并打电报给毛泽东说"马列主义已经破产",要他趁共产国际解散之机,将中共也解散,取消"边区割据"。皖省临时参议会、四川爱国协会、桂林新闻记者公会、鲁山新闻记者公会、长沙青年学会、洛阳文化界、长沙乡村研究会等社会团体也相继致电毛泽东,呼吁中共应同共产国际一起解散。①

　　另一方面,蒋介石也加紧了进攻中共中央所在地陕北的军事准备。早在 1943 年 2 月,驻兰州的第八战区司令长官朱绍良便以绝密件向副司令长官胡宗南及该战区所属驻宁夏的马鸿逵、驻青海的马步芳,下达了蒋介石亲自审定的《对陕北奸区作战计划》,指令有关部队"于现在掩蔽,作攻势防御",俟机"转取攻势","先迅速收复囊形地带"(指陕甘宁边区关中分区),进而"收复陕北地区"。5 月初,胡宗南部参谋处又制定出更为详细的作战计划,并由胡于 5 月 23 日向蒋介石呈报,准备分三期逐步进占陕甘宁边区:第一期划分关中、陇东两区,以陶峙岳、范汉杰分任总司令,完成攻防准备,实行封锁;第二期加强关中兵团,实力收复囊形地带;第三期保持重点于咸榆公路,协力收复马栏、关中、陇东全部。

　　自 1943 年 6 月起,胡宗南便按此计划部署兵力,甚至调动抵御日军的部分河防部队,连同原有包围陕甘宁边区的部队约 50 万人,准备兵分九路闪击延安。一时间,咸榆公路、西兰公路、陇海铁路上兵车运输络绎不绝。国民党军事当局还在与边区接壤地区,新建飞机场、油弹储备库等多处。陶峙岳也在 7 月 2 日限令各军于 8 日准备完毕,听候胡宗南手令动作。至此,包围陕甘宁边区的国民党军队增至 60 万人。无论是将河防部队大部撤出陈置于边区周围,还是辎重部队的配属、兵站的开设、通讯联络的调整、部队必需品的调补、战前教育的实施,都是空前的,表明反共军事部署已全部就绪。②

---

① 《国民党当局利用共产国际解散之机,策动特务机关,叫喊解散共产党》,《解放日报》1943 年 8 月 5 日。

② 中央档案馆编:《中共中央文件选集》第 14 册,中共中央党校出版社 1992 年版,第 64—66 页。

2. 延安的应对

1943 年 6 月 17 日,蒋介石电询胡宗南"对于边区之准备现至如何程度"。29 日,胡宗南复电:预定 7 月 28 日进攻。旋得蒋介石批示,要求其切实准备,"并应极端秘匿,毋得声张"。① 但这一计划很快就被潜伏在胡宗南身边工作的中共地下党员熊向晖密报给延安。中共中央得知后,立即采取对策。7 月 3、4 两日,毛泽东连电八路军西安办事处,令即将由渝抵西安的周恩来"就近向胡(宗南)提出交涉,退出侵占地区","并向胡商谈军事冲突对抗战团结之利害"。②

为了击退这次反共高潮,中共中央根据粉碎第一、二次反共高潮的经验,继续采取针锋相对的斗争方针。一方面动员解放区军民提高警惕、积极备战,随时准备粉碎国民党的军事进攻。7 月 4 日,中央军委给八路军、新四军发出指示,指出边区形势现已极度紧张,须严加注意,并下令从晋北调来 4 个团,和陕甘宁留守部队一起守卫边区,同时还准备在必要时再从五台、太行抽调 10 个大团增援。另一方面则展开了声势浩大的政治攻势,揭露国民党破坏团结抗战的阴谋,迫使其停止正在发动的反共高潮,争取避免全国性内战的发生。

7 月 4 日和 6 日,朱德分别致电胡宗南、蒋介石,呼吁团结,要求制止内战。他历数 6 月以来"河防大军纷纷西调,粮弹运输络绎于途"的战争景象,严正指出:"道路纷传,中央将乘共产国际解散机会,实行剿共……内战危机,有一触即发之势。当此抗战艰虞之际,力谋团结,犹恐不及,若遂发动内战,兵连祸结,则抗战团结之大业势将破坏,而使日寇坐收渔利。"③明确点出了国民党反共高潮对抗战的危害。

7 月 7 日,毛泽东主持中央政治局会议,讨论对付国民党发动的反共宣传与准备进攻陕甘宁边区问题。毛泽东发言说:我们过去两年采用不刺激国民

---

① 公安部档案馆编注:《在蒋介石身边八年——侍从室高级幕僚唐纵日记》,群众出版社 1991 年版,第 366 页。
② 《毛泽东年谱(1893—1949)》中卷,人民出版社、中央文献出版社 1993 年版,第 449 页。
③ 中央档案馆编:《中共中央文件选集》第 14 册,中共中央党校出版社 1992 年版,第 68 页。

党的"和国"政策,保持了两年多的比较平静,是正确的。现在情况变化,就不适用了,而要采用以宣传对付他们的反共宣传,以军事对付他们的军事进攻。① 次日,中共中央发出关于各地响应延安的宣传反对进攻边区的指示。该指示提出:一、国民党乘共产国际解散机会,准备以武力进攻陕甘宁边区,迫我就范。同时发动宣传攻势,以造成反共舆论。二、中央决定发动宣传反击,同时准备军事力量,粉碎其可能的进攻。三、各地响应延安的宣传,在七月内先后动员当地舆论,并召集民众会议,通过要求国民政府制止内战,惩办挑拨内战分子之通电,发来新华总社,以便广播,造成压倒反动气焰之热潮,并援助陕甘宁边区之自卫斗争。②

在这一方针的指导下,7月9日,延安《解放日报》发表了题为《起来！制止内战！挽救危亡！》的社论,提出了制止内战的四项主张。12日,《解放日报》又发表毛泽东亲笔写的社论《质问国民党》。社论针对蒋介石和国民党不尽力抵抗日本的侵略和惩办汉奸卖国贼,而极力反共、准备进攻陕甘宁边区这种亲痛仇快的行为,提出质问和抗议。这篇社论还将国民党准备袭击延安与对日妥协联系起来,呼吁:"你们应该和我们一道去把日本占领的地方统一起来,把鬼子赶出去才是正经,何必急急忙忙地要来'统一'这块巴掌大的边区呢？大好河山,沦于敌手,你们不急,你们不忙,而却急于进攻边区,忙于打倒共产党,可痛也夫！可耻也夫！"③

在中共中央、西北局和边区政府的号召下,边区群众也被广泛动员起来。7月9日,延安各界举行了有万余人参加的抗战六周年纪念大会,朱德、贺龙、林伯渠等人讲话号召边区军民紧急动员起来,制止内战、保卫边区。各分区、县、各系统亦纷纷开会动员,向群众宣传保卫边区的办法。经过宣传鼓动,边区南线各县民众踊跃参加并设法筹集武器,建立了脱产的人民武装自卫队,中直、军直、边直等各机关学校工厂也成立了自卫军。他们积极进行侦察、引路、送信、清查户口、警戒、盘查捉拿坏人等治安保卫工作,并加紧战斗训练。其他

① 《毛泽东年谱(1893—1949)》中卷,人民出版社、中央文献出版社1993年版,第451页。
② 中央统战部、中央档案馆编:《中共中央抗日民族统一战线文件选编》下册,档案出版社1986年版,第656页。
③ 《质问国民党》,《解放日报》1943年7月12日。

根据地军民也纷纷集会,举行示威,广泛开展抗议活动。

与此同时,中共中央还大力争取国内外舆论的支持。7月4日,毛泽东电示八路军重庆办事处主任董必武:蒋介石调集二十余师兵力包围陕甘宁边区,战事有于数日内爆发可能,形势极度紧张,请立即将此种消息向外传播,发动制止内战运动,特别通知英、美有关人员。9日,他又指示董必武:速将七七宣言、朱总致蒋胡电、延安新华社揭穿西安特务假造民意的新闻及延安民众大会通电,密印分发各报馆、各外国使馆、各中间党派、文化人士,并注意设法寄往成都、桂林、昆明各界及地方实力派。同日,他还致电彭德怀,指出除做军事准备外,须极力进行政治动员,展开宣传战斗,并将此种宣传散布至西安、重庆各地及英、美、苏各国,动员国内外舆论打击蒋之反共企图。① 应该说,这一措施取得了很大效果,毛泽东后来就说:"我宣传闪击已收效,不但七日外国记者纷纷质问张道藩(时任国民党中宣部部长——引者注),而且引起英美苏各大使开会,根据朱致蒋胡电警告蒋不得发动内战,否则停止援助"②。

由于闪击延安计划泄密、中共已严阵以待,兼之全国性反内战运动风起云涌和盟国的压力,蒋介石不得不紧急刹车,暂时搁置进攻计划。此时,胡宗南也意识到如仍按原计划进行,日军可能乘机渡河,而中共早就宣传国军不抗日,如进军陕北,将给其口实,有损声誉,美国可能转而支持中共,所以只能停止行动,恢复原态势。他将此意电告蒋介石。③ 7月10日,蒋下令停止行动。11日,蒋、胡均复电朱德表示无意进攻边区。12日,胡宗南下令开始撤军。时至9月,蒋介石在国民党五届十一中全会上又表示应认清中共问题是一个政治问题,因此应用政治方法解决。至此,国民党的第三次反共高潮尚未发展为大规模的军事进攻,便在中共坚决的反击下夭折了,抗日民族统一战线得以继续坚持下来。

---

① 《毛泽东年谱(1893—1949)》中卷,人民出版社、中央文献出版社 1993 年版,第 449、453、453—454 页。

② 中央统战部、中央档案馆编:《中共中央抗日民族统一战线文件选编》下册,档案出版社 1986 年版,第 657 页。

③ 熊向晖:《地下十二年与周恩来》,中共中央党校出版社 1991 年版,第 24—25 页。

四

"因为边区有民主"

1940 年 4 月,中共五老之一、陕甘宁边区政府秘书长、边区参议会副议长谢觉哉曾发表文章自豪地说:"为什么全国进步人士如潮水般地涌向边区? 因为边区有民主。全世界进步人士为什么称赞边区,说到中国不到延安,等于没有到中国? 因为边区有民主。抗战以来,边区的文化、经济、军事各方面的进步和动员,为什么全国所不及? 因为边区有民主。"①他这段话非常简单明了地回答了相关疑问,同时也从另一个角度解开了中共在抗战中发展壮大之谜。确实,正是因为实行了民主政治,中共的号召力才得到了极大提高。这不仅有利于巩固根据地政权,而且进一步提升了中国共产党的声望,将一个与国民党独裁完全不同的形象呈现在国人和世界面前,由此获得了更多的支持。

(一)"没有民主,抗战就不能胜利"

抗日战争是一场注定要改变中国命运的战争。通过这场战争,不仅要把

①　《谢觉哉文集》,人民出版社 1989 年版,第 338—339 页。

日本侵略者驱逐出中国国土,还要结束国内专制势力对广大人民的独裁统治,打开一条通往新民主主义中国的坦途。这一任务是历史性的,同时又是十分艰巨的。对中国共产党来说,问题不在于这一历史性任务如何艰巨,而在于能否找到达成这种双重目标的结合点。从历史上来看,中共无疑找到了这一结合点,这就是民主。民主,成了中共在抗战时期争取民族独立、引领时代潮流的有力武器。

1. 党内的宣示

其实在全面抗战爆发前,中共就已经开始呼吁民主。1937 年 5 月,毛泽东在中国共产党全国代表会议上提出:"为了建立真正的坚实的抗日民族统一战线,没有国内和平固然不行,没有国内民主也不行,所以争取民主,是目前发展阶段中革命任务的中心一环。看不清民主任务的重要性,降低对于争取民主的努力,我们将不能达到真正的坚实的抗日民族统一战线的建立。"在报告中,他还针对那种认为"强调民主是错误的,仅仅应该强调抗战"的看法澄清说:"抗战需要全国的和平与团结,没有民主自由,便不能巩固已经取得的和平,不能增强国内的团结。抗战需要人民的动员,没有民主自由,便无从进行动员","中国真正的坚实的抗日民主统一战线的建立及其任务的完成,没有民主是不行的"。因此,"对于抗日任务,民主也是新阶段中最本质的东西,为民主即是为抗日。抗日与民主互为条件,同抗日与和平、民主与和平互为条件一样。民主是抗日的保证"。①

卢沟桥事变爆发后不久,毛泽东在为中共中央宣传部起草关于形势与任务的宣传鼓动提纲时又明确指出:"没有民主,抗战就不能胜利","争取抗战胜利与实现民主权利不是互相分离的,而是互相联系的,互相依赖的"。② 根据这一原则,中共中央制定了号召全面抗战的《抗日救国十大纲领》,经洛川会议通过,成为中共指导抗战的纲领性文件。

---

① 《毛泽东选集》第一卷,人民出版社 1991 年版,第 255—256、第 274 页。
② 《中共党史参考资料》第 8 册,解放军政治学院党史教研室 1979 年编印,第 58 页。

2. 向外界的呼吁

　　除了在党内宣示民主对于抗日的重要意义外,毛泽东此时还一再向外界呼吁。1937 年 5 月,他在接受美国记者尼姆·韦尔斯采访时强调:"全国各界各党派应团结起来为争取民主权利而斗争,全国军人应该拥护民主运动,因为要挽救中国,战胜日本,避免沦为殖民地的危险,惟有实行民主政治,给予人民以参政的自由,才能实现。"①1938 年 2 月,毛泽东在会见美国合众社记者罗伯特·马丁时再次阐明:中国需要民主才能坚持抗战,不单需要一个民选的议会,并且需要一个民选的政府。② 同年 7 月,世界学联代表团访问延安。当他们问"目前陕甘宁边区在中国的意义与作用是什么"时,毛泽东又首先回答:"明白了边区的性质,才能明白它在中国的意义与作用。边区是一个什么性质的地方呢? 一句话说完,是一个民主的抗日根据地。"接下来,他呼吁:"全国也应采取这个制度,应把抗日战争与民主制度结合起来,以民主制度的普遍实行去争取抗日战争的胜利",并说:"民主制度在外国已是历史上的东西,中国则现在还未实行。边区的作用,就在做出一个榜样给全国人民看,使他们懂得这种制度是最于抗日救国有利的,是抗日救国惟一正确的道路,这就是边区的意义与作用。"③仍强调抗日与民主相结合。

　　1939 年 9 月,毛泽东对再次来访的美国记者埃德加·斯诺也说:"毫无疑义,抗日而没有民主,是不能胜利的,抗日与民主是一件事的两方面。有一些人,赞成抗日,而反对民主,这种人,实际上是不愿意抗日胜利的,是要引导抗日到失败的人。"④言辞中显然是批评国民党不民主。次年 2 月,延安各界宪政促进会召开成立大会,毛泽东在会上又说:"抗日,大家赞成,这件事已经做了,问题只在于坚持。但是,还有一件事,叫作民主,这件事现在还没有做。这两件事,是目前中国的头等大事。中国缺少的东西固然很多,但是主要的就是

① 《毛泽东文集》第一卷,人民出版社 1993 年版,第 500 页。
② 《毛泽东年谱(1893—1949)》中卷,人民出版社、中央文献出版社 1993 年版,第 110 页。
③ 《毛泽东文集》第二卷,人民出版社 1993 年版,第 129—131 页。
④ 《毛泽东文集》第二卷,人民出版社 1993 年版,第 245 页。

少了两件东西：一件是独立，一件是民主。这两件东西少了一件，中国的事情就办不好。"所以，必须"把独立和民主合起来，就是民主的抗日，或叫抗日的民主。没有民主，抗日是要失败的。没有民主，抗日就抗不下去"。①

抗战时期毛泽东与中共中央对民主政治的重视，还体现在其对美国民主的认同上。1943 年 7 月 4 日是美国国庆日，《新华日报》发表了题为《民主颂——献给美国的独立纪念日》的社论，其中写道："中国人对美国的好感，是发源于从美国国民性中发散出来的民主的风度，博大的心怀。……美国在民主政治上对落后的中国做了一个示范的先驱，教育了中国人学习华盛顿、学习林肯，学习杰弗逊，使我们懂得了建立一个民主自由的中国需要大胆、公正、诚实。"②对美国民主的评价相当高。到了 1944 年 7 月 4 日，中共中央机关报《解放日报》又发表了《祝美国国庆日——自由民主的伟大节日》的社论指出："民主的美国已经有了它的同伴，孙中山的事业已经有了它的继承者，这就是中国共产党和其他民主的势力。我们共产党人，现在所进行的工作乃是华盛顿、杰斐逊、林肯等早已在美国进行过的工作，它一定会得到而且已经得到民主美国的同情。美国正在大力援助中国的抗日战争与民主运动，这是我们所感激的……民主的美国万岁！"③这一时期，毛泽东甚至曾向美国外交官谢伟思公开表示："每一个在中国的美国士兵都应当成为民主的活广告。他应当对他遇到的每一个中国人谈论民主"，"我们并不害怕民主的美国影响，我们欢迎它"。④

1944 年 6 月，中外记者团突破国民党的封锁访问延安，毛泽东也向他们详细阐明抗战与民主的关系。他强调："中国是有缺点的，而且是很大的缺点，这种缺点，一言以蔽之，就是缺乏民主。中国人民非常需要民主，因为只有民主，抗战才有力量，中国内部关系，才能走上正轨，才能取得抗战的胜利，才能建设一个好的国家。"⑤次年 7 月，黄炎培等国民参政会六位代表访问延安。

---

① 《毛泽东选集》第二卷，人民出版社 1991 年版，第 731—732 页。
② 《民主颂——献给美国的独立纪念日》，《新华日报》1943 年 7 月 4 日。
③ 《美国国庆日——自由民主的伟大斗争节日》，《新华日报》1944 年 7 月 4 日。
④ 中共陕西省委党史研究室编：《中外记者团和美军观察组在延安》，陕西人民出版社 1995 年版，第 154、158 页。
⑤ 《毛泽东文集》第三卷，人民出版社 1996 年版，第 168 页。

在一次交谈中,他对毛泽东说:"我生六十多年,耳闻的不说,所亲眼看到的,真所谓'其兴也浡焉','其亡也忽焉',一人、一家、一团体、一地方,乃至一国,不少不少单位都没有能跳出这周期率的支配力。……中共诸君从过去到现在,我略略了解的了。就是希望找出一条新路,来跳出这周期率的支配。"对此,毛泽东回答说:"我们已经找到新路,我们能跳出这周期率。这条新路,就是民主。只有让人民来监督政府,政府才不致松懈。只有人人起来负责,才不会人亡政息。"①

由上可知,中共在抗战时期对民主给予了极大的重视,不仅一再在党内宣示,而且还屡屡向外界呼吁,将它与抗日相提并论、融为一体,强调"没有民主,抗战就不能胜利",并视之为战后建立新中国、跳出历史周期率的制度保障。这种思想认识,显然反映了中共对民主政治的强烈向往。

与此形成鲜明对比的是,国民党在此期间却屡屡以抗战为名,将之与民主对立起来。1938 年 1 月,国民党理论家叶青在《关于民主政治》一文中便强调:抗战最迫切的要求是"统一军队"和"统一意志",就是欧洲的民主国家在世界大战中也同样"一切都受统制",因此中国人在抗战时期要求实行民主,简直是"不懂战争为何物"。② 同年 5 月,他又在《抗战时代底根本信念》一文中提出了"七个一"的口号,即一个国家、一个政府、一个政党、一个主义、一个政策、一个纲领、一个领袖,毫无遮掩地鼓吹集权专制。③

而从民众的反应来看,中共对民主的热忱呼吁无疑是符合抗战需要和时代潮流的。特别是在 1944 年 9 月国民参政会三届三次会议上,中共又正式提出了结束国民党一党专政、建立联合政府的主张,这更引起了强烈反响,获得了中外舆论的广泛支持。毛泽东后来即曾说:"联合政府是具体纲领,它是统一战线政权的具体形式。这个口号好久没有想出来,可见找一个口号、一个形式之不易。……这个口号一提出,重庆的同志如获至宝,人民如此广泛拥护,我也没有料到。"④而蒋介石身边的高级幕僚唐纵则意识到:中共

① 黄炎培:《八十年来》,文史资料出版社 1982 年版,第 148—149 页。
② 叶青:《关于民主政治》,汉口《扫荡报》1938 年 1 月 12 日。
③ 叶青:《抗战时代底根本信念》,《抗战向导》第 7 号,1938 年 5 月 6 日。
④ 《毛泽东文集》第三卷,人民出版社 1996 年版,第 275—276 页。

"欲以此号召不满现状之各党派共同夺取国民党之政权,联合政府即为瓦解国民政府之手段"①。

（二）广泛开展民主选举

历史地看来,中共对民主政治不但"坐而言"还"起而行",积极地将之付诸实践,在各个抗日根据地的政权建设中均高举起了民主的大旗。这尤其反映在广泛开展民主选举上。

全面抗战爆发前,中共为表达团结御侮之诚意,尽快促成国共合作,就已经向国民党表示拟将陕北的苏维埃政府改名为中华民国特区政府,"在特区政府区域内实施普选的彻底的民主制度"。1937 年 11 月,毛泽东又提出:今后特区政府将"在中央的领导下,首先在西北广大地区,实施抗战和普选的民主政治,作全国民主政治之先导",以此"进一步推动全国的民主力量,围绕在特区政府的周围,在活的榜样之下,为实现全国的民主制度而努力"。② 后来,他还一再申明:"抗日统一战线政权的产生应该由人民选举……这种抗日统一战线政权的建立,将给全国以很大的影响,给全国抗日统一战线政权树立一个模型。"③

从上述文件可以看出,中共中央和毛泽东是将陕甘宁边区作为民主政治的一个"榜样"来建设的,力求将之推广至全国。而在其中,他们又首先是把选举看作民主政治的一项重要标志。确实,选举是民主政治的实现形式,民主政治的推进离不开选举。早在 1936 年 4 月,张闻天就在《关于抗日的人民统一战线的几个问题》一文中指出:"一切统一战线的组织,都应该在群众中进

---

① 公安部档案馆编注:《在蒋介石身边八年——侍从室高级幕僚唐纵日记》,群众出版社 1991 年版,第 515 页。

② 中央档案馆编:《中共中央文件选集》第 11 册,中共中央党校出版社 1991 年版,第 158、392 页。

③ 《毛泽东选集》第二卷,人民出版社 1991 年版,第 751 页。

行公开的选举。"①1941 年 1 月,陕甘宁边区政府更发布指示,强调"民主政治,选举第一","民主的第一着,就是由老百姓来选择代表他们的出来议事管事的人","如果有人轻视选举,或者说不要选举,那就是等于不用民主。不要民主,就等于不要革命。"同年 5 月,边区政府又指出:"选举是伟大的民主运动,政府已经三番五次的说明,只有选举得好,民主制度才健全,民主政治(才)得以改进。"②可谓念兹在兹,皆强调选举。

具体说来,抗战时期陕甘宁边区的民主选举主要有以下几个值得称道的地方。

1. 丰富多彩的动员手段

1939 年 2 月,陕甘宁边区第一届参议会通过《陕甘宁边区选举条例》规定:采取普遍、直接、平等、无记名之投票选举制,"凡居住边区境内之人民,年满十八岁者,无阶级、职业、男女、宗教、民族、财产与文化程度之区别,经选举委员会登记,均有选举权与被选举权"③。这无疑是将选民范围扩大到前所未有的广泛,真正做到了"普选"。

不过,由于陕甘宁边区原先长期处于封建专制统治之下,加上地处偏远很少受近代新文化的影响,广大农民惯于逆来顺受,缺乏民主意识。对他们来说,无论谁当政都似乎无关紧要,能做的只是麻木服从,所以要想把他们动员起来参加选举,实在难度极大。但正是在这点上,中共充分发挥了其擅长宣传的优势,为选举做了广泛动员。如有的地方专门成立了选举委员会,组建选举工作团,派其到各地深入群众,协助选举。有的地方则开办选举训练班,针对选举的技术问题专门进行培训。训练三五天或一星期,受过训练的人到各乡区去做选举宣传,唤起大家对选举的热情。在此过程中,边区还开展了多式多样的宣传方式,依据边区选举法规的有关规定,耐心细致地从基层开始,结合当地的实际情况将选举的政策、意义、方式、具体操作办法以及好处,通俗易懂

①　《张闻天文集》第 2 卷,中共党史出版社 1993 年版,第 93 页。
②　《陕甘宁边区政府文件选编》第 3 辑,档案出版社 1987 年版,第 48、281 页。
③　《陕甘宁边区参议会(资料选辑)》,中共中央党校科研办公室 1985 年编印,第 157 页。

地告诉给广大民众。

首先是口头宣传,这是选举动员工作展开的主要手段之一,是宣传者直接接触民众,直接说服民众的宣传方式。口头宣传的形式主要有:1.演说:在群众聚集场所或地点,如各种群众大会、庙会、香火会、集市,用生动的语言进行现场的选举演讲。2.谈话:宣传人员充分利用农闲时间,在街头巷尾或村外地头,与民众进行选举问题的个别交谈。3.家访:"串门子"方式最为普遍,既深入又能收到好的效果。4.座谈会:先按性别、职业、社会地位和民族等条件对民众进行分类,有针对性地举行各种座谈会,尤其是对开明绅士和民族资产阶级的代表人物,举行专门的座谈会。

其次是文字宣传。为了动员民众参与选举,《新华日报》、《解放日报》、《边区群众报》以及陕甘宁边区政府与选举委员会出版的《选举通讯》等报刊发表了大量与选举相关的宣传报道,这些文字生动形象,引起了民众的极大共鸣。各个边区也都印行了大量的小报和宣传品,仅晋察冀边区就出了各种报刊 100 余种。有些报刊专门就是为了选举而存在的,如阜平的《大家选》、曲阳的《民选》、定县的《民主洪流》等。此外,选举标语和选举口号也发挥了重要的作用,如"选举是保卫边区的法宝"、"民选各级政府"、"人民是政府的主人"等,言简意赅却影响深远。还有黑板报、街头报、传单、小册子等宣传手段。这种方式很便于操作,几乎每个村庄都有,表现形式也呈现多样化,如选举答疑、漫画方式、书写标语口号等。

第三是文艺宣传。为了宣传选举,边区的儿童团、少先队、抗日救国会、青年救国会、妇救会等纷纷组成话剧团、秧歌队、歌咏队,走村串街,到处进行表演宣传。他们编出《选村长》、《竞选》这样的戏剧,形象地告诉农民选自己合意的人会带来什么好处。此外,各地还出现了《选举小调》、《青青的天》、《选举要认真》等选举歌曲,如《选举小调》唱道:"民主政治要实行,选举为了老百姓,咱们选举什么人? 办事又好又公平,还不要私情。"还有一首动员妇女参加选举的歌谣唱道:"边区要发展,选举要广泛,选举好人把事办,生活能改善。人口四万万,妇女占一半,国事家事全要管,事情才好办。"①这些歌曲脍

---

① 肖思科:《最后的圣地》,解放军文艺出版社 1992 年版,第 124 页。

炙人口、内涵丰富,在广大民众之间广为传唱,得到他们的广泛认同。

经过这些宣传和动员,民主选举的观念逐渐深入人心,基本做到了家喻户晓,极大提高了边区民众的选举热情。1937—1945年,陕甘宁边区进行过三次乡、县、边区三级选举,参加选举的选民逐次增加,参与热情空前高涨,绥德、清涧等地参选选民竟高达95%,许多足不出户的小脚老太太也骑着毛驴翻山越岭参加选举。1941年第二次民主选举时,延川90%的选民都参加了投票选举,个别地方的投票率甚至高达100%。

2. 因地制宜的投票方法

陕甘宁边区经济落后,地广人稀,交通不便,群众的文化水平普遍低下,80%以上的选民是文盲,目不识丁。为了适应这种情况,保证群众能够表达他们的政治意愿,行使其选举权利,边区政府集中了群众的集体智慧,根据秘密投票的民主选举原则,因地制宜,创造发明了许多富有特色、方便选民的投票方法。

本来,传统的举手表决法具有方便快捷的特点,适于不识字的选民,但这种方法也有很大的局限性:人们没有太多考虑时间,往往匆忙决定,或是碍于情面不够公正。1942年,《解放日报》便说:在延安北区乡级选举时,"选举当中也有不良倾向,如乡民怕麻烦,表决时举手不够慎重,个别当选人员,并不是众望所归的。如前贪污份子罗天娃,工作消极的马老五均被选为议员",还有"因采取举手表决办法,使选举者碍于情面,致有个别没威望的人当选"。于是,"其他各乡视此情形,乃改用票选,慎重从事"。① 但票选法也存在一些现实困难,如选民居住过于分散,不一定前来投票,或因不识字而无法投票。为了解决这些问题,背箱法、豆选法、画圈法、烙票法等各种方法应运而生。

首先是背箱法。随着普选范围的扩大,陕甘宁边区各区、县参议会的选举采取了分散投票的选举方式。背箱法实际上就是适用于分散投票的流动票箱。选举工作委员会在选举开始前,准备若干个上锁加封的票箱,事先把选票

_____

① 《延市西区一二乡举行参议会选举乡长》,《解放日报》1942年4月8日。

分发给各地选民,到了选举投票那日,选择忠实可靠的司票员背着箱子到各地分途收票,选票收齐后,召开居民大会当众开票。这是边区为适应农村客观环境创造的一种投票选举方法,其优点是能够保证多数选民参加投票选举。

其次是投豆法。这是不识字的选民运用最普遍的投票方法,做法是在选举之前,选举委员会为每位候选人准备一个碗放在身后,然后发给选民相应数量的豆子代替选票,每粒豆子只代表一张选票。选民支持谁,就把豆子放入候选人背后的碗中,豆子多者当选。后来发现选民在公开场合进行投豆不是秘密投票,很多选民碍于情面无法表达其真实的选择。于是选委会采取了相应的措施:候选人不必到场,将贴有候选人名字的碗放在会场,由监选人告诉选民每个碗代表的候选人是谁,选民在投豆过程中,除监选人外,尽量保证没有第三者。这种由群众创造、经过完善的投豆法尽管程序麻烦些,但遵从了秘密投票的选举原则,因此在各根据地被广泛采用。当时边区百姓的歌谣,简朴地反映了这种选举方法:"金豆豆,银豆豆,豆豆不能随便投,选好人,办好事,投在好人碗里头。""金豆豆呀银豆豆,比不上咱这土豆豆。一张选票一颗豆,小心投在碗里头。"[1]"黄豆豆,豆豆圆,咱村选举村议员。老奶奶,脚儿踮,拄着拐杖也来选;心里想,又盘算,到底哪个人才沾?……一颗黄豆搁在碗,老奶奶,笑满脸!俺活七十头一遍。"[2]

与此相似的还有画圈法、画点法、画杠法、烙票法。烙票法,也称燃洞法、烧洞法,指选举委员会在正式开始投票前把带有候选人姓名的选票印好,选民在自己支持的候选人名字上拿香火烧个洞。这种烙票法虽然没有投豆法运用得普遍,但也是边区常用的一种投票方法。

3. 空前热烈的竞选场面

边区的选举是差额选举,也就是竞选。边区政府曾解释说:"竞争的意思,各党派各团体是自己提的候选人,都向选民宣布,要求选举他的人。竞选

---

① 皇甫束玉:《凌晨集——〈束玉吟草〉续集(1990—1996)》,高等教育出版社 1997 年版,第 111 页。

② 方之光、龚云:《农民运动史话》,社会科学文献出版社 2011 年版,第 116 页。

的好处就是摆出许多货色(候选人),叫人民选择。……人民是不会受骗的,看得准确的,选出的都不会坏,竞选的人如若失败了,那只怪你的货色不中意。准备你的货色,下次再来吧!"①这段话通俗易懂地介绍了竞选是如何开展的,同时也讲明了它的道理。

当时,陕甘宁边区的竞选场面是十分激烈的。1941年10月,延安举行第二届边区参议员选举,中央直属的八所学校都在一个选区。这是第一次以竞选方式产生参议员,气氛热闹非凡,参加的人有一千多人。刚开始,行政学院占了先,在主席台两旁顶上,挂起该院候选人王凌波的像,旁边写着他的施政主张。工农学校的日本同志,则在会场的一角歌舞起来,人们便随之围拢去,一会乐停舞止,一位中国同志帮助他们竞选,希望大家选日本朋友森健,因为:第一,他是一个日本人,选他可以表示我们的国际主义精神;第二,他是一个非党员,选他表示我们拥护中央关于"三三制"的号召;第三,他是八个候选人中唯一的学生,选他更能代表同学们的利益。过了一会,选委会宣布还有二十分钟开会,大家可以继续竞选活动。于是人们像发狂似的,热潮掀起了,森健、王凌波等人都被抬了起来,绕场叫喊:"选举××……"。鲁艺也不甘示弱,他们组成热情的拉拉队,敲锣打鼓,还抬起了周扬的大像,唱起自编的竞选歌:"周扬同志真正好……"

大会正式开始后,候选人轮流上台发表竞选演说,每人限定十分钟。八位候选人中,周扬、王凌波和森健到场,其余人因事未到,但都派了代表助选。郭化若的代表说郭是军事家、著作家……家……家(一连串的家),通晓古今中外兵法和各种战略战术、武器兵种。这位代表还学会争取选民,他说郭最关心同学生活,关心妇女痛苦,主张增加教育经费,改善学生生活,奖励研究科学,提高艺术文化,增加妇孺保育设备,是一位德才兼备的好同志,号召大家选他。周扬是最后一个发表竞选演说,他开头一句就说:"谁笑得最后,谁笑得最好,今天是我讲在最后,也就一定当选",引得大家笑了。接着他说:"大家都知道我,我的工作成绩也很显然,在教育厅四年,边区小学发展了十倍,中学从没有发展到六个,这当然是大家的努力,但我周扬也有功劳呢!"谈到政见时,他说

---

① 《谢觉哉文集》,人民出版社1989年版,第468—469页。

明："我是共产党员，我没有旁的，就是要为实现党的边区施政纲领而奋斗到底。特别应响应党中央的号召，反对主观主义，把教育与边区的实际生活相联系，这一点比上面同志所讲的改善学生生活，更为重要。"最后，周扬提议："今天只能选出一个参议员，人多的学校不应本位主义，应不分学校选出真正的能代表同学的参议员来。"经过投票唱票，因为抗大人数大大超过鲁艺，结果还是郭化若当选，周扬当选为候补参议员。①

农村的竞选也相当热烈，搞得有声有色。如在绥德县第四保的选民大会上，每个竞选人都热情洋溢，争先恐后地起来发言。一些农民虽然文化水平不高，话语也很简练，却凭借质朴、厚道的为人积极参加竞选。还有些妇女打破封建传统，在竞选时勇敢发言为自己拉票，获得了广大女性选民的支持，赢得了阵阵热烈的掌声。又如在延安市裴庄乡的选民大会上，"群众真正响亮地说话了，秦好红说：'我们选举，不管是豪绅地主，男人女人，看他今天做事怎样，不要东倒吃羊头，西倒吃猪头，东风大向东风，西风大向西风的人，我们选做事公平，说话公道，能跟大家谋利益的就对啦！'在选举中，群众不但在会前自由地提出候选名单，而在公开的选民大会上，有些不讲情面，把许多不合己意的候选人否决了，如三选区候选人 30 人，仅被选出 19 人，否决了 11 人；而在四选区，群众觉得先撤掉了几人，在大会通过二人再补上去；而二选区的谢怀之就是这样提出来的。至于王××，则因爱说漂亮话，不作实际工作；赵子明则因偷吃大烟；吴瑞成则因东西颠倒，无立场的理由，而被否决了候选人的资格。"②

由此可见，一旦真正把选举权利赋予广大民众，他们会非常珍惜，对选什么样的人尤为关心和慎重。他们会对参选的各个竞选人进行认真比较，最后从中选出最满意的代表。《新中华报》在介绍了这些空前热烈的竞选场面后曾总结说："这些事实，谁敢说不是真正的民主呢？候选人名单尽量由群众自己提出，自由讨论……在选举时，民众才能胸有成竹，而不会错写票，把后面好人选掉。也可让民众在下面充分讨论，决定去取，而避免了大会上的'顾忌情

---

① 《抗大鲁艺等八校竞选空前热烈》，《解放日报》1941 年 10 月 10 日。
② 海燕：《延安市裴庄乡的民主选举》，《新中华报》1941 年 4 月 17 日。

面,不能不选些不太好的人'的毛病。"①

历史地看来,正是通过这种普遍平等的民主选举,边区建立起了与人民血肉相连、鱼水相依的真正代表民意的各级政权,人民当家作主的政治理念变成了活生生的现实。这不仅巩固了边区政权,而且还用事实驳斥了那些认为中国国民素质低下、不宜骤行民主的主张,揭穿了国民党关于"训政"的谎言。1939 年 9 月,毛泽东在接见中央社、《扫荡报》等三家报纸的记者就说:"有些人说:老百姓没有知识,不能实行民主政治。这是不对的。在抗战中间,老百姓进步甚快,加上有领导,有方针,一定可以实行民主政治。"②1944 年 7 月,他又对美国外交官谢伟思说:"我们的经验证明,中国人民是了解民主和需要民主的,并不需要什么长期的体验、教育或'训政'。中国农民不是傻瓜,他们是聪明的,像别人一样关心自己的权力和利益。"③谢觉哉也尖锐讽刺国民党:"如果说:人家训政训了十多年,还只训出'一个领袖',那么,我们边区已训得相当像样了。睡在床上学泅水,绊住脚跟学跑步,是不会学出什么来的。"④

当时,国民党对此还很不服气,从而引发了一场论战。国统区一家官办报纸断言:共产党的"普选"是作秀——"谁不知道,中国人民有百分之八十连自己的名字都写不出,他们既不能记自己的名,更不会记共产党所指派那一群大小官吏的名了。这种政府只能叫作'魔术政府',不能叫做'民主政府'。共产党人却掩耳盗铃,硬说'魔术政府'就是'民主'政府,简直就是对全国人民的一种侮辱。"这就激怒了《新华日报》,立即予以反击,撰文介绍边区选举制尤其是投豆法的变迁,以此证明"只要有实行民主的决心,人民的文化水平低与不识字都不会变成不可克服的障碍。"并特别强调:"无论如何,选举的能否进行和能否进行得好,主要关键在于人民有没有发表意见和反对他人意见的权利;在于人民能不能真正无拘束地拥护某一个人和反对某一个人。至于选举的技术问题并不是无法解决的。"⑤毫无疑问,历史已经证明:真理在《新华日报》一边。

---

① 海燕:《延安市裴庄乡的民主选举》,《新中华报》1941 年 4 月 17 日。
② 《毛泽东选集》第二卷,人民出版社 1991 年版,第 588—589 页。
③ 中共陕西省委党史研究室编:《中外记者团和美军观察组在延安》,陕西人民出版社 1995 年版,第 157 页。
④ 《谢觉哉文集》,人民出版社 1989 年版,第 356 页。
⑤ 《不识字的人,就不能选举吗?》,《新华日报》1946 年 1 月 24 日。

（三）实行"三三制"

边区的民主政治还有一个突出的特点，那就是实行"三三制"。这是中共为了巩固抗日根据地、团结各阶级人民参与政权、取得抗战胜利而提出的在各个抗日根据地政权组织建设中必须贯彻的原则。

1."三三制"的提出与推行

1940 年 3 月，毛泽东在《抗日根据地的政权问题》一文中指出："在抗日时期，我们所建立的政权的性质，是民主统一战线的；这种政权，是一切赞成抗日又赞成民主的人们的政权，是几个革命阶级联合起来对于汉奸和反动派的民主专政。……根据民主统一战线政权的原则，在人员分配上，应规定为共产党员占三分之一，非党的左派进步分子占三分之一，不左不右的中间派占三分之一。"他还强调："上述人员的分配是党的真实的政策，不能敷衍塞责。"①这是中共高层首次提出了"三三制"构想。

同年 7 月，毛泽东在为纪念抗战三周年撰写的文章中再次重申："在政权问题上，我们主张统一战线政权，既不赞成别的党派的一党专政，也不主张共产党的一党专政，而主张各党、各派、各界、各军的联合专政，这即是统一战线政权。共产党员在敌人后方消灭敌伪政权建立抗日政权之时，应该采取我党中央所决定的'三三制'，不论政府人员中或民意机关中，共产党员只占三分之一，而使其他主张抗日民主的党派和无党派人士占三分之二。无论何人，只要不投降不反共，均可参加政府工作。任何党派，只要是不投降不反共的，应使其在抗日政权下面有存在和活动之权。"②

① 《毛泽东选集》第二卷，人民出版社 1991 年版，第 741—742 页。
② 《毛泽东选集》第二卷，人民出版社 1991 年版，第 760—761 页。

此后,在经过毛泽东与中共中央的反复强调以及取得一些试点经验的基础上,1941年5月通过的《陕甘宁边区施政纲领》又用法律的形式把这一政策确定了下来。其中规定:本党愿与各党各派及一切群众团体进行选举联盟,并在候选人确定共产党员只占三分之一,以便各党各派及无党派人士均能参加边区民意机关的活动与边区行政之管理。共产党员被选为某一行政机关主管人员时,应保证机关职员有三分之二为党外人士担任,"共产党员应与这些党外人士合作不得一意孤行,把持包办"。①《纲领》还要求把陕甘宁边区建设成为军民一致、军政团结、政治民主、经济上有办法的对全国有示范作用的先进地区。

当然,"三三制"在中共党内也曾引起争议,许多人刚开始很难接受这一政权组织形式和选举原则,存在情绪和不满,"许多同志,对地主、士绅参加政权放心不下:'为了从地主豪绅手里夺来政权,我们流了多少血,怎敢又随便让他们进来!'……个别同志气愤地说:'干脆给人算了吧!'"②还有人认为中共只在政府中占三分之一,将削弱领导地位。与此相反,其他党派则有人攻击"三三制"只不过是一个形式,是中共暂时的策略,所谓抗日民主还是工农专政。面对这些疑虑和偏见,中共中央和边区政府做了大量的宣传工作,不少党内领导人也纷纷撰写文章加以开导和说明。

作为"三三制"的发明者,毛泽东在提出这一原则的《抗日根据地的政权问题》一文中就说:"必须使占三分之一的共产党员在质量上具有优越的条件。只要有了这个条件,就可以保证党的领导权,不必有更多的人数。所谓领导权,不是要一天到晚当作口号去高喊,也不是盛气凌人地要人家服从我们,而是以党的正确政策和自己的模范工作,说服和教育党外人士,使他们愿意接受我们的建议。"③言词中充满了对中共的自信。

在此期间,谢觉哉也一再向大家解释说:"共产党员只占1/3,并不是放弃党的领导,相反,为要实现领导,党员在政府中民意机关中就不能超过1/3以上。什么叫领导? 领导是带路的意思,有正确的政策与模范的行动,大多数人

① 《陕甘宁边区施政纲领》,《新中华报》1941年5月1日。
② 《延安民主模式研究资料选编》,西北大学出版社2004年版,第124页。
③ 《毛泽东选集》第二卷,人民出版社1991年版,第742页。

们自然跟着走。如果靠党员占权位的人多,使少数人不敢不跟着走,那是压迫,不算领导"①,"少数人带路走前,多数人在后面跟着,从没有带路人要比跟着走的人多的道理。靠人多强迫人家跟着走,那是押送,不是带路"。他还说:"三三制是共产党约束自己的一个制,人民不选或少选共产党员,共产党无权去要求他选或多选。但当选的共产党员若超过三分之一时,共产党就得辞去一些。为什么要这样?因要革命须要有坚强的领导的党,而处于优势的领导的党,很容易走到把持包办。把持包办,不但广大人民不满意,于党政的党的本身,也很不利。党得不到群众的拥护,其党必归于失败。"②

1941 年,《解放日报》同样发表社论指出:"领导并不是仗势凌人,而是靠了思想上的合于科学,政策上的主张正确,行动上的令人佩服。……反之,只是站在群众之上发号施令,只在官府衙门里多抢位置,作威作福,那并不是什么领导,那乃是把持,乃是包办,乃是专制。"③应该说,这些澄清和解释都是有说服力的,平息了各种争议。

至于那种认为"三三制"仅是中共说说、并不会真正实行的议论,也很快被事实打破了。1941 年到 1942 年,陕甘宁边区按照"三三制"原则,大规模推行乡(市)、县、边区三级议会和政府的改选。据统计,乡参议会议员中共产党员只占三分之一左右,有的地方还不足三分之一,如绥德乡参议员共 2889 人,共产党员只占 26%;清涧乡参议会中,共产党员只占五分之一;义合市政府委员 7 人全是党外人士。

县和边区两级参议会的选举情况则较为复杂。由于有些党员干部对"三三制"认识不足,加上群众对一些非党候选人不满意,结果在选出的 242 名边区参议员中,共产党员占了多数。而鉴于边区参议员是选举产生、不能随意更换,西北局与边区政府共同研究决定,用聘请的办法作为民主选举方式的补充,聘请 46 名非党人士为边区参议会正式议员。经过努力,边区各级参议会议员和政府委员会组成人员的比例基本符合"三三制"原则。一些开明绅士和中间分子进入边区政权,如边区政府副主席李鼎铭、边区参议会副议长安文

---

① 《谢觉哉文集》,人民出版社 1989 年版,第 404 页。
② 《延安民主模式研究资料选编》,西北大学出版社 2004 年版,第 146、142 页。
③ 《反对政权建设中的关门主义》,《解放日报》1941 年 12 月 29 日。

钦和边区教育部副主任贺连城、都是绥德的著名绅士,米脂县参议会和政府委员会甚至包括了像马国臣那样的大地主。

1941 年 11 月,陕甘宁边区第二届参议会召开。这次会议的最大亮点就是践行"三三制"原则。在 51 名常驻议员选举中,因为共产党所占人数比规定的多出 6 名,所以萧劲光、王世泰等 6 名共产党员自动退出。在边区政府委员 39 名候选人中,共产党员人数超过了三分之一,谢觉哉、马锡五等 12 名党员也主动申请提出。后来经无记名投票,选出政府委员 18 人,其中共产党员占 7 人,超过三分之一,徐特立又立即请求退出,另按得票多少依次由非党人士白文焕递补。此后,这一做法成了惯例。1942 年 3 月,边区政府进一步明确规定:凡是县参议会或政府委员会中,共产党员超过 1/3 的自动提出辞职,然后补选非党人士进去。

陕甘宁边区成功的实验,很快成为各抗日根据地政权建设的示范。1941年 7 月,晋冀鲁豫边区召开临时参议会第一次会议,133 名参议员出席,其中共产党员 46 名,占三分之一。晋察冀根据地也根据"三三制"原则,在各战略区开展了民主选举运动,选举产生了区代表和区长、县议会成员和县长以及边区参议员,使民主政治在这些地方得到了推广和实施。对这种"三三制",邓小平当时曾高度评价:"我们认为'三三制'政权形式,不仅是抗日民主政权的最好形式,是符合于抗日民族统一战线的政权形式,且为将来新民主主义共和国的最好形式;我们共产党人素来反对一党专政,既不赞成国民党一党专政,也不主张由共产党包办政权,因为任何一党专政的结果,都只能顾及一党之私,不能顾及全体人民的意志,而与民主政治相违背。"①非常明确肯定了"三三制"。

2."有职有权"

另外值得一提的是,"三三制"不仅体现在选举环节,而且还反映在执政权力上。特别是与国民党统治区成立的国民参政会和各省市参议会相比,它

① 《中共中央北方局·抗日战争时期卷》上册,中共党史出版社 1999 年版,第 295 页。

们只是由"遴选"产生的参议员组成,"名为'民意机关',实际上只是装潢门面的一个咨询机关,参政会中的提案,不是'议而不决',就是'决而不行',没有丝毫力量能使政府保证兑现"。而陕甘宁边区参议会是经过民主选举产生的,是真正的最高权力机关,"它不但能集中反映全边区各阶层人民的要求,而且能将这些要求作成决议,通过政府见诸实施"。①

如《陕甘宁边区各级参议会组织条例》规定:边区参议会不仅选举边区政府主席、政府委员及边区高等法院院长,而且批准关于民政财政建设教育及地方军事各项计划;通过边区政府所提出的预算案;决定废除或征收地方捐税;决定发行地方公债;议决边区单行法规;议决边区政府主席或政府委员及各厅厅长提交审议事项;议决边区人民及民众团体提交审议事项;决定边区应兴应革之重要事项等。显然,这种议决权的赋予,充分保证了参议会的有效运行,推动了边区的建设与发展。

边区参议会还部分地行使了省市级地方机关的立法权,举凡边区的重要法规诸如政治制度、土地制度、人民权利、税收、法制等都有涉及,这在中国立法史上是空前的。据统计,边区共制定、认可和颁行了 64 个类别、数量达千件以上的法律法规。这些法律法规对维护边区社会秩序,促进民主政治和经济的发展,巩固政权和保护人民权利,保障抗战的胜利,都发挥了重大作用。

不过,在各级参议会和政府行使权力的过程中,"三三制"原则也曾遇到挑战。谢觉哉即曾指出:"当然,不是说边区选举与议会工作已做得很好,没有缺点。相反,缺点还非常多。比较做得好的,还只个别地区。有些地区是奉行故事,有的连故事都没有奉行。"②尤其是在县参议会及县政府中,"很多还没有真实执行三三制,只是摆几个不起作用的非党人士装门面"。他们认为党外人士是客人,因此表面上客客气气,事实上对其职权并不尊重,甚至曾发生党员独断专行、不尊重党外人士、不听取其意见的现象,"无论在小组会上或大会上,不会启发别人说话,甚至不让别人说话,自己长篇大论占去全部会议时间,使非党人士感觉是在上课,是在听训"。③ 这些问题的存在,无疑都挫

---

① 《人民代表的议会》,《解放日报》1944 年 12 月 20 日。
② 《谢觉哉文集》,人民出版社 1989 年版,第 356 页。
③ 《陕甘宁边区参议会(资料选辑)》,中共中央党校科研办公室 1985 年编印,第 382、380 页。

伤了党外人士的积极性。

针对这种现象，毛泽东提倡"知无不言，言无不尽"的民主氛围，要求共产党员尊重党外人士，给予他们同等的说话机会。1940年3月，他在《抗日根据地的政权问题》一文中就提醒党员，必须克服"不愿和不习惯同党外人士合作的狭隘性，提倡民主作风，遇事先和党外人士商量，取得多数同意，然后去做。同时，尽量地鼓励党外人士对各种问题提出意见，并倾听他们的意见。绝不能以为我们有军队和政权在手，一切都要无条件地照我们的决定去做，因而不注意去努力说服非党人士同意我们的意见，并心悦诚服地执行。"①他这篇文章为抗日根据地的民主政权建设指明了方向。

1941年11月，陕甘宁第二届参议会第一次大会开幕，毛泽东又说：目前"一部分共产党员，还不善于同党外人士实行民主合作，还保存一种狭隘的关门主义或宗派主义的作风。"有鉴于此，他提出："共产党员必须倾听党外人士的意见，给别人以说话的机会，别人说得对的，我们应该欢迎，应该跟别人学习。别人说得不对，也应该让别人说完，然后慢慢加以解释。共产党员决不可自以为是，盛气凌人，以为自己是什么都好，别人是什么都不好；决不可把自己关在小房子里，自吹自擂，称王称霸。"他还说："国事是国家的公事，不是一党一派的私事。因此，共产党员只有对党外人士实行民主合作的义务，而无排斥别人、垄断一切的权利。"②

在抗战时期，毛泽东的这种主张是一以贯之的。1944年7月，他曾致电几个抗日根据地领导人，请调查和答复十项问题，其中第一项便是："'三三制'的推行是否生长了一种'左'的现象？党外人士是否对我们发生不满，其不满之点主要是什么？他们是否感到有职无权，如何使他们有职有权？如何使他们经过参议会、座谈会、参加政府工作与社会事业，把他们进一步团结起来？"③1945年1月，毛泽东在听取陕甘宁边区政府工作汇报时又说：应用谈心的方法征求党外人士的意见，议论和批评对我们总是有帮助的。说党包办，总

---

① 《毛泽东选集》第二卷，人民出版社1991年版，第742—743页。

② 《毛泽东选集》第三卷，人民出版社1991年版，第809页。

③ 《毛泽东文集》第三卷，人民出版社1996年版，第198页。

是有原因的,我们要研究解决。凡是正确的意见,都要研究解决。① 他对党外人士的尊重由此可见一斑。

在毛泽东的这种倡议下,各抗日根据地政权也努力纠正了偏差。如陕甘宁边区政府副主席李鼎铭有段时间在会上总是很少发言,边区政府主席林伯渠注意到这一情况,委托秘书长李维汉与之诚恳交谈,针对他提出"有职无权"、"同级把我当客人,下级把我当傀儡。党上有包办,政府不能决定政策"的问题,边区认真采取了改进措施,使之真正做到"有职有权"。后来,李鼎铭提出的"精兵简政"议案还被中共中央采纳,推动了边区及其他根据地的发展。因此,他经常用自己参加"三三制"政权的感受对外宣传,他说:"所有这些情形,都是我亲自见到的,也是大家亲自见到的,所以国内外还有个别分子说边区政权是共产党把持包办,我想是很可笑的。……我们这个地方,却是建立了大家有职有权的民主联合政府。"②

3."从没有愚蠢大众"

在"三三制"推行初期,还曾出现过轻视百姓的倾向,认为农民没文化,提不出好的意见。针对这种倾向,谢觉哉指出:"民主不是说说就够,不是做的事好就够,而是要真的由人民自己来做。人民感到政府好和人民自己来管理政府,味道完全两样"③,"大家的事,大家来议,大家来做。在大家公认的条件下(少数服从多数,个人服从全体……等),谁都能发表意见,好的意见一定能够被采纳;谁都有出来做事管事的义务与权力。这是民主的实质"。他还批评那种瞧不起农民的思想:"有些同志见了一些表面现象,如农民怕官的神气,不愿管事,解不下新名词等……并不知道人民文化低,是认不得汉字,懂不了你那套'分析国际与国内形势'演说。至于他切身的事,怎么才好,怎么才对,政府做的那些事于他有益或者有害,那就谁也没有人民自己高明。世上只有愚蠢的英雄和领袖,从没有愚蠢大众。政府人员的意见必须经过人民的校

① 《毛泽东年谱(1893—1949)》中卷,人民出版社、中央文献出版社1993年版,第574—575页。
② 《延安民主模式研究资料选编》,西北大学出版社2004年版,第114页。
③ 《延安民主模式研究资料选编》,西北大学出版社2004年版,第144页。

正,才是正确;政府人员的举措,必须得到人民的拥护,才合实际。"①言之谆谆,语重心长。

在实践中,边区政府也采取措施,鼓励各方畅所欲言,力求群众的利益得到充分表达。《解放日报》发表社论,要求在边区大会上改变以往"干部发言占多数的偏向","不让小组会及大会上的发言人多数属于官方的干部及少数名流人物,而要使得纯百姓议员代表无话不说无意见不讲"。② 在这样的氛围中,许多普通百姓打消了顾虑,纷纷发表意见建议。仅边区二届参议会就收到各种提案 399 件,内容涉及军事、政治、文化、教育、卫生、妇女、儿童等各个方面。政府领导虚心听取意见,"有则改之,无则加勉"。农民参议员刘德富高兴地说:"我们这些农民还能批评政府的干部,而且都能虚心的接受,真是开天辟地没有见过的事。"③

1941 年 6 月 23 日的《解放日报》还刊发了一篇通讯稿,用朴实的文笔,生动地记录了边区志丹县某乡所开的一次选民大会,文章的主题是县长接受选民的质询。县长首先说:老乡们! 尔个(现在)闹民主,是要老百姓来管理,监督自己的政府,选举自己佩服的人做政府工作,所以我今天向你们报告工作,你们可以批评批评,检讨出些经验教训,尔个(现在)实行新民主主义,你们弗要什么客气的,批评完了之后,就可以进行选举的。之后他用土语一条一条地报告着他的工作。讨论县长工作报告的时候,群众接二连三地发言,气氛相当热烈。有的说:"县长工作,可是还好,不过动员(战时勤务)太多"。有的说:"我有一个意见,县长回家太多"。有的说:"县长和老百姓不接近,我看是脱离群众。"一个叫吕迎祥的中年妇女还大胆地站出来说:"我也有一个意见。我第一要批评县长和保安科秘书一样,常和婆姨闹'矛盾','婆姨汗汗(汉汉)'不讲亲爱,我看这真'麻达'(不好),没有'起模范'。还有第二是,县长的'婆姨'和保安科秘书的'婆姨',一天到晚,酸醋样骂架子,和老百姓'婆姨',发生无原则的纠纷,我看这亦'没有模范',我建议我们的女参议员要提

---

① 　《谢觉哉文集》,人民出版社 1989 年版,第 340—341、477 页。
② 　《迎接第二届第二次边区参议员大会》,《解放日报》1942 年 8 月 12 日。
③ 　刘景范:《陕甘宁边区的政权建设》,《中共党史资料》第 27 辑,中共党史资料出版社 1988 年版,第 66—67 页。

出一条'夫妻亲爱、妇女团结'才好。"一席真实痛苦的话,引得全场都笑起来,县长无言地点一点头,算是接受了她的意见。① 从这篇报道可以看到,普通百姓敢于当面批评县长,这说明边区人民有何等程度的民主权利,又具有怎样一种当家作主的监督精神。

而与此形成鲜明对比的则是,蒋介石此时对民众的批评则十分忌讳。据《黄炎培日记》记载,1944 年 6 月,蒋曾在国民参政会上说:"各方民主潮流之高涨,是抗战七八年来一种收获,唯不宜借此攻击政府,除此一点外,民主潮流越高越好。"②由此可见,蒋介石表面虽然不敢公开反对民主,但实际上是不允许民众批评政府的。这种对民主的理解及其气度,与当时的中共不啻有天壤之别。

(四)"天下人心归延安"

如上所述,中共在抗日根据地开展了大规模的"普选",并严格实行"三三制"原则。这无疑充分调动了社会各界参政议政的积极性,极大提高了边区政府的号召力。这种结果,还可以从这一时期国内外人士的诸多评论看出来。

1. 国内外人士的评论

1941 年,陕甘宁边区第二届参议会成功召开。中共在推行"三三制"过程中表现出来的诚意,感动了不少人。曾在南京中山陵前自刎以明抗日之志的爱国将领续范亭便说:"只有共产党,才真正实行了三民主义。"79 岁高龄的非共产党员参议员李丹生也称颂共产党此举"诚能感人",希望共产党"说到做到,以信义昭示天下,则天下都是你们的"。③ 著名民主人士黄齐生还曾说:

① 海燕:《三边行之一·选民会上》,《解放日报》1941 年 6 月 23 日。
② 《黄炎培日记》第 8 卷,华文出版社 2008 年版,第 277 页。
③ 《陕甘宁边区参议会(资料选辑)》,中共中央党校科研办公室 1985 年编印,第 379 页。

"从这样产生出来的议会,又由这样产生出来的政府,哪里会有贪污? 哪里会有腐化? 记得我上次由延安回到大后方,许许多多朋友问我:'边区做官的到底有没有贪污的行为?'我答:'我是不能作百分之百的肯定;然而我却敢说百分之九十几是不贪污的。因为他的方法,他的制度,是使人不必贪污,不敢贪污的!'"①

1944 年,中外记者团访问延安。回到重庆后,《新民报》主笔赵超构写了一部《延安一月》,其中亦写道:"许多人怀疑共产党对于三三制的诚意,以为他们干这一套只是掩人耳目的把戏。这是错的,我可以说,共产党施行三三制,并非假的,因为依它的力量,它本来可以包办,而今确然有不少党外人士参加行政工作,例如'边区政府'中,副主席李鼎铭,是米脂富绅,建设厅长霍子乐,教育厅长柳湜,副厅长贺连城,参议会副议长文安钦,都是有名的党外人物。这不能不算是共产党对于自己的约束。"②

在这次访问中,美国合众社记者哈里森·福尔曼还曾参加了一次边区政府与边区参政会常务委员会的联席会议。他发现所有 24 个与会的参政员,都是由民众选举产生的,其中包括 8 个共产党参政员。这个会是由李鼎铭主持的,出席的参政员包括一个农民,一个商人,一个大地主,一个佃农,一个知识阶级,一个教育家,一个医生,一个军官,一个文化工作者,一个店伙计和一个回教徒。代表们讨论了形势、造林计划、改进学校制度、帮助军人家属、推行卫生计划以及如何改进司法诉讼等问题,大家坦率诚恳,平等自由,畅所欲言。这使福尔曼对边区的民主政权极为称道。③ 美国记者斯坦因也说:"在中国历史上,自治政府第一次在中国的一部分土地上实行了,虽然方式还很原始。这是敌后根据地的军事成功和延安区域的社会进步的主要原因","在我看来,共产党人取得成功,主要在于他们处理中国基本问题的方法,以此建立一个人民不感到困难而易于负担的、而且比过去更勇于担当重大责任的行政机构——一个从人民中产生、通过民主方式选举出来并向他们负责的政府"。④

---

① 黄齐生:《延安选举见闻记》,上海《民主周刊》第 27 期,1946 年 3 月。
② 赵超构:《延安一月》,上海书店 1992 年版,第 230 页。
③ [美]哈里森·福尔曼著,陶岱译:《北行漫记》,新华出版社 1988 年版,第 105—107 页。
④ [美]冈瑟·斯坦因著,李凤鸣译:《红色中国的挑战》,希望书店 1946 年版,第 41、128 页。

　　中外记者团中的美国《巴尔的摩太阳报》记者、国民党中央宣传部顾问武道，原先对中共抱着很大怀疑，但他从陕北归来后也肯定地写道："陕甘宁边区政府的各种机构，都是由人民选举的。边区政府的主席和其他高级人员都是边区参议员，由参议会选举出来担任他们的职务。共产党员只占政府人员三分之一的原则，看来是严密地遵守着的。"①

　　1945年，国民参政会六位代表访问延安。通过参观，黄炎培了解到："中共军队每到一地方，必首先争取民众。现时他们所用的方法，是使民众站起来，聚拢来，让他们自由投票选出他们所认为满意的人，做这一地方的乡长或其他公职。军队绝对不参加意见，地方政治，就让这地方民众去监督。他们认为只有这样，才能使老百姓兴奋地出心出力。"在毛泽东阐述了用民主跳出历史周期率的观点后，黄炎培又在内心承认："我想：这话是对的。只有大政方针决之于公众，个人功业欲才不会发生。只有把每一地方的事，公之于每一地方的人，才能使地地得人，人人得事。把民主来打破这周期率，怕是有效的。"②

　　在此期间，还有许多外国记者和观察家到中共抗日根据地一探究竟。美国《时代》周刊记者白修德在《延安印象记》一文中，用亲眼看到的事实写道：在边区人民都有选举权，陕甘宁边区政府的各种机构，都是由人民选举的。从选举直到边区参议会和边区政府为止的整个制度，真正代表了中国的革命和民主。在这里，过去最没有地位、最受人瞧不起的人，也有权参与政治。③ 英国学者班威廉及其夫人克兰尔在亲自考察了晋察冀边区第一届民众代表大会后，也坚信"该大会是颇足以代表社会的各阶层的"，是"完全民主化的代表大会"。④

　　而美国记者杰克·贝尔登更是对边区的民主政治给予了很高评价。他在《中国震撼世界》一书中写道："'新式民主'是件多么新奇的事情！民主的工具突然塞到落后的农民手中，他们一时还不知如何运用。农村的选举办法形

---

① 武道：《我从陕北回来》，《新华日报》1944年11月1日。
② 黄炎培：《八十年来》，文史资料出版社1982年版，第138、149页。
③ 白修德：《延安印象记》，《新华日报》1945年5月14日。
④ ［英］班威廉、克兰尔著，斐然等译：《新西行漫记》，新华出版社1988年版，第173、171页。

形色色,有时简直很滑稽。可是在共产党控制的农村地区,还是统统进行了选举。"由此,贝尔登断言:"不管共产党人距离完善的民主还有多么遥远,不管他们那些糊涂的朋友为他们捧场的话有多么夸张,但是共产党毕竟唤醒了千百万农民,使他们认识到自己有权选举官员,从而向民主迈进了巨大的一步。……不管对于解放区的农村社会流传着怎么样的谣言,据我所观察到的,那里政府的贤明,是国民党区的政府根本无法比拟的。"他还比较了国共两党在推行民主上的不同:"国民党、蒋介石总是说中国人民还没有准备好实行民主,必须先实行一个时期的训政。解放区的领导人嘲笑了这种理论。'在实施民主之前,先训练人民,这是毫无用处的。'边区政府副主席戎伍胜对我说,'人民要是过上了民主生活,习惯自然会改变。只有体验民主,才能学会民主。"①

总之,中共在抗战时期开展的民主政治给人们留下了深刻的印象,获得了国内外舆论的广泛支持。对此,谢觉哉后来曾深刻总结:"我们那时搞三三制,并非我们工作太多做不了,而是争取人心归向我们。这目的是达到了。"②

2. 延安成了民主的灯塔

抗战期间,延安的民主还吸引了大批知识分子尤其是青年学生。这些知识青年跋山涉水、冲破千难万阻,向这里聚集。"到延安去",成为许多向往革命的热血青年和有识之士的共同选择。他们从祖国的四面八方,从万里海外,像潮水般涌向延安,很快在全国形成了"天下人心归延安"的壮观景象。时任中共中央组织部部长的陈云便说:"十年以来,人心大变,不管男女老少,都不怕艰苦,不远千里而来延安。抗大在武汉登报申明不招生了,一点都没有用,仍旧是络绎不绝地来,没有汽车用两条腿,男男女女从几千里外都来了。主要是革命青年,也有大学教授,有工程师,有一个七十五岁的老头子也来了。"③

① [美]杰克·贝尔登著,邱应觉等译:《中国震撼世界》,北京出版社 1980 年版,第 102、107—108、108 页。
② 《谢觉哉文集》,人民出版社 1989 年版,第 742 页。
③ 《陈云文选》第 1 卷,人民出版社 1995 年版,第 113 页。

诗人何其芳在《我歌唱延安》中曾用热情洋溢的笔墨描绘这种场景："延安的城门成天开着,成天有从各个方向走来的青年,背着行李,燃烧着希望,走进这城门。学习、歌唱,过着紧张的快活的日子。然后一群一群地,穿着军服,燃烧着热情,走散到各个方向去。"①

抗战期间究竟有多少知识分子奔赴延安和抗日根据地,史料上没有明确的记载,但有几组数字足以说明问题。据八路军驻西安办事处统计,1938 年 5 月至 8 月,经其介绍赴延安的知识青年就有 2288 人;全年有 1 万余人从这里获准去延安。至 1939 年底,抗大招收了国统区和沦陷区的知识青年 16144 人。在 1943 年 12 月的中共中央书记处会议上,任弼时发言说:抗战初期到延安的(包括到抗大学习的)知识分子共 4 万余人(西北局系统除外)。② 面对这种知识分子纷至沓来的热潮,毛泽东曾不无兴奋地说:"你们像朝圣进香一样,一群群地来到延安。你们是来追求真理的,但是,一下子来了那么多人,哪里有那么多房屋给你们住哟!"③

延安之所以成为全国各地乃至海外广大知识青年心中向往的圣地,是与其努力倡导和积极践行民主分不开的。何方即曾回忆:"大批青年抱着吃苦和牺牲的决心,为了争取民族独立和自由民主,跑到延安去参加革命。当时的延安,第一举的是抗战的旗帜,第二举的是自由的旗帜。"④确实,很多人在到达延安前,对它并没有特别详细深入的了解,但光是"自由"、"民主"、"抗日"这几个抽象的词语,就足以让他们热血沸腾。而他们来到延安后,也的确"在实际中看到了真正的民主政治"⑤。

有一位当年奔赴延安的人晚年回忆:"我在刚到延安的短短两个月中,不仅有一些颇为新鲜的感性认识,还有一些相当深刻的理性认识;我不只是从现实中初步体验到民主圣地的音容笑貌,而且从理论上由此瞭望到民主中国的理想境界。"⑥还有一个叫陆地的年轻人从广西历经千辛万苦来到延安后,发

---

① 《何其芳文集》第 2 卷,人民文学出版社 1982 年版,第 174 页。
② 中共中央文献研究室编:《任弼时年谱》,中央文献出版社 2004 年版,第 454 页。
③ 曹宏、周燕:《寻踪毛泽民》,中央文献出版社 2007 年版,第 290 页。
④ 何方:《从延安一路走来的反思——何方自述》上卷,香港明报出版社 2007 年版,第 40 页。
⑤ 孟昭庚:《邹韬奋卓东脱险记》,《党史纵览》2008 年第 3 期。
⑥ 《青春岁月:胡绩伟自述》,河南人民出版社 1999 年版,第 169 页。

现大街上摩肩接踵,热闹非凡,"到处都见到像我们一样新到的人和已经入学入伍、穿上了铁灰色布料军装的男男女女。熟人相见,都是握手言欢,'同志,同志'相互招呼,耳目为之一新,真正是投到崭新的世界来了!"①半个多世纪过后,他回忆起这段青春岁月,仍然坚信延安就是"我和伙伴们心中渴望的新社会人间天堂"②。

延安的物质生活非常艰苦,但多年后刘端棻回忆这段生活,还是念念不忘地说:"人不仅需要物质,更重要的是要有一种精神,在一定的环境里,精神往往比物质显得更重要","最使人感到心情舒畅和愉快的,是延安人与人之间平等、融洽的关系。这是国民党统治区无法比拟和望尘莫及的。大家平等相处,亲如一家。大家都认为,当官和当兵的,上级和下级,仅是革命的分工不同,毫无高低、贵贱之分。所以无论干什么工作,大家都心情愉快地去干"。③

由此可见,延安在抗日时期已成为一座民主的灯塔,以其自由平等的气氛吸引了众多知识青年,这就为中共的不断发展提供了强大的人才支撑。1942年,何其芳在延安写下了一首诗:"我为少男少女们歌唱,我歌唱早晨,我歌唱希望,我歌唱那些属于未来的事物,我歌唱正在生长的力量。"④毫无疑问,在他的心目中,中共和它的代表延安正是这种正在生长的力量。

总之,抗战的胜利,在很大意义上是中国共产党领导的民主力量的胜利。民主在抗战期间,是一种凝结全民族抗战的有效口号,也是反映人心向背的一面镜子。中共通过推进民主,不仅把各阶级各阶层的力量动员组织起来,而且也由此赢得了民心。而国民党惧怕民主、阻碍民主,因此每况愈下,很快就丧失了政权。抗日战争对国共两党权势转移的意义,在民主问题上再次凸现出来。

①　陆地:《青春独白》,漓江出版社1993年版,第261页。
②　陆地:《直言真情话平生——陆地自传》,广西美术出版社2004年版,第27页。
③　刘端棻:《回首延安——边区教育生活十二年》,陕西人民教育出版社1990年版,第7、9页。
④　《何其芳文集》,人民文学出版社1982年版,第172页。

五

延安整风的若干问题

　　抗战时期的延安整风,是中国共产党历史上一次重要的思想解放和思想统一运动。通过延安整风,中国共产党破除了将苏共经验和共产国际指示神圣化的教条主义,确立了毛泽东思想的指导地位。从此,中国共产党有了自己创建的、符合中国实际的指导思想,并在此基础上达到空前的团结统一,这就为抗战的胜利和最后夺取全国政权打下了坚实的思想基础。早在1943年,中共中央就指出:"整风是中国共产党建党的一个重要关键,是战胜敌人争取胜利的一个重要关键,是二十二年来我党历史中一个大的创造事件。"①邓小平后来更是说:"没有那次整风,打败日本侵略者,打败蒋介石,是不可能的。"②关于这场运动,长期以来不乏论述,一直是中共党史研究的一个热点。尤其是近年来随着研究氛围的日益宽松和有关档案资料的逐渐披露,该领域取得了很大突破,涌现出一批富有新意的成果。但由于治史理念和对材料的解读不同,目前学术界在一些问题上仍然存在争议。本节拟在充分掌握相关史料的基础上,着重就几个问题加以梳理和分析。

---

① 中央档案馆编:《中共中央文件选集》第14册,中共中央党校出版社1992年版,第28页。
② 《邓小平文选》第二卷,人民出版社1994年版,第14页。

（一）延安时期理论学习风气的曲折变化

中国共产党是一个重视学习、勤于学习、善于学习，坚持与时俱进、推动理论创新的成熟的马克思主义政党。每当革命、建设和改革处在重大关头时，党总是特别重视结合新的形势和任务开展学习，提高全党的马克思主义理论水平，从而在思想上保证了革命事业的顺利发展。其中延安的十三年，可谓是中共历史上学习氛围空前浓厚的时期，这一点已为人们所熟知。不过，以往研究者大多是将整个延安时期的理论学习视为一体笼统论之，而对其在不同阶段的曲折变化似乎关注不多，也较少将之与毛泽东发动延安整风的背景和七大召开的意义联系起来。因此，下文拟就这一问题展开论述。

1. 开展学习运动，强调马列理论

在长期的革命斗争中，中国共产党虽然取得了很大的成绩和丰富的经验，并且日益巩固和发展起来，但也遇到过沉痛的挫折和失败，严重暴露了理论准备不足和马列主义水平不高的弱点。刘少奇就曾指出："中国党有一极大的弱点，这个弱点，就是党在思想上的、理论上的修养是不够的，是比较幼稚的。因此，中国党过去的屡次失败，都是指导上幼稚与错误而引起全党或重要部分的失败，而并不是工作上的失败。直至现在，缺乏理论这个弱点，仍未完全克服。"[①]尤其是在许多党员干部中，对理论学习的态度存在着误区。他们认为自己的工作太忙，在前方还要作战，因而不能够学习；还有一些人因为文化和理论水平低，对学习的东西看不懂，有的甚至表示"宁愿挑大粪，不愿学理论"。在主观上，有些共产党员认为："只要自己革命坚决，斗争勇敢，就完全行了，学习不学习马克思列宁主义理论，进行不进行马克思列宁主义理论修

---

① 《刘少奇选集》上卷，人民出版社1981年版，第220页。

养,都没有关系。有的同志甚至认为,只要家庭出身好,本人成分好,用不着学习马克思列宁主义,也能够成为无产阶级的先进战士。"也有一些党员干部,"虽然一般地承认理论的重要性,但是,他们在工作和斗争中,却从来不认真学习马克思列宁主义"。①

为了克服长期以来理论准备不足的缺陷,毛泽东在 1938 年召开的扩大的六届六中全会上向全党发出了开展学习竞赛的号召:"一切有相当研究能力的共产党员,都要研究马克思、恩格斯、列宁、斯大林的理论,都要研究我们民族的历史,都要研究当前运动的情况和趋势;并经过他们教育那些文化水准较低的党员。"他说:"指导一个伟大的革命运动使之向着胜利,没有革命理论,没有历史知识,没有实际运动的了解,就不能有胜利。……我们的任务,是在领导一个四万万五千万人口的大民族,进行着空前的历史斗争。所以普遍地深入地研究理论的任务,对于我们,是一个亟待解决并须着重致力才能解决的大问题。我们努力罢,从我们这次扩大的六中全会之后,来一个全党的学习竞赛,看谁真正学到了一点东西,看谁学的更多一点,更好一点。……在主要领导责任的观点上说,如果中国有一百个至二百个系统地而不是零碎地,实际地而不是空洞地,学会了马克思主义的同志,那将是等于打倒一个日本帝国主义。同志们,我们一定要学习马克思主义。"②在毛泽东的这一号召下,六届六中全会通过决议指出:"必须加紧认真地提高全党理论的水平,自上而下一致地努力学习马克思、恩格斯、列宁、斯大林的理论,学会灵活的把马克思列宁主义及国际经验应用到中国每一个实际斗争中来。"③以此为起点,学习运动就在全党轰轰烈烈地开展起来了。

作为贯彻六届六中全会关于开展学习运动决议的一项举措,中共中央在1939 年 2 月专门成立了干部教育部,由张闻天担任部长,李维汉任副部长,领导全党的马列主义学习。1940 年初,中央宣传部与干部教育部合并为中央宣传教育部,继续担负领导学习运动的职责。在此期间,中共中央还采取了诸多

---

① 《刘少奇选集》上卷,人民出版社 1981 年版,第 115—116 页。
② 中央档案馆编:《中共中央文件选集》第 11 册,中共中央党校出版社 1991 年版,第 657—658 页。
③ 中央档案馆编:《中共中央文件选集》第 11 册,中共中央党校出版社 1991 年版,第 756—757 页。

具体措施组织全党的学习,连续发出一系列指示性文件,建立了一整套干部理论学习的制度和办法。如将每年 5 月 5 日马克思的生日确定为"学习节",在这一天"总结每年的经验并举行奖励";并要求"全党在职干部必须保证平均每日有两小时的学习时间,非因作战或其他紧急事故不可耽搁","凡环境许可的地方,可依类编成学习小组。学习小组每月开讨论会二次"①;至 1940 年10 月,"在教育制度上,我们已经有了比较完整的建设,如:小组与大课之相辅而行,指导员与支部教育干事的确立,巡回教育制与顾问团制的采用,各种研究组与研究会的推行,一般大讲演的举行与教育干部中策略教育的开始等等"②。这些中央文件的发布和相关制度的制定,不断把干部教育提升到党的重要工作地位上来,初步实现干部在职学习的制度化,有力地推动了学习运动的高涨。

为了保证以上文件和措施得到顺利实施,毛泽东和中共中央在这一阶段多次重申必须给予学习运动以应有的重视。1938 年 12 月 13 日,毛泽东在中央组织部召开的延安党政军民团体检查工作的干部晚会上提出:要加紧学习,学习马克思列宁主义、革命运动及中国的历史,从中央委员会各级干部研究较高深的理论起,一直到各机关事务人员学习文化止。12 月 25 日,《新中华报》也发表社论《一刻也不要放松了学习》指出:六届六中全会曾经号召全党来一个学习竞赛。毛泽东最近在各种会议上号召边区的各级干部和群众努力学习文化。今天我们处在一个伟大的时代里,是中国历史的转变的关键。要在这个空前的历史战争中,求得自己的生存,我们必须努力学习。领导干部要学习高深的革命理论,以便指导革命运动。在各种具体的环境下,能决定自己的工作方针,正确地观察问题解决问题。一般干部和群众必须学习文化,提高文化水准,以建立学习理论的必要基础。③

1939 年 5 月 20 日,中央举行延安在职干部教育动员大会,毛泽东在会上专门解释了中央发起学习运动的原因。他说:"我们党根据历来的经验以及目前的环境,在最近发起了两个运动,一个是生产运动,一个是学习运动,这两

①　中央档案馆编:《中共中央文件选集》第 12 册,中共中央党校出版社 1991 年版,第 334—335 页。
②　中央档案馆编:《中共中央文件选集》第 12 册,中共中央党校出版社 1991 年版,第 524 页。
③　延安整风运动编写组:《延安整风运动纪事》,求实出版社 1982 年版,第 10—11 页。

个运动都有普遍和永久的意义。……那末,发起学习运动的直接原因是什么呢?是我们共产党要领导革命。共产党在全国的党员过去是几万个,现在有几十万,将来会有几百万,这几十万、几百万共产党员要领导几千万、几万万人的革命,假使没有学问,是不成的,共产党人就应该懂得各种各样的事情。因此,要领导革命就须要学习,这是我们发起学习运动的原因之一。……我们要建设大党,我们的干部非学习不可。学习是我们注重的工作,特别是干部同志,学习的需要更加迫切,如果不学习,就不能领导工作,不能改善工作与建设大党。这领导工作、改善工作与建设大党,便是我们学习运动的直接原因。"他还提出:"现在中央设了干部教育部,负责领导全党的学习。……全国各级党部,边区各级政府,各个民众团体,各类学校,都须设立这样的机关,建立这样的制度,来领导并进行学习。在军队里也是一样,要建立教育部,建立起学习制度。这样的学习制度,中央要在全国推广,只要共产党力所能及,就要把它推动起来,造成一个学习的热潮。……要把全党变成一个大学校。"①

1940 年 6 月,毛泽东在延安新哲学会第一届年会讲话时又强调:"理论这件事是很重要的,中国革命有了许多年,但理论活动仍很落后,这是大缺憾。要知道革命如不提高革命理论,革命胜利是不可能的。过去我们注意的太不够,今后应加紧理论研究。……必须承认现在我们的理论水平还是很低,全国的理论水平还是很低,大家才能负起克服这种现象的责任。"同年底,他在接见从前线回来到中央党校学习的同志时,再次明确指出干部精通马克思列宁主义的重要性,强调"没有大量的真正精通马克思列宁主义革命理论的干部,要完成无产阶级革命是不可能的"。②

这一时期,毛泽东还以身作则、率先垂范,精读了《资本论》、《反杜林论》、《谈谈辩证法问题》、《唯物论与经验批判论》等大量的马克思主义经典著作,并组织和参加了哲学座谈会。在他的倡导和带动下,延安成立了一批研究会和学习小组,中央领导同志都积极参加各种学习活动。如陈云领导的中组部学哲学小组坚持了 5 年,影响很大,被评为中央机关的模范学习小组。中组部

① 《毛泽东文集》第二卷,人民出版社 1993 年版,第 176—185 页。
② 《毛泽东年谱(1893—1949)》中卷,人民出版社、中央文献出版社 1993 年版,第 193、249 页。

还有一个领导干部学习小组,先后参加的有邓浩、王鹤寿、王德、陶铸、陈正人等十余人,另有旁听的干部 30 余人,每天上午 9 点之前为自学时间,每周集体讨论一次,学习的马列主义经典著作有《共产党宣言》、《社会主义从空想到科学》、《国家与革命》、《共产主义运动中的"左"派幼稚病》、《联共(布)党史简明教程》、《政治经济学》、《哲学概论》等。张闻天也在中宣部成立一个学习小组,后来中央文委、中央办公厅等机关的人员也都来参加,扩大成为一百多人的学习集体。总之,通过这场学习运动,全党上下形成了大规模的空前浓厚的学习氛围。包括陕甘宁边区在内的各抗日根据地所有的机关、学校、干部、团体等,从干事、科员、班长以上的基层干部直到中央一级领导干部,以及在大后方秘密环境下工作的干部,几乎全都参加了学习。

从总体上看,这一阶段的学习运动还有一个明显特点,那就是为了尽快弥补过去理论准备不足的缺失,所以尤其强调对马列经典著作的学习。当时为了配合学习运动的需要,由张闻天负责的马列学院编译室及时翻译出版了一套《马恩丛书》,包括有《社会主义从空想到科学的发展》、《共产党宣言》、《法兰西内战》、《政治经济学论丛》、《德国的革命和反革命》、《〈资本论〉提纲》、《哥达纲领批判》、《法兰西阶级斗争》、《马恩通讯选集》等 12 种,《列宁选集》则有《国家与革命》、《共产主义运动中的"左派"幼稚病》等 20 卷,还有《斯大林选集》十几卷,总计上千万字。这些马列经典著作的翻译出版,无疑极大满足了人们如饥似渴的求知欲望。当时到过延安的德国友人王安娜就描述说:"延安城内并没有什么可看的。小城镇,到处都一样。……特别引我注目的,是有许多书店。学生和红军的战士们,正挤在柜台前购买马克思主义经典著作的普及版。"①

2. 发起延安整风,反对教条主义

尽管在发起学习运动之初,毛泽东就明确提出了"马克思主义中国化"的任务,并且强调不应把马克思主义当作教条,而是当作行动的指南,中央也一

① ［德］王安娜著,李良健等校译:《中国——我的第二故乡》,三联书店 1980 年版,第 154—155 页。

再指示:"全党干部都应当学习和研究马列主义的理论及其在中国的具体运用。"①但如前所述,在学习运动中最突出的还是强调对马列理论的学习,而较欠缺与中国具体实际的结合,以致一度盛行的教条主义倾向又有所抬头。王明就公开宣称:"不要怕说教条,教条就教条……如果一学就怕教条,一条也记不住,哪里谈得到运用?把理论运用于实际是对的,但是先有了理论才能运用,一条也没有哪儿去运用?"②他还对毛泽东说:"把马克思主义中国化的口号是错误的。这样提出问题,本身就是非马克思主义的。民族的马克思主义是没有而且也不可能有的。"③

面对这种甚嚣尘上的教条主义倾向,毛泽东当然十分不满。1940 年 1 月 9 日,他在陕甘宁边区文化协会第一次代表大会上就尖锐指出:"形式主义地吸收外国的东西,在中国过去是吃过大亏的。中国共产主义者对于马克思主义在中国的应用也是这样,必须将马克思主义的普遍真理和中国革命的具体实践完全地恰当地统一起来……公式的马克思主义者,只是对于马克思主义和中国革命开玩笑,在中国革命队伍中是没有他们的位置的。"④语气可谓相当尖锐。

1941 年 5 月 19 日,毛泽东又在延安干部会上作了题为《改造我们的学习》的报告,要求克服学习运动中的教条主义偏向。他严厉批评说:"许多同志的学习马克思列宁主义似乎并不是为了革命实践的需要,而是为了单纯的学习。所以虽然读了,但是消化不了。只会片面地引用马克思、恩格斯、列宁、斯大林的个别词句,而不会运用他们的立场、观点和方法,来具体地研究中国的现状和中国的历史,具体地分析中国革命问题和解决中国革命问题。这种对待马克思列宁主义的态度是非常有害的,特别是对于中级以上的干部,害处更大","他们学马克思主义的方法是直接违反马克思主义的。这就是说,他们违背了马克思、恩格斯、列宁、斯大林所谆谆告诫人们的一条基本原则:理论和实际统一。他们既然违背了这条原则,于是就自己造出了一条相反的原则:

①　中央档案馆编:《中共中央文件选集》第 12 册,中共中央党校出版社 1991 年版,第 227 页。
②　周国全、郭德宏:《王明年谱》,安徽人民出版社 1991 年版,第 140 页。
③　王明:《中共 50 年》,东方出版社 2004 年版,第 17 页。
④　《毛泽东选集》第二卷,人民出版社 1991 年版,第 707 页。

理论和实际分离。在学校的教育中,在在职干部的教育中,教哲学的不引导学生研究中国革命的逻辑,教经济学的不引导学生研究中国经济的特点,教政治学的不引导学生研究中国革命的策略,教军事学的不引导学生研究适合中国特点的战略和战术,诸如此类。其结果,谬种流传,误人不浅。在延安学了,到富县就不能应用。经济学教授不能解释边币和法币,当然学生也不能解释。这样一来,就在许多学生中造成一种反常的心理,对中国问题反而无兴趣,对党的指示反而不重视,他们一心向往的,就是从先生那里学来的据说是万古不变的教条。"毛泽东还说:"据我看来,如果不纠正这类缺点,就无法使我们的工作更进一步,就无法使我们在将马克思列宁主义的普遍真理和中国革命的具体实践互相结合的伟大事业中更进一步。"鉴于此种情况,他进一步提出了改造干部学习的建议,特别提出对在职干部的教育和干部学校的教育,"应确立以研究中国革命实际问题为中心,以马克思列宁主义基本原则为指导的方针,废除静止地孤立地研究马克思列宁主义的方法"。[1] 毛泽东所作的这个报告,被普遍认为是在高层发动整风的标志。

1941 年 8 月 27 日,在中央政治局会议讨论党内教育问题时,毛泽东再次指出:"我党干部的理论水平比内战时是提高了。现在干部中多读了些理论书籍,但对于理论运用到中国革命实际上还不够,对中国及世界的政治、军事、经济、文化缺乏研究和分析。我们还没有各种问题的专家,对于许多实际问题不能下笔。延安的学校是一种概论学校,缺乏实际政策的教育。过去我们只教理论,没有教会如何使用理论,就像只教斧头本身,而没有教会如何运用斧头去做桌子。延安研究哲学是空洞的研究,不研究中国革命的内容与形式,不研究中国革命的本质与现象。……我们要培养行动的理论家。改造学习要采用革命的精神,对干部教育、学校教育、国民教育都要有一个大的改造。"[2]会议同意毛泽东的提议,决定由张闻天等组成委员会,研究改造学习的办法,并起草有关的决定。

稍后,在 1941 年 9 月的中央政治局扩大会议上,毛泽东又作了关于反对

① 《毛泽东选集》第三卷,人民出版社 1991 年版,第 796—802 页。
② 《毛泽东年谱(1893—1949)》中卷,人民出版社、中央文献出版社 1993 年版,第 324 页。

主观主义和宗派主义的报告。他指出:过去我们的党很长时期为主观主义所统治,这些主观主义者自称为"国际路线",穿上马克思主义的外衣,是假马克思主义。因此,必须使全党认识到主观主义的严重危害,分清创造性的马克思主义和教条式的马克思主义,宣传创造性的马克思主义,反对教条式的马克思主义。在这次会上,毛泽东还提出:"对于理论脱离实际的人,提议取消他的'理论家'的资格。只有用马克思主义观点来研究实际问题、能解决实际问题的,才算实际的理论家。……对研究实际问题的文章,要多给稿费。能使马克思主义中国化的教员,才算好教员,要多给津贴。"①

　　1941 年 12 月 17 日,中央政治局会议通过的《关于延安干部学校的决定》也严厉指出:"目前延安干部学校的基本缺点,在于理论与实际、所学与所用的脱节,存在着主观主义与教条主义的严重的毛病。这种毛病,主要表现在使学生学习一大堆马列主义的抽象原则,而不注意或几乎不注意领会其实质及如何应用于具体的中国环境。为了纠正这种毛病,必须强调学习马列主义的理论的目的是为了使学生能够正确的应用这种理论去解决中国革命的实际问题,而不是为了书本上各项原则的死记与背诵。"②毛泽东在对这个《决定》进行修改时,还专门加写了一句:"关于马列主义的教授与学习,应坚决纠正过去不注重领会其实质而注重了解其形式,不注重应用而注重死读的错误方向。必须用全力使学者由领会马列主义实质到把它具体应用于中国环境。"③

　　但是由于教条主义的影响根深蒂固,毛泽东在中央高层的这一系列呼吁并未引起人们的足够重视。即使像《改造我们的学习》这样一个重要报告,在当初也竟然"毫无影响"④,延安的各大报都没有作宣传报道,直到一年后整风开始了才发表。1942 年 2 月 2 日,《解放日报》还发表社论指出:"去年党中央发表关于调查研究的决定以后,在思想领域内,已经开始建立一种新的风气。主观主义的恶劣倾向,受了严重打击。实事求是的科学调查研究精神,已经逐渐培养起来。这是一个有历史意义的转变。然而这个转变,还未做得彻底。

---

①　《毛泽东文集》第二卷,人民出版社 1993 年版,第 372—374 页。
②　中央档案馆编:《中共中央文件选集》第 13 册,中共中央党校出版社 1991 年版,第 257 页。
③　《毛泽东年谱(1893—1949)》中卷,人民出版社、中央文献出版社 1993 年版,第 346 页。
④　《毛泽东年谱(1893—1949)》中卷,人民出版社、中央文献出版社 1993 年版,第 469 页。

调查研究的精神,还未普遍深入到生活中去。"①

有鉴于此,毛泽东决定将整风的精神进一步向全党宣示。1942 年 2 月,他在中央党校开学典礼上作了《整顿学风党风文风》的报告,指出:"近来马克思列宁主义的书籍翻译的多了,读的人也多了。这是很好的事。但是否就可以说我们党的理论水平已经是提得很高了呢?确实,我们的理论水平是比较过去高了一些。但是按照中国革命运动的丰富内容来说,理论战线就非常之不相称,二者比较起来,理论方面就显得非常之落后。……如果我们身为中国共产党员,却对于中国问题熟视无睹,只能记诵马克思主义书本上的个别的结论和个别的原理,那末,我们在理论战线上的成绩就未免太坏了。"毛泽东还说:"我们党校的同志不应当把马克思主义的理论当成死的教条。对于马克思主义的理论,要能够精通它、应用它,精通的目的全在于应用。……马克思列宁主义之箭,必须用了去射中国革命之的。这个问题不讲明白,我们党的理论水平永远不会提高,中国革命也永远不会胜利","所以我们要在党内发动一个启蒙运动,使我们同志的精神从主观主义、教条主义的蒙蔽中间解放出来,号召同志们对于主观主义、宗派主义、党八股加以抵制。"②以这个报告为标志,延安整风就在全党范围内正式开展起来。

1942 年 4 月 3 日,中共中央宣传部作出《关于在延安讨论中央决定及毛泽东同志整顿三风报告的决定》,对整风运动的目的、要求、方法和步骤作出明确规定,决定了全党整风学习的 22 个文件,其中既包括马恩列斯的著作,也包括毛泽东的《整顿党的作风》、《反对党八股》、《改造我们的学习》、《反对自由主义》、《关于纠正党内的错误思想》,刘少奇的《论共产党员的修养》,陈云的《怎样做一个共产党员》等,旨在强调与中国革命的具体实际相结合,纠正教条主义的偏向。这一时期,整风运动还特别重视对党史的讨论。为了帮助全党加深对历史经验的总结,毛泽东亲自主持编辑《六大以来——党内秘密文件》(519 篇)、《六大以前——党的历史材料》(184 篇)和《两条路线》(137篇)三套党内文件汇编,供党的高级干部整风学习。很多人就是学习了这几

---

① 《整顿学风党风文风》,《解放日报》1942 年 2 月 2 日。
② 《毛泽东选集》第三卷,人民出版社 1991 年版,第 813—827 页。

本书后,才认识到我们党在历史上确实存在一条教条主义的错误路线,毛泽东后来就说:"党书一出,许多同志解除武装……大家才承认十年内战后期中央领导的错误是路线错误。"①此外,毛泽东还分别在西北局高级干部会议上和中央党校作报告,对党的历史中涉及的一些重要问题作了结论。在深入讨论的基础上,1945 年 4 月 20 日,六届七中全会通过了《关于若干历史问题的决议》,对党史上若干重大历史问题作了正式结论。这个决议的通过,标志着延安整风胜利结束。

3. 七大上的纠偏

通过延安整风,全党思想得到了空前统一。毛泽东在给周恩来的电报中就说:"22 个文件的学习在延安大见成效。大批青年干部(老干部亦然)及文化人如无此种学习,极庞杂的思想不能统一。"②但毋庸讳言,由于一部分人对反教条主义的误解和实际工作中的矫枉过正,此时又出现了一种忽视学习马列的倾向,"在反对教条主义的整风运动中,那一阵延安确实没有什么人再去读马列的经典著作了。'读经典著作就是搞教条主义'的看法,虽然没有人公开提出,实际上是流行起来了"③,尤其是"有些过去犯过教条主义的同志,可能因为犯过教条主义,竟对理论的学习根本怀疑起来,而致裹足不前;另一些过去本来和理论的接近较少的同志,也可能有这样的错误想法:既然整了教条主义,便可以干脆不必去研究马列主义的理论了。"④因此,许多干部几乎都不学马列了,学马列"无用"论普遍存在。⑤ 一时间,马列主义几乎和教条主义划上了等号,连一些人作报告或讲演都不敢再引证马列,原来人们感到很缺乏的马列著作变成多余无用,于是拿到延安南门外新市场当作废纸论斤卖了。中央研究院的柯柏年因为翻译马列著作多,被批评为"教条主义大师",弄得他

① 《毛泽东年谱(1893—1949)》中卷,人民出版社、中央文献出版社 1993 年版,第 469 页。
② 《毛泽东年谱(1893—1949)》中卷,人民出版社、中央文献出版社 1993 年版,第 387 页。
③ 吴介民主编:《延安马列学院回忆录》,中国社会科学出版社 1991 年版,第 81 页。
④ 陈涌:《纪念马克思,学习马克思主义》,《解放日报》1946 年 5 月 5 日。
⑤ 详参宋金寿:《纠正反教条主义中不译不读马列的偏向》,《中共党史研究》2001 年第 3 期。

赌咒发誓说：以后不再搞马列翻译了。还有些老干部为了表示和教条主义决绝，竟将一些马列著作扔到了窑洞外。对于这种现象，谢觉哉1945年春曾感慨说："自从反教条，有人不敢讲书本了。"①中央后来也承认："自从反对教条主义以来，各地党校没有提倡认真读书，有些党校甚至不读书或很少读书。这种风气，是很错误的。现在党内已经产生忽视革命理论的倾向，经验主义已经成为党内思想中主要的危险。"②而胡乔木晚年更是十分痛心地指出："从整风以后，实际上很少有什么创造性的研究……实际上以后党的理论水平越来越低，对马克思主义的知识越来越低。"③

应该说，毛泽东是十分关注并一直努力纠正这种现象的。他早在1941年9月政治局扩大会议上就声明："我们反对主观主义，是为着提高理论，不是降低马克思主义。"④对于柯柏年被批为"教条主义大师"这件事，他知道后也十分不满。一次在见到柯柏年时，毛泽东劝他要继续搞马列著作的翻译。同时，毛泽东对取消编译部也觉不妥。1942年9月15日，他在致中宣部代理部长凯丰的信中说："整风完后，中央须设一个大的编译部，把军委编译局并入，有二三十人工作，大批翻译马恩列斯及苏联书籍，如再有力，则翻译英法德古典书籍。我想亮平在翻译方面曾有功绩，最好还是他主持编译部，不知你意如何？不知他自己愿干否？为全党着想，与其做地方工作，不如做翻译工作，学个唐三藏及鲁迅，实是功德无量的。"⑤1943年4月22日，毛泽东又致信凯丰表示："惟译、著方面（译是马列，著是历史），须集几个人来干，期于有些成绩。"⑥同年5月27日，中央书记处作出决定："翻译工作，尤其是马列主义古典著作的翻译工作，是党的重要任务之一。延安过去一般翻译工作的质量，极端不能令人满意。为提高高级干部的理论学习，许多马恩列斯的著作必须重新校阅。"并指定凯丰、博古、洛甫、杨尚昆、师哲等组成翻译校阅委员会，由凯丰负责组织，"今年要首先校阅党校所用全部翻译教材及译完西方史两册，以

① 《谢觉哉日记》下卷，人民出版社1984年版，第791页。
② 中央档案馆编：《中共中央文件选集》第17册，中共中央党校出版社1992年版，第326页。
③ 《胡乔木谈中共党史》，人民出版社1999年版，第131页。
④ 《毛泽东文集》第二卷，人民出版社1993年版，第374页。
⑤ 《毛泽东书信选集》，人民出版社1983年版，第202页。
⑥ 《毛泽东书信选集》，人民出版社1983年版，第212—213页。

应急需"。① 这些事实都说明,毛泽东虽然反对教条主义,但仍然十分重视马列著作的翻译工作。

这一时期,在毛泽东身边工作的胡乔木曾为《解放日报》撰写了一篇题为《列宁活着呢》的社论,发表在 1943 年 1 月 21 日第一版上。社论严厉批评了那种忽视学习马列的倾向:"有一部分相信马克思列宁主义的同志,由于反对教条主义而发生的一些误解,却有扫除的必要。这些同志认为:既然过去曾有人读了马列的书而不用,而乱用,而被称为教条主义者,那么最好的避免传染教条主义瘟疫的办法,就莫过于从此根本不读这些'教条'了。既然过去曾有人只限于介绍马列原著而被误称为理论家,那么最好的成为真正理论家的办法,就莫过于从此根本停止和拒绝翻译、传布、解释、通俗化这些原著的工作了。既然过去曾有人缺少实际的社会政治经验,或者缺少必要的文化程度,而不相称的以硬啃自己所不会理解的理论为光荣,因而这些理论落到他们的手里也只能成为莫明其妙的东西,那么最好的改过自新的办法,就莫过于从此根本不要理论只要实际了。……但是所有这些想法都是不对的。共产党的整风文件从来没有这样说过,毛泽东同志从来没有这样说过,可见这完全不是马克思列宁主义。"社论还详细地回答了为什么"要办中国今天的事情,却去请教外国的死人"的疑问,强调马列主义不仅是"个个革命家所必须学习",而且是"人人都可以都必须学习"的理论。

1943 年 12 月 14 日,毛泽东又在中央书记处会议上提出,为了配合高级干部学习党的路线问题,从 1943 年 11 月起到 1944 年 4 月止,学习《共产党宣言》、《社会主义从空想到科学的发展》、《共产主义运动中的"左派"幼稚病》、《社会民主党在民主革命中的两种策略》、《联共(布)党史简明教程》、《两条路线》等 6 本书。其中前 5 种分别涵盖了马恩列斯的经典著作,毛泽东对学习马列的重视程度由此可见一斑。

不过,由于整风运动的思维惯性,加上审干运动对知识分子的排挤打击,"完全不相信知识分子"②,毛泽东以上这些纠正忽视学习马列的努力并未立

---

① 中央档案馆编:《中共中央文件选集》第 14 册,中共中央党校出版社 1992 年版,第 42 页。

② 《毛泽东年谱(1893—1949)》中卷,人民出版社、中央文献出版社 1993 年版,第 491 页。

即奏效。这一问题的比较彻底解决,是在 1945 年召开的党的七大上。1945 年 4 月,毛泽东在七大的口头政治报告中说:"我们整风讲实事求是,反教条主义,这样一反,好像理论工作者就不那样吃得开了。我们应该重视理论工作者,应该重视理论。列宁说过:'没有革命的理论,就没有革命的运动。'因此我们党内要学习理论,从前我在六中全会上讲过,我们党的理论水平是很低的,现在比较过去是高了一些,但是还不够。现在我们党当然有些进步,但从中国革命运动的要求来说,我们的理论水平还不够。……什么是理论? 就是有系统的知识。马列主义的理论,就是以马克思主义为基础的有系统的知识。"他还指出:"做翻译工作的同志很重要,不要认为翻译工作不好。我们现在需要大翻译家。我是一个土包子,要懂一点国外的事还是要靠翻译。我们党内能直接看外国书的人很少,凡能直接看外国书的人,首先要翻译马、恩、列、斯的著作,翻译苏联先进的东西和各国马克思主义者的东西。还有历史上的许多东西,虽然不是马克思主义的,但带有进步意义的,还有一些民主主义者的东西,我们都要翻译。"毛泽东同时表示:"因为整风审干,好像把知识分子压低了一点,有点不大公平。好像天平,这一方面低了一点,那一方面高了一点。我们这个大会,要把它扶正,使知识分子这一方面高一点。"①

1945 年 5 月,毛泽东在七大的结论中再次澄清:"教条主义是哪里来的? 是不是从马、恩、列、斯那里来的? 不是的。他们经常在著作里提醒我们,说他们的学说是行动的指南,是武器,不是教条。人家讲的不是教条,我们读后变成了教条,这是因为我们没有读通,不会读,我们能责备他们吗? 许多人不重视理论工作,似乎这个工作不要紧。对理论工作看法的动摇是不对的。我们对搞翻译工作的、写理论文章的人要看得起,应多和他们谈谈。没有搞翻译工作的我们就看不懂外国的书,他们翻译外国的书,很有功劳,即使一生一世只翻译了一本书,也是有功劳的。别人不重视这个工作的思想,是不好的;做这个工作的同志自己对这个工作的认识也有动摇,这同样是不好的。有的人曾不止一次地要求改行,说做这个工作吃不开,要求做别的工作。不要轻视搞翻译的同志,如果不搞一点外国的东西,中国哪晓得什么是马列主义? 中国历史

① 《毛泽东文集》第三卷,人民出版社 1996 年版,第 341—343 页。

上也有翻译工作,唐僧就是一个大翻译家,他取经回来后设翻译馆,就翻译佛经。……所以,轻视这个工作和对这个工作的动摇都是不对的。"①

毛泽东在七大上的这两个讲话,对学习马列主义理论和马列著作的翻译工作都给予了极高的评价,从而比较彻底地纠正了长期以来不重视理论研究和一度轻视学习马列的错误倾向。经过一系列纠偏,党在延安时期理论学习风气的曲折变化也终于尘埃落定,提高了全党把马克思主义普遍真理与中国实际相结合的自觉性,极大地推动了马克思主义中国化的历史进程。

（二）整风运动的准备和展开

延安整风分为两个层次进行:一个是党内高层的整风,一个是全党范围的整风。从时间上看,前者可视为延安整风的准备阶段,后者则为整风的全面展开阶段。

1. 党内高层开始整风

1941 年 9 月 10 日至 10 月 22 日,中共中央召开政治局扩大会议,讨论党的历史上特别是土地革命战争时期的路线问题,总结历史经验,史称"九月会议"。其实,九月会议并不只是在 9 月间召开,而是在 9 月 10 日、11 日、12 日、29 日和 10 月 22 日开了五次会。到会者有在延安的政治局成员:毛泽东、任弼时、王稼祥、王明、朱德、洛甫、康生、陈云、凯丰、博古、邓发;列席者有李富春、杨尚昆、罗迈、陈伯达、高岗、林伯渠、叶剑英、王若飞和彭真。

毛泽东在 9 月 10 日的会上首先作关于反对主观主义和宗派主义的报告。他说:"过去我们的党很长时期为主观主义所统治,立三路线和苏维埃运动后期的'左'倾机会主义都是主观主义。苏维埃运动后期的主观主义表现更严

---

① 《毛泽东文集》第三卷,人民出版社 1996 年版,第 418—419 页。

重,它的形态更完备,统治时间更长久,结果更悲惨。这是因为这些主观主义者自称为'国际路线',穿上马克思主义的外衣,是假马克思主义。"他还指出:"遵义会议,实际上变更了一条政治路线。过去的路线在遵义会议后,在政治上、军事上、组织上都不能起作用了,但在思想上主观主义的遗毒仍然存在。六中全会对主观主义作了斗争,但有一部分同志还存在着主观主义,主要表现在延安的各种工作中,在延安的学校中、文化人中,都有主观主义、教条主义。这种主观主义同实事求是的马克思主义是相对抗的。"①

毛泽东作完报告后,张闻天和博古这两个临时中央的负责人紧接着发言表态,对自己曾犯的错误作了诚恳和深刻的自我批评。张闻天表示:"毛主席的报告,对党的路线的彻底转变有极大的意义。过去我们对苏维埃后期的错误没有清算,这是欠的老帐,现在必须偿还。犹如现在做了领导工作而过去没有做过下层工作的,也要补课。反对主观主义,要作彻底的清算,不要掩盖,不要怕揭发自己的错误,不要怕自己的癞痢头给人家看。过去国际把我们一批没有做过实际工作的干部提到中央机关来,是一个很大的损失。过去没有做过实际工作,缺乏实际经验,现在要补课。过去的老账,必须要还。"②

博古也说:1932年至1935年的错误,我是主要的负责人。遵义会议时,我是公开反对的。后来我自己也想到,遵义会议前不仅是军事上的错误,要揭发过去的错误,必须从思想方法上、从整个路线上来检讨。我过去只学了一些理论,拿了一套公式教条来反对人家。四中全会上我与稼祥、王明等反对立三路线的教条主义,也是站在"左"的观点上反的,是洋教条反对土教条。当时我们完全没有实际经验,在苏联学的是德波林主义的哲学教条,又搬运了一些苏联社会主义建设的教条和西欧党的经验到中国来,过去许多党的决议是照抄国际的。在西安事变后开始感觉这个时期的错误是政治错误。到重庆后译校《联共(布)党史》才对思想方法上的主观主义错误有些感觉。这次学习会检查过去错误,感到十分严重和沉痛。现在我有勇气研究自己过去的错误,希望在大家帮助下逐渐克服。③

① 《毛泽东文集》第二卷,人民出版社1993年版,第372—373页。
② 《张闻天文集》第3卷,中共党史出版社1994年版,第162页。
③ 《胡乔木回忆毛泽东》,人民出版社1994年版,第195—196页。

　　王明在第一天会上也作了发言,但他主要是推卸责任,为自己辩解。他说:"毛主席报告对 1932 年至 1935 年的错误说是路线问题,今天又有洛甫、博古的讲话,现在我都同意了。反主观主义与教条主义对我有很大好处。"接着就为自己评功摆好:"1930 年反立三路线我写了《为中共更加布尔什维克化而斗争》的小册子……我在莫时看了很多中国报纸,对博、洛在中央苏区时对毛的关系是不同意的;对五中全会认为是苏维埃与殖民地两条道路的决战是不同意的。我在国际十三次全会上发言开始说了要反对日本帝国主义,十四次全会上便提出了反对日本帝国主义的全部办法。"王明还说自己的缺点主要是"没有很好研究中国问题","不了解蒋介石是(能)抗日的",所以要"从头做起向下学习"。这里丝毫没有涉及到他和"左"倾教条主义的关系,更不用说承认错误了。[①]

　　在 9 月 12 日的会上,王明作了第二次发言。但他仍不检讨自己,却转移目标,凭着六大期间他担任翻译时知道的一些内情,随意指责,点了许多同志的名,说这个是右派代表,那个是立三派,或暗藏的托派、奸细,唯独对他自己的错误讳莫如深。[②] 最后,为了与博古等人划清界限,王明还突然煞有介事地提出,他要向中央揭穿一个秘密。据他说,博古、张闻天当年领导的中央是不合法的。1931 年秋他与周恩来离开上海时,虽然推荐博古、张闻天等组成上海临时中央政治局,但当时已经说明,由于博古他们不是中央委员,更不是政治局委员,将来到政治局委员多的地方要将权力交出来。没想到博古、张闻天他们到中央苏区后却不提此事,竟领导起那些真正的政治局委员来了。

　　王明揭发的这个秘密在会上引起了很大震动。关于这件事,博古和张闻天两个当事人在 9 月 29 日的会上都作了解释。博古明确讲:自己所犯的错误确是政治路线的错误,而临时中央政治局进入苏区后不作说明,也确有篡位之嫌。犯这些错误怪不得别人,但国际和中央驻国际代表团当时是助长了这种错误的。张闻天同样承认:当时路线的确错误,临时中央到苏区后也确有篡位

---

① 章学新:《推动延安整风的关键性会议——真诚革命者的反躬自省和王明的诿过、倒算》,《党的文献》1997 年第 6 期。
② 章学新:《推动延安整风的关键性会议——真诚革命者的反躬自省和王明的诿过、倒算》,《党的文献》1997 年第 6 期。

问题,但王明当时在国际不打电报来纠正也是不对的。况且,五中全会的名单也是国际批准的,这些事情王明当时为什么不起作用?

在这天会上,邓发也表示:对于当时的错误,博古的确要负第一位的责任,李维汉、张闻天其次,但这些错误政策莫斯科是否也批准了呢? 在夸大红军力量、断言党的路线正确等问题上,王明不是也同意了吗? 康生亦批评王明说,王明在莫斯科其实与当时国内博古中央也犯着差不多同样的错误,他在个别策略上有对的地方,但基本思想与博古相一致,这是应该承认的。康生还特别提到王明在抗战初期的错误问题,称王明从莫斯科回延后,不听劝告留在延安,非驻武汉不可,以及在武汉时期所犯的错误,都是主观主义和宗派主义的表现。①

鉴于王明没有深刻地认识到自己的错误,9月中旬至10月初,毛泽东、王稼祥、任弼时等人多次找他交谈,希望他能够转变态度认识错误。但王明不仅拒不认错,反而利用季米特洛夫刚发来的一封质询中共如何改善国共关系的电报,转而批评中央和毛泽东的方针政策太"左",过于强调独立自主,吓着了蒋介石。他认为我们与蒋的关系应是大同小异,以国民党为主,我党跟从之;党的黄金时代是抗战之初的武汉时期,1937年12月会议前和1938年10月六届六中全会以后这两头的政策皆是错误的。他建议中央发表声明,不实行新民主主义,与蒋介石设法妥协。而对于大家批评他在抗战初期犯了错误,他则坚持认为他的路线是对的,只是个别问题有缺点错误罢了,并表示决心与毛泽东争论到底,要到共产国际去打官司。

王明这种拒绝认错的态度遭到与会者的一致批评。他发言刚一结束,凯丰、陈云等人就明确表示不能同意其推卸责任的态度,指出许多问题的发生并非与他无关,尤其是与中央的关系问题,是各种错误的根源,王明并没有实事求是地加以说明。王稼祥、任弼时也在10月8日的中央书记处工作会议上分别向大家介绍了季米特洛夫对王明的负面评价。王稼祥说:王明说到与斯大林、季米特洛夫的谈话,有些意思与我听到的不相同……季米特洛夫对王明说:你回中国去要与中国同志关系弄好,你与国内同志不熟悉,就是他们推你

---

① 　杨奎松:《毛泽东与莫斯科的恩恩怨怨》,江西人民出版社1999年版,第127—129页。

当总书记,你也不要担任。对于中国党的路线,我的印象,没有听到国际说过路线不正确的话。①

　　任弼时也说:我与恩来在莫斯科时,季米特洛夫找我们谈话,说到王明同志一些缺点,要我们告诉毛主席帮助王明改正。我们回来只对毛主席说过。前几次毛主席与王明同志谈他在武汉时期的错误,他还不愿意接受。昨晚他又提出新的原则问题。在今天书记处会议上,我不得不把季米特洛夫等人对我说的问题谈出来,帮助王明同志来了解问题。曼努意尔斯基(时任共产国际执行委员会书记处书记——引者注)问我:王明是否有企图把自己的意见当作中央的意见?是否想团结一部分人在自己的周围?季米特洛夫说:王明有些滑头的样子。有一次王明与米夫到一个地方参观,米夫向人介绍王明为中国党的总书记。任认为,根据共产国际领导人说的这些话和王明回国后的表现,他确有"钦差大臣"的味道。他的主要问题是个人突出,自以为是,对国共关系问题,有原则上的错误,特别是忽视反对陈独秀右倾机会主义的复活。②

　　毛泽东最后发言说:王明同志在武汉时期有许多错误,我们等待了他许久,最近我和王明谈过几次,但还没有谈通。昨晚,我与稼祥、弼时同他谈话,他提出许多原则问题。他认为我们过去的方针是错误的,认为我们太"左"了。恰好相反,我们认为他的观点太右了,对大资产阶级让步太多了,只是让步是弄不好的。③

　　鉴于王明在争论中提出了如何看待目前时局这一严重的原则问题,毛泽东提议停止讨论苏维埃后期的错误问题,集中讨论抗战以来中央的政治路线。他希望王明把他的意见在政治局会议上加以说明,并且表示王明虽然在武汉时期在政治上组织上都有原则的错误,但不是路线错误。不料王明却因为太紧张突然病倒了,从此不再出席政治局会议。

　　1941 年的九月政治局扩大会议,尽管遇到了王明的干扰,但通过检讨历史上和延安工作中的主观主义和宗派主义,初步统一了中央领导层的思想,为

---

①　徐则浩:《王稼祥年谱》,中央文献出版社 2001 年版,第 308 页。

②　中共中央文献研究室编:《任弼时年谱》,中央文献出版社 2004 年版,第 410 页。

③　《毛泽东年谱(1893—1949)》中卷,人民出版社、中央文献出版社 1993 年版,第 331 页。

下一步的整风奠定了认识上的前提。会议决定在高级干部中开展整风,用理论与实践统一的方法,研究马克思列宁主义的思想方法和党的历史,以克服错误思想,提高党的高级干部的理论水平。在会议进行期间,9 月 26 日,中共中央决定成立中央学习研究组,毛泽东亲自担任组长,组织在延安的高级干部学习马克思列宁主义理论,总结党的历史经验。同时决定成立各地高级学习组,颁发高级学习组的组织条例。按照这一决定,延安和各根据地积极筹备成立高级学习组。学习的内容主要是阅读六大以来党的历史文件,研究六大以来的历史,学习、研究马克思列宁主义的思想方法论。这样,就为全党普遍整风做了重要准备。

2. 全党普遍整风

在充分酝酿和准备的基础上,延安整风于 1942 年正式在全党范围内拉开了帷幕。

通过与教条主义的数次交锋,毛泽东认识到仅靠过去的方式,解决不了教条主义的问题,"凡此主观主义与宗派主义的思想与行动,如不来一个彻底的认真的深刻的斗争,便不能加以克服,便不能争取革命的胜利。而要进行斗争,加以克服,非有一个全党的动员是不会有多大效力的"[①]。因此,他先后在 1942 年 2 月 1 日中央党校的开学典礼以及 2 月 8 日中宣部和中央出版局联合召开的宣传工作会议上,作了《整顿学风党风文风》(1953 年收入《毛泽东选集》时改名为《整顿党的作风》)、《反对党八股》的报告,全面系统地提出了反对主观主义以整顿学风、反对宗派主义以整顿党风、反对党八股以整顿文风的任务,同时阐明整风的宗旨和方针是"惩前毖后,治病救人"。

毛泽东之所以选择中央党校来作整风的动员报告,这主要是因为党校在整风前存在着比较严重的理论脱离实际的现象。讲课都是理论条文,由远到近,由国外到国内。多数教员缺乏实际工作经验,有的教员讲第一次国共合作,学员提出讲第二次国共合作,作个对比,但教员却讲不了。有的教员讲

---

① 《毛泽东文集》第二卷,人民出版社 1993 年版,第 390—391 页。

《资本论》,学员提出边币同法币、伪币斗争问题,教员也说不清楚。学员反映,有的课是"讲课讲条条,考试考条条,学员背条条"。有鉴于此,毛泽东在1942年2月改组了中央党校,下令停止所有课程,集中力量开展整风,并亲自在开学典礼上作了动员报告。以上这两个报告实际上是发动全党整风的动员报告,以此为标志,整风运动在全党范围内正式开展起来。各单位均传达了毛泽东的报告,并制定了学习计划和检查工作计划,普遍和充分地向党员、干部作了思想动员。

1942年4月3日,中宣部发出《关于在延安讨论中央决定及毛泽东同志整顿三风报告的决定》(简称"四·三决定")。6月8日,中宣部又发出《关于在全党进行整顿三风学习运动指示》。这两份指示进一步对整风运动的目的、要求、方法和步骤做出明确的规定,从此开始了以整顿三风为中心内容的全党整风。同时,中共中央成立由毛泽东担任主任的总学习委员会,领导全党的整风运动。中央直属机关、军委直属系统、陕甘宁边区系统、文委系统和中央党校都相继建立了分区学习委员会。在学习委员会的领导下,延安的中央机关和陕甘宁边区政府等各单位近万名干部参加整风学习。华北、华中各抗日根据地的党组织和在国民党统治区的中共中央南方局,也先后开展整风学习。

1942年4月至8月初,重点是反对主观主义以整顿学风,这是延安整风的中心内容。毛泽东强调:反对主观主义以整顿学风,是"一个非常重要的问题",是"第一个重要的问题"。所谓学风,就是"领导机关、全体干部、全体党员的思想方法问题,是我们对待马克思列宁主义的态度问题,是全党同志的工作态度问题"。他认为,党内的主观主义表现为两种形态:教条主义和经验主义,多年来党的工作主要是受到教条主义的危害。因此,毛泽东着重指出,决不能把马克思主义的理论当作死的教条,那些"言必称希腊",只知背诵马克思主义书本上的个别结论和个别原理,而不能根据马克思主义理论来研究中国的历史实际和革命实际,不能从理论上来思考中国革命实践的人,是不能妄称为马克思主义理论家的。他还说:"空洞的理论是没有用的,不正确的,应该抛弃的。对于好谈这种空洞理论的人,应该伸出一个指头向他刮脸皮。"为了反对主观主义,就必须把马克思主义普遍原理与中国革命具体实际紧密结合起来,把马克思主义中国化,"马克思列宁主义之箭,必须用了去射中国革命之的。这个问题不讲明白,我们党的理论水平永远不会提高,中国革命也永远不会胜利"。①

1942年8月至12月中旬,重点是反对宗派主义以整顿党风。毛泽东认为,宗派主义是主观主义在组织关系上的一种表现,它妨碍了党内的统一和团结,也妨碍党团结全国人民的事业。宗派主义在党内关系上的表现,是只顾局部利益,不顾全体利益,背离党的民主集中制,以至向党闹独立性。闹这种独立性的人,实际上常常抱着个人第一主义,而把党放在第二位。

1942年12月中旬到1943年3月中旬,重点是反对党八股以整顿文风。毛泽东指出,党八股是主观主义和宗派主义的宣传工具和表现形式,那些教条主义者不论作报告、写文章、发指示,总是空话连篇、言之无物、装腔作势、借以吓人、无的放矢、不看对象,这"不但不便于表现革命精神,而且非常容易使革命精神窒息"②。因此,必须反对党八股,才能使主观主义和宗派主义无藏身之地,实事求是的、生动活泼的创造精神才能发扬,马克思主义才能得到广泛的传播和发展。

在整顿三风阶段,主要采取的是学习文件和写反省笔记两种方式。当时中央规定必须学习22个文件,主要包括毛泽东、刘少奇、列宁、斯大林、季米特洛夫等人的一些文章。通过集中学习,广大干部的理论水平显著提高,思想也渐趋统一。1942年6月13日,毛泽东致电周恩来说:"二十二个文件的学习在延安大见功效,大批青年干部(老干部亦然)及文化人如无此中学习,极庞杂的思想不能统一。"③当时对写反省笔记,要求得也非常严格,毛泽东就说:"决定规定要写笔记,就得写笔记。你说我不写笔记,那可不行,身为党员,铁的纪律就非执行不可。孙行者头上套的箍是金的,列宁论共产党的纪律是铁的,比孙行者的金箍还厉害,还硬,这是上了书的。我们的'紧箍咒'里面有一句叫做'写笔记',我们大家都要写,我也要写一点。现在一些犯过错误的同志在

---

① 《毛泽东选集》第三卷,人民出版社1991年版,第813—820页。

② 《毛泽东选集》第三卷,人民出版社1991年版,第840页。

③ 《毛泽东年谱(1893—1949)》中卷,人民出版社、中央文献出版社1993年版,第387页。

写笔记,这是很好的现象,犯了错误还要装老太爷那就不行。"①为了促使大家自觉地进行反省,一些领导还带头检查自己,如中央党校副校长彭真、二部副主任安子文,就多次反省自己在工作中的缺点与错误。这种严于律己、现身说法的做法,取得了很好的带动效果。与此同时,大家在严格检查自己的基础上,本着"惩前毖后、治病救人"、"知无不言、言无不尽"的精神,进行相互批评,被批评者如有不同的意见,仍可以坦率地陈述自己的看法。

1943年10月,中共中央决定高级干部进一步研究和讨论党的历史问题,延安整风由此转入总结历史经验阶段。这一阶段整风的主要任务是在全党整顿三风的基础上,对党的历史经验,特别是党的历史上几次大的路线错误进行全面、系统的总结并做出结论。

从遵义会议到六届六中全会,党批判并纠正了王明在土地革命战争后期的"左"倾错误和抗战初期的右倾错误。但由于没有来得及在全党范围内对党的历史经验进行系统总结,特别是没有从思想路线的高度对产生历次"左"倾和右倾错误的根源进行深刻的总结,所以全党在指导思想上仍然存在一些分歧。这种分歧在一定时期内,在局部地区和某些方面继续给革命事业带来损失。在这种情况下,毛泽东认为有必要组织党的高级领导干部对党的历史经验和路线问题进行认真学习讨论。他在中央学习组专门作了《如何研究中共党史》的报告,明确提出:"如果不把党的历史搞清楚,不把党在历史上所走的道路搞清楚,便不能把事情办得更好。这当然不是说要把历史上每一件事统统搞清楚了才可以办事,而是要把党的路线政策和历史发展搞清楚。这对研究今天的路线政策,加强党内教育,推进各方面的工作,都是必要的。我们要研究哪些是过去的成功和胜利,哪些是失败,前车之覆,后车之鉴。这个工作我们过去没有做过,现在正在开始做。"②他还指出:"此种研究的性质是整风的深入与高级阶段,其目的是使干部提高认识与增进统一团结,并为将来讨论七大决议作思想准备。"③

在延安整风过程中,毛泽东亲自主编的《六大以来》、《六大以前》、《两条

---

① 《毛泽东文集》第二卷,人民出版社1993年版,第416页。

② 《毛泽东文集》第二卷,人民出版社1993年版,第399页。

③ 《毛泽东传(1893—1949)》下册,中央文献出版社1996年版,第664页。

路线》几部党史文件汇编发挥了重要的作用。其中,《六大以来》汇集了从1928年6月党的第六次代表大会到1941年11月这期间党的历史文献519篇,包括党的会议纪要、决议、通告、声明、电报、指示以及党报社论、主要领导人文章、信件等等,共约280多万字。很多人就是学习了这几本书后,才认识到党在历史上确实存在着一条错误路线。毛泽东后来就说:"党书一出,许多同志解除武装……大家才承认十年内战后期中央领导的错误是路线错误。"①杨尚昆也说:"我们系统地读了'党书',有一个鲜明的比较,才开始认识到什么是正确路线,什么是错误路线;什么是创造性的马克思主义,什么是教条主义。'党书'在延安整风中确实发挥了巨大作用,是犀利的思想武器。"②

这一阶段,党的高级领导干部围绕过去的党史问题展开了热烈的学习和讨论。在学习过程中,还先后召开了多次座谈会,如湘鄂赣边区、湘赣边区、鄂豫皖边区、闽粤边区、赣东北地区、闽西地区、潮梅地区党史座谈会,以及红七军、红五军团历史座谈会、华北座谈会等。经过学习讨论,高级干部对党的历史上的路线是非已基本能看清,但对一些重大问题仍存在争议,如王明、博古等人属于党内问题还是党外问题? 临时中央和五中全会是合法的还是非法的? 怎样处理思想要弄清和结论要宽大的关系? 对六大如何估价? 党内的宗派是否还存在?

1944年2月4日,中央书记处会议就上述有争议的问题进行讨论,取得了一致意见。3月5日,毛泽东在政治局会议上谈了书记处会议讨论后的意见,明确指出:一、党内党外问题。在去年党的路线学习中,有部分同志怀疑王明、博古同志是党外问题,现在确定是党内错误问题。二、合法与非法问题。过去有的同志认为临时中央和五中全会是非法的。现在查到临时中央有共产国际来电批准过,五中全会也经过国际批准,所以是合法的,但选举手续不完备。四中全会是合法的,但政治路线的内容是不好的。三、思想弄清与结论宽大问题。自整风以来,我们的方针就是"治病救人"。这次我们要强调产生错误的社会原因,不要强调个人责任。因此,组织结论可作宽大些。四、不要否

① 《毛泽东年谱(1893—1949)》中卷,人民出版社、中央文献出版社1993年版,第469页。
② 《杨尚昆回忆录》,中央文献出版社2001年版,第209页。

定一切。对四中全会至遵义会议这一段历史,也不要否定一切。当时我和博古、洛甫同志在一起工作,有共同点,都要打蒋介石,分歧点是如何打蒋介石,是策略上的分歧。如果把过去一切都否定,那就是一种偏向。我们对问题要分析,不要笼统地一概否定。五、对六大的估计。六大基本上是正确的。六、党内宗派问题。经过遵义会议和六中全会,党内没有宗派了,现在比较严重的问题是山头主义。① 毛泽东的这个讲话澄清了长期存在的一些疑惑,为正确分析党的历史问题指明了方向。

总之,通过学习和讨论,广大干部普遍提高了马克思主义理论水平,深刻总结了经验教训,端正了思想方法和政治路线,更好地认识党史上的重大路线是非问题,从而使党在政治上、思想上、组织上达到了空前的团结和统一。经过充分讨论和反复修改,1945 年 4 月 20 日,中共六届七中全会通过了《关于若干历史问题的决议》。《历史决议》系统总结了党在各个历史时期的经验教训,对党史上的若干重大问题做出了结论。至此,延安整风胜利结束。

(三)延安整风与全党思想统一

延安整风历时三年,取得了很大的成就,对后来的历史发展尤其是促进全党团结和思想统一产生了积极深远的影响。

1.破除了对共产国际指示的迷信

延安整风前,教条主义在党内有着深厚的思想基础,许多人把苏共经验和共产国际指示奉为金科玉律予以照搬照抄。当然,这种情况的出现是有历史原因的。特别是在革命初期,中国共产党没有经验,只有苏联一个榜样,而且党的经费几乎都是靠共产国际提供的。陈独秀在三大上就说:"党的经费,几

---

① 《毛泽东文集》第三卷,人民出版社 1996 年版,第 92—95 页。

乎完全是我们从共产国际得到的。"①那样当然也就不得不受制于人。当时，共产国际不仅在经费上援助中共，它的有些指示也是对的，所以也不能完全否定共产国际。毛泽东后来就总结说："共产国际对中国革命总的来说是功大过小，犹如玉皇大帝经常下雨，偶尔不下雨还是功大过小。没有共产国际的成立和帮助，中国无产阶级的政党是不能有今天的。"②

但不可否认，共产国际对中国共产党的帮助在很大程度上是与苏联的对华政策联系在一起的，取决于苏联能从中获得多少利益。另外，它的很多指示也是不正确的，是不符合中国国情的，甚至单纯从苏联利益出发而不考虑中共的利益。这就导致中国共产党在相当长一个时期不是犯"左"的错误，就是犯右的错误。例如在1929年的"中东路事件"中，苏联从自身利益出发，要求中共提出"武装保卫苏联"的口号。而从当时全国舆论来看，中共提出这个"左"倾口号是非常不明智的，把自己搞得很被动。又如抗战初期，斯大林出于对苏联安全的考虑，希望中国拖住日本，使日本腾不出手来进攻苏联。他同时又认为，中国共产党的力量太弱小，只有蒋介石才有实力拖住日本，所以要求中共一再妥协忍让，不要得罪蒋介石，以免对苏联造成不利的影响。这实际上也就是王明在抗战初期所犯右倾错误的国际背景。显而易见，这一系列"左"和右的错误，从根本上说都是源于苏联和共产国际的瞎指挥。

对这种情况，毛泽东很早就有所警醒。他在1930年写的《反对本本主义》一文中就告诫全党："马克思主义的'本本'是要学习的，但是必须同我国的实际情况相结合。我们需要'本本'，但是一定要纠正脱离实际情况的本本主义"，"中国革命斗争的胜利要靠中国同志了解中国情况"。③ 但他当时地位还不高，人微言轻，所以他的这种认识并没有成为全党的共识。到了1938年六届六中全会，这时他已经成为党的实际领袖，于是他立即不失时机地提出了"马克思主义中国化"的任务。他强调："离开中国特点来谈马克思主义，只是抽象的空洞的马克思主义。因此，马克思主义的中国化，使之在其每一表现中带着中国的特性，即是说，按照中国的特点去应用它，成为全党亟待了解并

① 中央档案馆编:《中共中央文件选集》第1册，中共中央党校出版社1989年版，第168页。
② 《毛泽东文集》第三卷，人民出版社1996年版，第283页。
③ 《毛泽东选集》第一卷，人民出版社1991年版，第111—112、115页。

亟须解决的问题。洋八股必须废止,空洞抽象的调头必须少唱,教条主义必须休息,而代替之以新鲜活泼的,为中国老百姓所喜闻乐见的中国作风与中国气派。"他并尖锐指出:"在这个问题上,我们队伍中存在着的一些严重的缺点,是应该认真除掉的。"①

这是毛泽东也是中国共产党第一次明确提出了马克思主义中国化。但因为当时全党还没有经过整风,仍然笼罩在迷信共产国际的氛围中,所以毛泽东这些话并没有引起大家的重视,甚至还有人反对。王明就说:"把马克思主义中国化的口号是错误的。这样提出问题,本身就是非马克思主义的。民族的马克思主义是没有而且也不可能有的。"②这说明在延安整风前,虽然毛泽东已经提出"马克思主义中国化",但在党内遇到了很大阻力。

在这一过程中,毛泽东逐渐认识到,要想破除这种阻力,要想真正实现马克思主义中国化,就必须首先打破人们对共产国际的盲目迷信。最后通过整风学习,毛泽东达到了这个目的,全党来了一次思想大解放。周恩来在整风运动后期就指出:"党内思想从来没有像今天这样解放。这是毛泽东同志领导整风学习的结果,是思想上很大的进步。"③延安整风使广大党员和干部逐渐从教条主义的思想禁锢中解放出来,从根本上端正了对待马克思主义的态度,初步确立了实事求是的思想路线,打破了对共产国际的迷信,克服了在 20 年代后期和 30 年代前期盛行的把马克思主义教条化、把共产国际指示神圣化和绝对化的错误倾向,扫清了马克思主义中国化的障碍,极大地推动了它的历史进程。对此,当时北平伪《新民声》杂志曾发表评论说:"今日中共虽属于国际运动的一支流,但中共本身具有自己的独立性与领导地位……最近中共所倡导的整顿三风运动及调查研究工作,即可说明中共在日益走向中国化的过程中。因此,我们可以得出结论,中共今日是中国的。"④后来,美国著名学者施拉姆也曾经对毛泽东有过这样一番评价:"毋庸置疑,自 1942 — 1944 年整风运动结束时,他已经成功地使他的同志们养成了从中国的具体情况出发观察

① 中央档案馆编:《中共中央文件选集》第 11 册,中共中央党校出版社 1991 年版,第 658—659 页。
② 王明:《中共 50 年》,东方出版社 2004 年版,第 17 页。
③ 《周恩来选集》上卷,人民出版社 1980 年版,第 157 页。
④ 时事研究会编:《赤胆忠心录》,大连新文化书店 1946 年版,第 48 页。

政治问题的习惯。他也确立了自己离开莫斯科而独立的领导地位。"①

2. 确立了毛泽东思想的指导地位

延安整风前,理论领域基本上是被教条主义者垄断的。毛泽东在党内虽然以擅长军事著称,但大家都没有把他看成是理论家,甚至有人说"山沟里出不了马列主义",嘲笑他只懂《孙子兵法》。所以,毛泽东到了延安后发愤学习,刻苦攻读了一批马克思主义著作,并结合中国实际撰写了《实践论》、《矛盾论》、《论持久战》、《中国革命与中国共产党》、《新民主主义论》等一系列鸿篇巨著,系统构建了新民主主义理论体系,形成了马克思主义中国化的第一个理论成果——毛泽东思想。但由于教条主义的干扰,他的理论家地位并没有被人们普遍认可,毛泽东思想也没有立即成为全党的指导思想。

1940 年 2 月,毛泽东的《新民主主义论》发表,这是毛泽东思想正式形成的重要标志。但当时中宣部却只是把它作为一般的、临时的策略教育和时事教育文件来看待,并没有加以特别的宣传。即使到 1942 年 2 月,毛泽东在中央党校作整风的动员报告《整顿学风党风文风》,现在公认是发动延安整风的重要标志,但当时的《解放日报》只是在第三版右下角简单报道了这个消息,很不起眼。这些都说明,在延安整风之前,毛泽东的理论家地位是不被承认的,毛泽东思想更是谈不上什么指导地位。邓力群即曾回忆说:"当时所理解的'理论',也就只认为马列的书是理论,毛泽东的文章虽好,却没有认识到这就是我们党发展了的马克思主义理论。"②

而相反地,王明当时的理论地位却很高。1938 年六届六中全会后,他原先负责的长江局被撤消,回到延安后担任了中共中央统战部部长,并分管中央南方工作委员会、中央东北工作委员会、党校委员会、妇女委员会和中国女子大学等工作,"频繁出席了各种会议,作了很多报告和讲演,发表很多文章,显得十分活跃"③。他口才很好,作起报告来引经据典,出口成章,口若悬河,滔

①　[美]斯图尔特·施拉姆:《毛泽东》,红旗出版社 1995 年版,第 216 页。
②　吴介民主编:《延安马列学院回忆录》,中国社会科学出版社 1991 年版,第 23 页。
③　周国权、郭德宏:《王明传》,安徽人民出版社 1998 年版,第 193 页。

滔不绝,几个小时的报告可以不要任何讲稿,而且条理非常清晰,他的演讲经常被几十次掌声打断。王明的这种口才获得了延安许多党员尤其是知识分子新党员的推崇,被看作是马克思主义理论权威。有人还回忆说,当时王明在知识分子中的影响"要比毛泽东大得多"。①

通过延安整风运动,以上这种状况得到了根本性的改变。王明的"左"倾路线瓦解了,毛泽东思想在1945年的七大上被写入了党章,成为全党的指导思想。毛泽东思想指导地位的确立,反映了全党对马克思主义中国化这一规律的深刻认识,是中国共产党在思想理论上逐渐成熟的一个重要表现。它深化了党对中国革命路线、方针、政策和策略的认识,并使之成为开展今后工作的政治、思想依据,成为党在中国革命艰难曲折的道路上团结奋斗的重要思想基础,成为凝聚全党意志的重要精神支柱。这对后来夺取抗日战争和解放战争的最后胜利,都起到了积极推动作用。

毛泽东思想是以毛泽东为代表的中国共产党人在革命斗争的实践中经过不断探索和创新形成的,实现了马克思主义在中国的第一次飞跃。而全党对它的历史地位的认识则是通过延安整风达到的。毛泽东后来就指出:"对于当时的民主革命应当怎么办,党的总路线和各项具体政策应当怎么定,这些问题,都是在那个时期,特别是在整风之后,才得到完全解决的。"②

3.开创了以整风进行党的思想建设的方法

中国共产党在历史上曾经多次开展过反对"左"、右倾的党内斗争,但由于方法不妥当,"一方面,没有使干部在思想上彻底了解当时错误的原因、环境和改正此种错误的详细办法,以致后来又可能重犯同类性质的错误;另一方面,太看重了个人的责任,未能团结更多的人共同工作"③。特别是"左"倾错误占统治地位的时候,党内斗争主要照搬苏共的"清党"和肃反经验,采取的是"残酷斗争"、"无情打击"的办法,甚至肉体消灭。用毛泽东的话来说就是:

---

① 《舒芜口述自传》,中国社会科学出版社2002年版,第62页。
② 《毛泽东文集》第八卷,人民出版社1999年版,第298—299页。
③ 《毛泽东选集》第三卷,人民出版社1991年版,第938页。

"'左'倾机会主义路线的中央与地方的领导者们,当他们实行篡党、篡军、篡政之时,照例都是有这一手的。为了建设他们的威信就一定要把原有的领导者们的威信下死劲地给以破坏,而且破坏得异常彻底,使用的手段是异常毒辣的。任何地方都有这一手,不独中央苏区为然。我党在这一时期领导方面所犯的错误,以事业说,党、政、民、学,以地域说,东、西、南、北、中,无往而不被荼毒,实属我党的空前大劫"①。这在实践中就造成了很大的伤害,比如说苏区的肃反就错杀了很多人。关于苏区的肃反,毛泽东后来在七大上反思说:"内战时期,在肃反问题上,我们走过了一段痛苦的弯路,搞错了很多人。"②而正是在吸取这些教训的基础上,毛泽东创造性地提出了通过开展整风来解决党内矛盾的办法,这是对党的建设学说的新发展。

为了正确处理党内矛盾,克服错误倾向,保证整风运动的健康发展,毛泽东深刻总结了党在历史上的经验教训,明确提出延安整风的宗旨和方针是"惩前毖后,治病救人"。他指出:"对待思想上和政治上的毛病,决不能采用鲁莽的态度,必须采用'惩前毖后,治病救人'的态度,才是正确有效的方法。"所谓"惩前毖后",就是"对以前的错误一定要揭发,不讲情面,要以科学的态度来分析批评过去的坏东西,以便使后来的工作慎重些,做得好些";所谓"治病救人",就是"我们揭发错误,批评缺点的目的,好像医生治病一样,完全是为了救人,而不是为了把人整死"。毛泽东还多次讲过,"这次处理历史问题,不应着重于一些个别人的责任方面,而应着重于当时环境的分析,当时错误的内容,当时错误的社会根源、历史根源和思想根源,实行惩前毖后,治病救人的方针,借以达到既要弄清思想又要团结同志这样两个目的。对于人的处理问题取慎重态度,既不含糊敷衍,又不损害同志,这是我们的党兴旺发达的标志之一。"③我们要"打倒两个主义,把人留下来。反对主观主义和宗派主义,把犯了错误的干部健全地保留下来"④。这与过去"残酷斗争、无情打击"相比,显然是两种完全不同的方法。六届七中全会通过的《历史决议》没有点王明

---

① 杨奎松:《毛泽东与莫斯科的恩恩怨怨》,江西人民出版社 1999 年版,第 150 页。
② 《毛泽东文集》第三卷,人民出版社 1996 年版,第 408 页。
③ 《毛泽东选集》第三卷,人民出版社 1991 年版,第 827—828、938 页。
④ 《毛泽东文集》第二卷,人民出版社 1993 年版,第 375 页。

和博古二个人的名字,毛泽东解释说:"写几个名字很容易,但问题不在他们几个人……党是政治团体,不是家族或职业团体,党员都是来自五湖四海,因为政见相同结合起来的。政见不同就要有争论,争论时要分清界限。"①七大上毛泽东还动员大家把王明、博古选为中央委员,充分体现了"惩前毖后,治病救人"的宗旨。实践证明,延安整风的这一方针是完全正确和行之有效的,不仅在当时使全党达到了空前的团结,而且至今仍然具有指导意义。

(四)抗战期间毛泽东对中央权威的维护

七十多年前,抗日战争取得了中国近代以来反抗外敌入侵的第一次完全胜利,为中华民族走向伟大复兴确立了历史转折点。在这场全民族战争中,中国共产党做出了不可磨灭的积极贡献。而这种作用的发挥,是与毛泽东一再强调政治纪律,努力维护中央权威,从而把党建设成为一个空前团结和统一的集体分不开的。

1. 抗战初期党内的宗派主义现象

抗战初期,中共党内在统一战线问题上存在着较严重的思想分歧。1937年11月底王明从莫斯科回国后,教条地搬用共产国际指示,提出"一切服从统一战线,一切经过统一战线"的右倾口号,极力抹煞国共两党在抗日战争中的原则分歧和本质区别,主张对国民党作出更大让步。因为他有共产国际的背景,所以这种右倾思想在党内一度占了上风,一些高级干部也深受其影响,导致毛泽东的一些正确主张未能得到贯彻。毛泽东当时即曾抱怨:"我的命令不出这个窑洞。"②他后来在延安整风时还说:"一九三七年十二月政治局会

---

① 《毛泽东文集》第三卷,人民出版社1996年版,第283—284页。
② 李维汉:《回忆与研究》上册,中共党史资料出版社1986年版,第443页。

议,由于王明的回国,进攻中央路线,结果中断了遵义会议以后的中央路线。十二月会议我是孤立的。"①

更为严重的是,此时党内的宗派主义现象颇为盛行。十二月会议后,王明到武汉领导中共长江局,负责与国民党的统战工作。这一时期,他一再地向中央闹独立。1937年12月25日,他没有经过中央批准,便以中共中央的名义发表了《中国共产党对时局宣言》;1938年2月9日,他未经毛泽东同意,就以毛泽东的个人名义发表对《新中华报》记者的公开谈话;3月24日,又擅自以中央的名义递交了《对国民党临时全国代表大会的提议》。当时在延安的中央书记处认为王明起草的那份不妥,另外发来了一份文件,要求递交给国民党,但却被他以"来不及"为由置之一旁。他还要求延安不要公布中央的那份文件,"否则对党内党外都会发生重大的不良政治影响"。② 在此期间,王明还企图与延安分庭抗礼,甚至公然否认延安中央书记处的权威性,要求把书记处搬到武汉,俨然要使长江局成为与中央对立的第二政治局。

毫无疑问,王明这种右倾思想和宗派主义行为严重影响了中共在抗战初期的工作。有鉴于此,毛泽东1938年10月在党的六届六中全会上重申了严明党的纪律的重要性。他还说:"党的纪律是带着强制性的;但同时,它又必须是建立在党员与干部的自觉性上面,绝不是片面的命令主义。为此原故,从中央以至地方的领导机关,应制定一种党规,把它当作党的法纪之一部分。一经制定之后,就应不折不扣地实行起来,以统一各级领导机关的行动,并使之成为全党的模范。"③这实际上已与今天说的"政治规矩"相类似。在毛泽东这一倡导下,全会通过了《关于中央委员会工作规则与纪律的决定》、《关于各级党部工作规则与纪律的决定》、《关于各级党委暂行组织机构的决定》等文件,对建立健全党的政治纪律进行了有益探索,明确要求必须坚持"个人服从组织,少数服从多数,下级服从上级,全党服从中央"的原则,并指出:"党的一切工作由中央集中领导,是党在组织上民主集中制的基本原则,各级党的委员

---

① 《毛泽东年谱(1893—1949)》中卷,人民出版社、中央文献出版社1993年版,第481页。
② 珏石:《周恩来与抗战初期的长江局》,《中共党史研究》1988年第2期。
③ 中央档案馆编:《中共中央文件选集》第11册,中共中央党校出版社1991年版,第652页。

会的委员必须无条件地执行,成为一切党员与干部的模范。"①

在六届六中全会上,王明负责的长江局被解散,他凌驾于中央之上的企图终被遏止,但其他一些地方仍然存在着宗派主义的残余。如项英曾任东南分局书记,而东南分局原直属于长江局,他因此受到王明的很大影响,未与中央保持一致。这就使党未能抓住有利时机在华中敌后广泛开展游击战争和创建抗日根据地,影响了新四军在大江南北的发展。而皖南事变的发生,更是这种宗派主义行为的一个严重后果。

2. 皖南事变后毛泽东要求加强党性

皖南事变发生后不久,毛泽东就在 1941 年 1 月 15 日通过的《中央关于项袁错误的决定》中指出:"三年以来,项英、袁国平对于中央的指示,一贯的阳奉阴违,一切迁就国民党","其所领导的党政军内部情况,很少向中央作报告,完全自成风气。对于中央的不尊重,三年中已发展至极不正常的程度"。鉴于这种情况,毛泽东强调:"军队干部,特别是各个独立工作区域的领导人员,由于中国革命中长期分散的游击战争特点所养成的独立自主能力,绝不能发展到不服从中央领导与中央军委指挥,否则是异常危险的。"②

为了解决各根据地的宗派主义问题,1941 年 7 月 1 日,毛泽东又主持中共中央政治局通过了《关于增强党性的决定》。这个决定指出:在长期分散的独立活动的游击战争的环境,加之党内小生产者及知识分子的成份占据很大的比重,因此容易产生某些党员的"个人主义"、"英雄主义"、"无组织的状态"、"独立主义"与"反集中的分散主义"等违反党性的倾向,使党与革命受到极大损害。为了纠正上述违反党性的倾向,必须采取以下办法:一是应当在党内更加强调全党的统一性、集中性和服从中央领导的重要性。不允许任何党员与任何地方党部,有标新立异,自成系统,及对全国性问题任意对外发表主张的现象;二是要更严格的检查一切决议决定之执行,坚决肃清阳奉阴违的两

---

① 中央档案馆编:《中共中央文件选集》第 11 册,中共中央党校出版社 1991 年版,第 769 页。
② 中央档案馆编:《中共中央文件选集》第 13 册,中共中央党校出版社 1987 年版,第 31—33 页。

面性的现象；三是即时发现，即时纠正，不纵容错误继续发展；四是在全党加强纪律的教育，严格遵守个人服从组织，少数服从多数，下级服从上级，全党服从中央的基本原则；五是用自我批评的武器和加强学习的方法，来改造自己使适合于党与革命的需要；六是从中央委员以至每个党部的负责领导者，都必须参加支部组织，过一定的党的组织生活，虚心听取党员群众对于自己的批评，增强自己党性的锻炼。①

　　对中共中央为何要作出这样一个决定，任弼时1942年7月14日在中共中央党校作报告时曾专门作了解释：首先，在对日作战的环境下，"党比任何时候更加需要内部的统一团结，更加需要思想一致、行动一致，更加需要巩固我们自己，防止敌人利用各种机会和间隙来破坏我们党的团结"；其次，在抗战以来和几年的统一战线当中，党有了迅速的扩大，新成分涌进，加之处在比较分散的长期的游击战争的环境中，又处在半殖民地半封建的小农经济为主的社会里，党内容易产生不正确的思想；第三，"在抗日战争当中，某些党部的同志对中央采取不尊重的态度，也可以说是采取对立的态度，没有根据中央的政策、方针进行日常的工作。有的时候有些重大的问题，带有全国性的问题，不先经过中央的同意和批准，就做了。也有个别党部，或者个别干部，对于带有全国性的政治问题随便地发表自己的意见，或者依据自己的估计决定党的政策"。② 任弼时的这段话将中央出台这个决定的原因解释得十分清楚，其实就是针对王明与项英等人的宗派主义残余而来，是为了增强党性、维护中央权威。

3. 延安整风中党的统一领导体制的确立

　　以上两个决定发出后，经过全党特别是党员干部的学习和贯彻执行，对加强党性起到了一定的作用。但由于宗派主义在党内根深蒂固，很难通过两份决定就完全克服。在这一过程中，毛泽东认识到"如不来一个彻底的认真的

① 中央档案馆编：《中共中央文件选集》第13册，中共中央党校出版社1987年版，第144—147页。
② 《任弼时选集》，人民出版社1987年版，第238—241页。

深刻的斗争,便不能加以克服,便不能争取革命的胜利。而要进行斗争,加以克服,非有一个全党的动员是不会有多大效力的"①。因此,他于 1942 年 2 月在全党范围发起了一场整风运动,并在中共中央党校开学典礼上作整风动员报告时明确提出:"我们一定要建设一个集中的统一的党,一切无原则的派别斗争,都要清除干净。要使我们全党的步调整齐一致,为一个共同目标而奋斗,我们一定要反对个人主义和宗派主义。"②他还解释了宗派主义在党内关系上的表现,是只顾局部利益,不顾全体利益,背离党的民主集中制,以至向党闹独立性。闹这种独立性的人,实际上常常抱着个人第一主义,而把党放在第二位。

在延安整风中,确立党的统一领导体制,是毛泽东反对宗派主义的一个重要举措。1942 年 9 月 1 日,在他的精心部署下,中共中央政治局通过了《中共中央关于统一抗日根据地党的领导及调整各组织间关系的决定》。这份决定指出:"抗战以来,各抗日根据地党的领导,一般的是统一的",但"在某些地区,还存在着一些不协调的现象。例如,统一精神不足,步伐不齐,各自为政……等等"。因此,中央决定实行党的统一领导,"在这里,下级服从上级,全党服从中央的原则之严格执行,对于党的统一领导,是有决定意义的。各根据地领导机关在实行政策及制度时,必须依照中央的指示。在决定含有全国全党全军普遍性的新问题时,必须请示中央,不得标新立异,自作决定,危害全党领导的统一。下级党政军民组织对上级及中央之决议、决定、命令、指示,不坚决执行,阳奉阴违,或在解决新的原则问题及按其性质不应独断的问题时,不向上级和中央请示,都是党性不纯与破坏统一的表现。在这里,应当再一次地提醒各根据地党政军民领导同志的注意,各级党委及政府军队民众团体中的党员负责同志,不得中央许可,不得发表带有全国意义和全党全军意义的宣言谈话及广播"。该决定还特别强调:"应当深刻认识,一个党的负责高级干部,不经过同级或上级一定组织的同意,而擅自发表政见,是何等违反党的组织原则,何等妨碍党的统一的恶劣行为!"③语气可谓异常严厉。

---

①　《毛泽东文集》第二卷,人民出版社 1993 年版,第 390—391 页。

②　《毛泽东选集》第三卷,人民出版社 1991 年版,第 822 页。

③　中央档案馆编:《中共中央文件选集》第 13 册,中共中央党校出版社 1987 年版,第 426—434 页。

在此期间,毛泽东还一再强调必须遵守党的政治纪律,"路线是'王道',纪律是'霸道',这两者都不可少","身为党员,铁的纪律就非执行不可。孙行者头上套的箍是金的,列宁论共产党的纪律是铁的,比孙行者的金箍还厉害,还硬,这是上了书的"。① 对于维护中央权威,他更是不断重申:"要知道,一个队伍经常是不大整齐的,所以就要常常喊看齐,向左看齐,向右看齐,向中间看齐,我们要向中央基准看齐。"②

历史证明,抗战时期尤其是延安整风中毛泽东对中央权威的维护,极大地增强了党的纪律,克服了宗派主义,巩固了党的团结和统一,为党夺取抗日战争与民主革命的最后胜利提供了组织上和领导体制上的保证。杨尚昆即曾说:如果没有延安整风,"全党思想统一不了,七大可能开不成功,以后中国革命的发展也不会那么快取得胜利"③。这一时期,甚至连国民党也发现延安整风促进了中共的团结统一。1944 年 3 月,国民党派驻延安的高级联络参谋徐佛观在《中共最新动态》报告中便写道:整风运动即系统一化运动,即系思想统一化、领导统一化、工作机构统一化之运动,这就造成了中共党内"个人服从组织,少数服从多数,下级服从上级,全党服从中央"的情况④。而蒋介石亦从延安整风中得到启发。1947 年 9 月 9 日,国民党召开六届四中全会,这次会议居然印发了延安整风的 3 篇文件作为学习材料,即《关于调查研究的决定》、《关于在职干部教育的决定》、《关于增强党性的决定》。对此,蒋介石特别解释说:这三个文件"是非常重要的参考资料,大家要特别注意研究,看看他们是如何增强党性,加强全党的统一……如果他们党的纪律、党的组织、党的调查、党的学习,是这样认真这样严密,而我们则松懈散漫,毫无教育毫无计划,如过去一样,你们看究竟还能与共匪斗争么?"⑤这段话非常清晰地表明了蒋介石充分认识到延安整风对于促进中共统一的重要意义,同时也从另一个

---

① 《毛泽东文集》第二卷,人民出版社 1993 年版,第 374、416 页。
② 《毛泽东文集》第三卷,人民出版社 1996 年版,第 299—300 页。
③ 《杨尚昆回忆录》,中央文献出版社 2001 年版,第 215 页。
④ 黎汉基、李明辉编:《徐复观杂文补编》第 5 册上卷,台北"中央研究院"中国文哲研究所筹备处 2001 年版,第 14、30 页。
⑤ 秦孝仪编:《"总统"蒋公思想言论总集》第 22 卷,(台北)中国国民党中央党史委员会 1984 年版,第 252—253 页。

角度反映了毛泽东维护中央权威的巨大成功。

（五）中共七大屡次延期的原因

1945 年 4 月 23 日至 6 月 11 日，中国共产党第七次全国代表大会在延安召开。这是民主革命时期中共举行的一次极其重要的会议，奠定了抗日战争胜利与夺取全国政权的基石。但此时距 1928 年在莫斯科召开的六大已相隔 17 年，这在中共历史上是前所未有的。按照六大通过的《中国共产党党章》规定："党的全国大会是党的最高机关。按通常规例每年开会一次。"[①]那究竟是什么原因造成七大延期的现象？关于这一问题，以往学者曾有过不少探讨，然而或因资料过于简略，或因论断失之笼统，在一些关键的历史链条上未能完整复原，对长期流传的误解也未予澄清。[②] 有鉴于此，本文拟按照历史的脉络，结合更多史料尤其是新近披露的共产国际档案，对其中的丰富细节再作一番梳理和分析。

1. 1931 年六届四中全会后的风云变幻

揆诸史实，中共中央在历史上曾多次酝酿召开七大，却因种种缘故不得不

---

① 中央档案馆编：《中共中央文件选集》第 4 册，中共中央党校出版社 1989 年版，第 477 页。
② 有关研究成果主要有王仲清《召开党的七大的筹备工作——七大推迟召开的因由》（载《北京党史》2004 年第 3 期）、张艳丽《中共七大推迟原因再探》（载《世纪桥》2007 年第 2 期）、刘存龙《浅析中共七大延期召开的原因》（载《长安学刊》2011 年第 1 期）、彭厚文《中共七大为何五次延期》（载《党史文苑》2012 年第 19 期）等。这些文章分别从战争和交通环境因素、七大代表情况变化、共产国际因素、党内思想认识不统一、党需要正确的领导核心等方面，分析了七大延期的原因，但所运用的资料均有遗漏。值得一提的是，李蓉在《七大的筹备过程概述》一文中（收入中共中央党史研究室第一研究部：《中国共产党第七次全国代表大会研究》，上海人民出版社 2006 年版），将七大筹备过程分为六个阶段加以梳理，并披露了一些罕见资料，其中对相关背景的论述尤为详实，是迄今有关这一问题的最深入之作。惟因成文较早，该文未能利用近年公布的共产国际档案，对一些误解也未作出回应。

一再推迟。从目前披露的材料来看,早在 1929 年 7 月,中共中央就鉴于国内形势发展的需要,准备在 1930 年内召开七大,并写信给中共中央驻共产国际代表团,指定在莫斯科的同志负责起草党纲,限三个月完成,六个月送到国内,但这封信辗转到代表团手里已是该年年底。对此,共产国际的意见是暂定 1930 年 7、8 月间仍在莫斯科召开,请中共中央考虑决定。这时,代表团由于受到莫斯科中山大学王明宗派的攻击,处境十分困难,这件事也就没有认真执行。①

1930 年 3 月 20 日,共产国际驻上海远东局领导人雷利斯基又致信共产国际执委会东方书记处指出:"今年务必召开中共代表大会或代表会议。自六大(1928 年夏)以来,党的生活和政治形势都有进展。对六大决议应作补充和修正。"②但不久后中共中央便出现李立三"左"倾冒险错误,忙于在全国发动暴动,李立三甚至为此与莫斯科发生了激烈争执。而该年 9 月的六届三中全会虽然批判了李立三,但共产国际对其后任瞿秋白仍不满意,认为他对"立三路线"的纠正不彻底,犯了"调和主义"的错误。在这种情况下,七大自然无法召开。

同年 12 月,共产国际代表米夫来华。在他的推动下,中共中央于 12 月 23 日发出《第九十六号通告》,这一通告的副标题即是"为坚决执行国际路线反对立三路线与调和主义号召全党"。显而易见,米夫此行的目的就是为了纠正"立三路线"和瞿秋白的"调和主义",使中共的步伐与莫斯科一致。这个通告还提出:"为要使国际路线在中国党内得到根本的巩固,党现在就应开始准备七次大会。"③由此将召开七大正式提上了议事日程。在此期间,受到米夫赏识、从莫斯科回国不久的王明撰写了《两条路线——拥护国际路线,反对立三路线》一书,其中也明确提出:"在国际直接领导之下,开始召集第七次全国代表大会的准备工作,以便根本改造党的领导",并建议:"在七次大会未开始以前的准备期内,由国际负责帮助成立临时的中央领导机关,以领导全国正

①　陈清泉:《陆定一与共产国际(续)》,《人物》1997 年第 3 期。
②　中共中央党史研究室第一研究部译:《共产国际、联共(布)与中国革命档案资料丛书》第 9 卷,中央文献出版社 2002 年版,第 81 页。
③　中央档案馆编:《中共中央文件选集》第 6 册,中共中央党校出版社 1989 年版,第 549 页。

在紧张的革命工作。"①

1931年1月7日,根据共产国际的指示,中共六届四中全会在上海秘密召开。在这次会上,中共中央政治局主席向忠发在《中央政治局报告》中重申了"为要使国际路线在中国党内得到根本的巩固,党现在就应开始准备七次大会"的提议。米夫在给全会作结论时也表示:"七次大会在七八月中秘密条件允许之下,可以举行。……我们不但同意召集七次大会,而且认为非常需要的,并且要准备这一大会在苏区及非苏区内要有实际的准备,将一切经验得一总结,此会并且在国际的领导下来开。"最后,会议通过决议指出:"四中全会认为必须召集党的第七次全国大会,委托新的政治局开始必须的准备工作"。②

根据六大通过的党章规定:党的全国大会"由中央委员会得共产国际之同意后召集之"③。因此六届四中全会结束后不久,中共中央就在1931年2月22日向共产国际报告:"决定于最短期内召集全国第七次代表大会。"④与此同时,刚当上远东局新任领导人的米夫在给共产国际的信中也指出:"无论是我们还是中国领导人都坚持积极解决召开七大问题。六大以来已经过去将近三年了。这期间中国发生了不少事件。需要中国共产党自己对这些事件作出总结,深入思考全部经验,检查过去的策略,拟定新的策略。"他还表示:"请注意,代表大会实际上至少要在得到你们的批准之后过六个月才能召开。当然,如果那时条件不允许,则可以将开会日期往后拖延。……请你们把对七大问题的最后意见尽快转告我们。"⑤

作为对中共中央和米夫上述提议的回应,1931年3月6日,共产国际执委会东方书记处复信说:"政治委员会的决定已经通知你们,该委员会反对现

---

① 中央档案馆编:《中共中央文件选集》第7册,中共中央党校出版社1991年版,第665页。
② 中央档案馆编:《中共中央文件选集》第7册,中共中央党校出版社1991年版,第15、37—38、26页。
③ 中央档案馆编:《中共中央文件选集》第4册,中共中央党校出版社1989年版,第477—478页。
④ 国防大学党史党建政工教研室编:《中共党史参考资料》第15册,国防大学出版社1986年版,第16页。
⑤ 中共中央党史研究室第一研究部译:《共产国际、联共(布)与中国革命档案资料丛书》第10卷,中央文献出版社2002年版,第134—135页。

在召开党的七大。"接着,该信指出:"不言而喻,召开党代会有许多理由……但反对召开党代会的原因更为重要。运动正经历非常重要的时期。存在着反对苏维埃共和国的战争和干涉,与必须开展群众工作有关的某些任务、工会运动问题等等。任务是明确的,路线是正确的,但迄今为止,在这些任务中我们能够在苏区实现的却很少,而国民党统治区的工人运动的发展速度未必能令我们满意。现在所需要的是做群众工作。……筹备和举行党代会则意味着党的优秀力量将在几个月内放下这些任务。"同时,共产国际还分析了三种可能:党代会如果在国统区召开,风险极大,任何认真的讨论都不可能进行;如果在苏区召开,交通联络非常困难,代表团能否到达没有任何保证:如果在境外召开,也需要花费三四个月时间。所以,"这些理由促使政治委员会建议你们暂时放弃召开党代会的打算"。①

实际上,在是否立即召开中共七大的问题上,远东局内部也是有分歧的。如远东局前任领导雷利斯基虽然曾经提出此议,但他的态度后来发生了变化。1931 年 4 月 13 日,他向共产国际汇报时便说:"我认为,在目前形势下,党处在革命斗争的烈火中。它应该进行斗争、打退(敌人)两次全面进攻,在这个时候,为七大做任何准备都是不可能的。这会使党的大部分积极分子脱离实际工作,更加削弱党本来就很薄弱的力量。因此,我不能同意认为党代会应在最近六个月内做好准备的意见,虽然召开党代会的理由听起来颇有说服力。"②显然,雷利斯基此时并不赞成米夫关于尽快召开七大的主张。

恰在此时,中共经历了一场严重的危机。1931 年 4 月至 6 月,中央特科负责人顾顺章和政治局主席向忠发先后被捕叛变,上海中央的工作几乎陷于瘫痪,只好考虑向外转移,当时决定王明去莫斯科,周恩来去江西苏区。他们临行前,经共产国际同意,在上海成立了以博古为首的临时中央政治局来维持工作。但由于国民党白色恐怖越来越严重,博古中央也不得不在 1933 年初迁往中央苏区。不久,第五次反"围剿"战争打响,红军失利后被迫长征。在这

---

① 中共中央党史研究室第一研究部译:《共产国际、联共(布)与中国革命档案资料丛书》第 10 卷,中央文献出版社 2002 年版,第 166—167 页。

② 中共中央党史研究室第一研究部译:《共产国际、联共(布)与中国革命档案资料丛书》第 10 卷,中央文献出版社 2002 年版,第 232 页。

种险恶的环境下,召开七大就更不可能了。后来,周恩来在向共产国际汇报时即曾说:"党的第七次代表大会,在 1931 年 1 月党的(六届)四中全会决议案上曾规定召集。后来因党在国民党统治区域屡遭破坏,而苏维埃区域因被'围剿'关系又互相隔断,以致一直迁延下来。"①

2. 1938 年六届六中全会前后的酝酿

1937 年全面抗战爆发后,为了正确领导抗战,中共中央又开始酝酿召开七大。1937 年 10 月,毛泽东在《目前抗战形势与党的任务报告提纲》中就明确提出"准备召集第七次代表大会"②。同年 12 月,政治局会议又通过了《关于召集第七次全国代表大会的决议》。《决议》申明:"政治局认为在最近时期内召集党的第七次全国代表大会,对于全中国人民解放斗争和党的工作,均有最严重的意义","党的第七次全国代表大会的中心任务,在于讨论和规定如何在巩固和扩大以国共合作为基础的抗日民族统一战线总方针下,组织和保障全中国人民取得对日抗战的最后胜利;同时,党七次大会应当对于自党六次大会以来的革命斗争经验作一个基本的总结",并强调:"中国共产党第七次全国代表大会准备期限不能过长,应尽可能地在较短时间内召集大会"。③ 为了使大会能顺利进行,这次政治局会议还专门成立了七大准备委员会,由 25人组成,毛泽东为主席,王明为书记;并初步拟定了七大的议事日程,决定由王明作政治报告,毛泽东作工作报告。这其实也反映了王明 1937 年 11 月回国后中共中央的权力格局。

1938 年 3 月的中央政治局会议再次讨论了召开七大的问题,提出:"全党同志现在应该努力进行七次大会的具体准备工作",其中包括发布为召集七大告全党同志书和告全国同胞书,给地方党部发出怎样在政治上和组织上进行七大准备工作的指示,成立大会各主要报告起草委员会。这次政治局会议

---

①　中共中央党史研究室第一研究部译:《共产国际、联共(布)与中国革命档案资料丛书》第 18卷,中共党史出版社 2012 年版,第 335 页。

②　《毛泽东文集》第二卷,人民出版社 1993 年版,第 60 页。

③　中央档案馆编:《中共中央文件选集》第 11 册,中共中央党校出版社 1991 年版,第 405—406 页。

还要求,所有地方党部领导同志立即开始积极进行关于七大议程各问题的讨论。① 在这次会上,毛泽东对七大准备工作也发表了意见,认为七大开会的时间须看战争的形势来决定,地点也要看形势的发展,人数决定于党的发展,并建议增加七大各报告的起草人,而报告人则暂不决定。② 显然,由于与王明等人在诸多问题上存在分歧,毛泽东对召开七大的态度转向审慎。

同年 4 月 14 日,在 1938 年 3 月中央政治局会议后被派往莫斯科的任弼时向共产国际提交了一份书面报告,其中提到:"为着组织和保障全中国人民取得抗日战争的最后胜利,同时总结十年来斗争经验,中共中央决定于最近半年内召集党的第七次代表大会。"③5 月 17 日,他在共产国际执委会主席团会议上又口头汇报说:"目前党正在进行召开第七次代表大会的筹备工作。中共中央请求共产国际执委会给予党的第七次代表大会以指导和指示,并派代表参加代表大会的领导工作"。对此,共产国际于 6 月 11 日通过决议表示:"中共第七次代表大会将会为开展党的整个工作提供新的动力,从而在中国人民战胜日本侵略者的斗争中起着光荣的作用。"④这实际上也就意味着共产国际同意中共召开七大。

然而,由于一些情况的出现,特别是抗战初期中共正忙于挺进敌后、创建根据地,前方将领和重要干部无暇进行七大代表的选举工作,所以七大未能在 1938 年召开。当年 10 月,毛泽东在六届六中全会上曾解释:"本来第七次全国代表大会准备在本年召集的,因为战争紧张的原故,不得不把'七大'推迟到明年。"⑤

不过也正是在六届六中全会上,刚刚被共产国际承认为中共领袖的毛泽东对召开七大再次做出了规划。他提出:"我们党的全国代表大会,自从一九

① 中央档案馆编:《中共中央文件选集》第 11 册,中共中央党校出版社 1991 年版,第 464 页。
② 中共中央党史研究室第一研究部:《中国共产党第七次全国代表大会研究》,上海人民出版社 2006 年版,第 16—17 页。
③ 国防大学党史党建政工教研室编:《中共党史教学参考资料》第 16 册,国防大学出版社 1986 年版,第 55 页。
④ 中共中央党史研究室第一研究部译:《共产国际、联共(布)与中国革命档案资料丛书》第 18 卷,中共党史出版社 2012 年版,第 86、101 页。
⑤ 中央档案馆编:《中共中央文件选集》第 11 册,中共中央党校出版社 1991 年版,第 558 页。

二八年开过第六次代表大会以来,由于环境的原因,已有十年没有开大会了。去年十二月政治局会议决定准备召集第七次代表大会,但准备工作尚未完成,因此今年尚难召集。此次全会扩大会应该讨论加紧这个准备工作的问题,并决定在不久时间实行召集大会。"在毛泽东的这一倡议下,七大准备委员会提出:明年(1939 年)五一节开会。① 11 月 6 日,六届六中全会通过了《关于召集第七次全国代表大会的决议》。这个《决议》阐述了召开七大的重要意义、中心任务、主要日程,并对七大报告的起草、代表分配及产生办法等问题,作了若干规定和指示,要求"加紧完成准备召集七次全国代表大会的一切必要工作,在较短时期内召集之"。② 六届六中全会还将 1937 年十二月会议关于七大由王明作政治报告、毛泽东作工作报告的决定,改为毛泽东作政治报告,王明作组织报告。③ 中共中央权力格局的调整由此可见一斑。

六届六中全会作出准备召集七大的决议后,筹备工作就紧锣密鼓地开展起来。但因 1939 年 1 月国民党五届五中全会确定了"溶共、防共、限共、反共"的方针,开始在河北等地制造磨擦,中共中央只好在 2 月 8 日的书记处会议上决定七大暂时延期召开。④ 不过共产国际此时已按捺不住。5 月 21 日,时在莫斯科的任弼时致电中共中央:"请告代表大会召开的确切日期、地点及大会日程,还有预计的代表人数和代表哪些组织,大会的准备情况。"⑤仔细推敲,这一问询的源头应是来自共产国际。

召开七大原本便是六届六中全会的决定,加上共产国际又如此催促,因此等时局稍有缓解后,毛泽东立即在 6 月 10 日的延安高级干部会议上就召开七大问题提出:"八月一日前选举完毕","十月开会"。⑥ 6 月 14 日和 7 月 21 日,中央书记处又先后两次向各地党组织发出关于选举七大代表的通知,具体

---

① 中共中央党史研究室第一研究部:《中国共产党第七次全国代表大会研究》,上海人民出版社 2006 年版,第 20 页。
② 中央档案馆编:《中共中央文件选集》第 11 册,中共中央党校出版社 1991 年版,第 661、775 页。
③ 《胡乔木回忆毛泽东》,人民出版社 1994 年版,第 367 页。
④ 《毛泽东年谱(1893—1949)》中卷,人民出版社、中央文献出版社 1993 年版,第 111 页。
⑤ 中共中央党史研究室第一研究部译:《共产国际、联共(布)与中国革命档案资料丛书》第 18 卷,中共党史出版社 2012 年版,第 136 页。
⑥ 《毛泽东文集》第二卷,人民出版社 1993 年版,第 227 页。

分配了各地名额,并提请注意代表的质量,还要求务必在 9 月 1 日前选出代表
待命。① 对此,周恩来在同年 12 月向共产国际汇报时曾解释说:"1937 年底党
中央正式规定召集第七次全国代表大会,并成立准备委员会,以毛泽东同志为
主席,王明同志为书记发表通知进行准备工作。两年来又因战争关系,许多工
作都未得照预计进行,直至今天下半年,始在各地召集省区代表大会,进行代
表选举。"②

3. 1940 年至 1942 年的几次改期

在接到中央关于选举七大代表的两个通知后,各地很快完成了选举工作。
但因为路途遥远,加上封锁重重,大多代表无法按时赶到,所以毛泽东原拟
1939 年 10 月召开七大的计划显然无法实现,只好向后展缓。1939 年 8 月 16
日,中央政治局会议决定:各地选出的七大代表于 1940 年 1 月 15 日前到达延
安,由毛泽东在七大作政治报告,周恩来作副报告(统一战线工作)。③ 此次报
告人已无王明,无疑显示其地位再度下降。10 月 12 日,中共中央在给共产
国际总书记季米特洛夫的电报中也说:"我们打算于明年 1 月 15 日召开第七
次代表大会。请您就所有问题给我们作出指示并及时让周恩来和陈林(即任
弼时——引者注)回到我们这里来。"④由此看来,这次召开七大似乎已指日可
待,预定开幕时间就在 1940 年 1 月 15 日。

但这一时间很快就发生变动。1939 年冬,国民党掀起了第一次反共高
潮,向中共的几个抗日根据地发动了大规模军事进攻,这自然影响了七大的召
开。此外还有一个重要原因,即周恩来当时正在苏联治疗臂伤,尚未回国。12
月 7 日,周恩来和任弼时致电中共中央:"(周)恩来还在治疗。治疗将于 12
月底结束。最早我们只能于(1940 年)1 月中旬动身。请告,可否将代表大会

---

① 　王仲清:《召开党的七大的筹备工作——七大推迟召开的因由》,《北京党史》2004 年第 3 期。
② 　中共中央党史研究室第一研究部译:《共产国际、联共(布)与中国革命档案资料丛书》第 18
　　卷,中共党史出版社 2012 年版,第 335 页。
③ 　《毛泽东年谱(1893—1949)》中卷,人民出版社、中央文献出版社 1993 年版,第 133 页。
④ 　中共中央党史研究室第一研究部译:《共产国际、联共(布)与中国革命档案资料丛书》第 18
　　卷,中共党史出版社 2012 年版,第 290 页。

推迟到 3 月份。"15 日,中共中央回复:"你们的电报收悉。鉴于等待恩来康复和他参加代表大会,我们可以把代表大会推迟到 3 月或 4 月召开。"①接到该指示后,周恩来 29 日向共产国际汇报:"大会会期原定 1940 年 1 月,现决定延期至 3、4 月"②。

此间还曾发生了一段插曲。由于周恩来向共产国际汇报时仍按当初六届六中全会的设想,提出七大由毛泽东作政治报告,王明作组织报告③,这就引起了此时也在莫斯科的毛泽民的不同意见,觉得有些不妥。1940 年 1 月 22日,他在给季米特洛夫的信中写道:"按照周恩来同志的报告,中共七大上关于组织问题的报告人将是王明同志。我认为这不合适,因为王明同志从来没有做过中共的组织工作。我担心,王明同志关于组织问题的报告将会像他在共产国际七大上和联共(布)十七大上所发表的漂亮外交演说那样,而这是不需要的,但这是可能的,因为他没有参加过中共的实际组织工作。正是因为王明同志没有从事过实际组织工作,所以关于组织问题的报告应委托洛甫同志或周恩来同志来作。如果周恩来同志将作关于统一战线的报告,那么关于组织问题的报告最好委托洛甫同志来作。因为他做过几年具体的组织工作。"④毛泽民的这一异议,显然反映了毛泽东和延安对王明的新看法。

尽管有这么一段插曲,中共七大的准备工作还是加紧进行。1940 年 2 月下旬,周恩来和任弼时从苏联启程回国,3 月下旬到达延安。当他们还在归国途中,毛泽东就于 3 月 10 日电告朱德、彭德怀:"恩来已回,七大快开。"4 月 2日,他又致电彭德怀说:"恩来、弼时(3 月)25 日到延,七大决定快开。"4 月 6日和 16 日,他还分别通知彭德怀和项英:"华北各地各军到七大代表请你筹划一下,务使及时安全到达","新四军代表尽可能渡江速来中央"。⑤ 这一切

---

① 中共中央党史研究室第一研究部译:《共产国际、联共(布)与中国革命档案资料丛书》第 18卷,中共党史出版社 2012 年版,第 298、300 页。

② 中共中央党史研究室第一研究部译:《共产国际、联共(布)与中国革命档案资料丛书》第 18卷,中共党史出版社 2012 年版,第 335 页。

③ 中共中央党史研究室第一研究部译:《共产国际、联共(布)与中国革命档案资料丛书》第 18卷,中共党史出版社 2012 年版,第 336 页。

④ 中共中央党史研究室第一研究部译:《共产国际、联共(布)与中国革命档案资料丛书》第 19卷,中共党史出版社 2012 年版,第 9—10 页。

⑤ 章学新主编:《任弼时传》(修订本),中央文献出版社 2004 年版,第 537 页。

均表明,毛泽东仍决定按原计划尽快召开七大。

　　然而,这次酝酿最后又告落空。因为交通不便,许多代表未能如期抵达。如晋察冀分局选出的七大代表4月份出发,只能走山路、小路,一般一天走六七十里,途中还曾遭遇敌人袭击,有的代表被打死或被俘,剩余的6月才到达延安。他们还是较早一批到延安的,许多地方的代表都还没到。①　1940年5月10日,中共中央在给共产国际的电报中就说:"党的七大代表还在途中,因为他们需要穿越几十个日军军事设防区。他们大约在8月能抵达延安。所以代表大会只能在9月举行,这次大会再不能推迟了。"②但从后来的情况来看,很多代表历经一年才到达延安,而且八路军在该年8月发动百团大战,战事一直持续到年底,各路将领显然无法抽身回延开会。于是,原定9月举行七大的计划只好向后推延。

　　当百团大战接近尾声时,中共中央又开始筹划召开七大。1940年12月6日,中共中央指示周恩来:"'七大'开会在即,你及项英均须一月十五日前到延。"③但不久后,皖南事变便告发生,中共忙于紧急应对,召开七大的计划不得不再度搁置。杨尚昆后来曾回忆:"皖南事变发生后,形势很紧张,七大会期就推迟了。"④

　　当以皖南事变为顶点的国民党第二次反共高潮被击退后,中共中央又立即将七大的召开重新提上了议事日程。1941年2月21日,毛泽东致电在重庆的周恩来:"七大代表已到齐,只待你回,拟五一开会,不便再延,请你估计有无回延可能,并准备何时回延。"⑤3月12日,中央政治局会议又讨论召开七大问题,决定一切准备工作在"五一"前完成,初步议定"五一"开会。这次会议还决定七大只要三个报告,即政治报告(毛泽东)、军事报告(朱德)、组织

①　中共中央党史研究室第一研究部编:《忆七大——七大代表亲历记》,黑龙江教育出版社2000年版,第115—116、118页。

②　中共中央党史研究室第一研究部译:《共产国际、联共(布)与中国革命档案资料丛书》第19卷,中共党史出版社2012年版,第68页。

③　国防大学党史党建政工教研室编:《中共党史教学参考资料》第16册,国防大学出版社1986年版,第511页。

④　《杨尚昆回忆录》,中央文献出版社2001年版,第204页。

⑤　《毛泽东年谱(1893—1949)》中卷,人民出版社、中央文献出版社1993年版,第273页。

报告(周恩来),另由刘少奇作职工运动讲演。这次会议还审查了代表情况,重新指定个别代表,确定了大会秘书处等会议机构,宣布任弼时为秘书长,王若飞、李富春为副秘书长。①

但这次"五一"计划仍未能付诸实施。② 这一方面是因为日军加紧了对抗日根据地的疯狂扫荡,如冀中的"五一大扫荡"等。在这种情况下,军事将领当然无法离开。另一方面,此时各地选出的七大代表虽然大多已经到达,但被安排在七大上作报告和讲演的周恩来与刘少奇仍然在外。当时,刘少奇正在华中领导华中局和新四军的工作,周恩来则在重庆与国民党就皖南事变善后问题进行谈判。4 月 26 日,毛泽东曾致电周恩来,要他在与蒋介石谈判时提出要求,派飞机送他回延安参加七大。③ 但因谈判异常复杂,且苏、日两国于 4 月 13 日签订中立条约,5 月初日军又大举进攻中条山,国民党借机掀起反苏反共舆论,周恩来需向国统区人士作大量解释工作,实在无法抽身。

在后来的一段时间里,七大的召开时间几乎取决于周恩来和刘少奇的归期。1941 年 9 月 8 日,毛泽东致电周恩来说:"七大代表留此多者一年,少亦半年,专等你回开会,我们意见,一定要等你,你看年内有可能回延否?"④10 月 3 日,他又电告刘少奇:中央决定你来延安一次,并希望你能参加七大,何时可以动身盼告。次日,刘少奇回电表示:因华中还有许多工作需要进一步解决,"请中央考虑我可否暂缓回延安"。11 日,毛泽东复电:"(一)即来延安,既于目前工作不利,自宜缓期。(二)七大大约还需等半年才开,甚望你能到会"。⑤ 这一方面说明中央拟于 1942 年上半年召开七大,另一方面也反映了毛对周、刘二人的倚重。

到了 1942 年 1 月 13 日,中共中央再次通知华中局:"中央决定少奇同志回延安参加七次大会。……望少奇同志即将工作交代,携带电台,动身回延。"在接到这一电报和作了一番准备后,刘少奇于 3 月 19 日从苏北动身回

① 《胡乔木回忆毛泽东》,人民出版社 1994 年版,第 364 页。
② 有人认为这次酝酿"因为张闻天向毛泽东交接党的总书记等问题又被推迟"(孟醒:《中共"七大"的台前幕后》,《人民政协报》,2012 年 11 月 1 日),不知何据。
③ 中央档案馆编:《皖南事变(资料选辑)》,中共中央党校出版社 1982 年版,第 240 页。
④ 《毛泽东年谱(1893—1949)》中卷,人民出版社、中央文献出版社 1993 年版,第 326 页。
⑤ 《刘少奇年谱(1898—1969)》上卷,中央文献出版社 1996 年版,第 377 页。

延,并按中央的要求在山东根据地稍作停留,解决其存在的一些问题。正在这时,毛泽东得知从山东到延安途中的安全无法保障,遂于 7 月 9 日致电刘少奇:"我们很望你来延安并参加七大,只因路上很不安全,故不可冒险,仍以在敌后依靠军队为适宜。"①

至于周恩来,此时同样也被蒋介石困在重庆。1942 年 2 月 15 日,毛泽东在给季米特洛夫的电报中即曾解释:"令您感兴趣的党的第七次代表大会至今还没有举行。其原因是,我们在专门等待周恩来的到来和参加会议,因为他的参加对于党的队伍的团结有很大的意义。因此最好是稍等一等。各地代表早就都到了。在途中他们突破了几道封锁线,而一些人走了一年多时间。现在他们在学习。他们都同意等一等。……暂时蒋介石不让他走。"②于是,在这种周恩来和刘少奇均未到达的情况下,七大的延期也就不难理解了。

4. 延安整风中的筹备

1942 年 2 月起,延安整风在中共党内全面展开。这是一场旨在通过讨论路线问题、总结历史经验以求彻底消除党内教条主义的运动,因此在未取得切实效果、统一全党思想之前,七大不可能顺利召开。

不过在这个问题上,我们也需要仔细辨析一下。长期以来,许多人将七大延期的原因笼统地归于延安整风,这种认识甚至普遍存在于七大代表中。如有的七大代表便说:"(七大)为什么拖了那么久呢? 主要是因为毛泽东同志认为,党的历史上错误的指导思想问题、路线问题没有清算,党内同志还认识不清,所以要经过学习,后来提出要整风,以便把思想观点搞对头,思想方法搞对头,路线弄清楚,分清什么是正确路线,什么是错误路线,然后才能开得好会。"还有一位七大代表也回忆:"到了延安以后,七大不能马上开会。为什么? 后来才知道,党中央内部对于党的路线问题认识上还有分歧。……所以

---

① 《刘少奇年谱(1898—1969)》上卷,中央文献出版社 1996 年版,第 387、402 页。
② 中共中央党史研究室第一研究部译:《共产国际、联共(布)与中国革命档案资料丛书》第 19 卷,中共党史出版社 2012 年版,第 255—256 页。

七大就不能开,只好延期。"①

　　事实上,这种理解是一种后见之明,存在着很大的偏颇。如上所述,在1942年全党整风开始之前,中共中央和毛泽东曾多次准备召开七大,但均因各种缘由未果,其中大多是受战争干扰和交通条件所限,并非延安整风。即以上述第二位七大代表为例,他是1940年10月抵达延安的,而此次七大之所以推迟主要是因周恩来和刘少奇二人尚未返回,并不是"党中央内部对于党的路线问题认识上还有分歧"。因此,那种笼统强调延安整风对七大延期影响的说法是与史实不相符的,是以偏概全。

　　另外有一位七大代表还曾撰文详细回顾:"记得1939年夏末秋初,前方军队的领导邓小平同志、贺老总等都到了延安,似乎同准备召开七大有关。后来党中央同意毛主席意见,决定七大推迟召开,他们就又回前方去了。"经查史料,该年夏天邓小平确实在延安,但贺龙并未回延,这又是回忆史料不够精确之一例。这篇文章紧接着还说:"七大推迟召开,这是毛主席的英明决策。就我个人的体会,只有经过全党整风,经过对党的历史经验和路线是非的讨论学习,经过对历史问题决议的起草讨论,全党才可能达到在毛泽东思想基础上空前的统一和团结,七大召开的条件才成熟。"②而从本文前面的梳理来看,此论断如涉及的是整风开始后一个时期的状况,那似乎是符合毛泽东的考虑的,但该文将之前移至1939年,则无疑是对历史链条的一种误接。

　　关于这一问题,当年曾长期在毛泽东身边担任秘书的胡乔木晚年在谈到七大为何筹备时间较长时曾说:"最初一个主要的原因是战争,后来不是战争,主要的原因就是整风,就是要研究历史问题,把历史问题研究清楚了才能开。"③显而易见,他这种将前后两个阶段加以区分的看法更为客观,既分析了延安整风对七大筹备后期的影响,又讲清了前期屡次推迟的原因。

───────────────

①　中共中央党史研究室第一研究部编:《忆七大——七大代表亲历记》,黑龙江教育出版社2000年版,第28、295页。

②　中共中央党史研究室第一研究部编:《忆七大——七大代表亲历记》,黑龙江教育出版社2000年版,第20页。

③　《胡乔木回忆毛泽东》,人民出版社1994年版,第76页。

此外还有一种观点值得辨析,那就是将七大延期与共产国际的存废联系起来。1943 年 5 月,共产国际宣布解散。该月 31 日,苏联情报人员便向季米特洛夫报告:"我们驻延安的工作人员看来是根据王明的话报告说,总的印象是这样:'毛及其拥护者长出了一口气。现在手脚解除了束缚。甚至不会有道义上的责任感。毛在这次政治局会议上的说法特别明显地证实了这一点,他说:现在则可以举行党的代表大会了。'"①不难看出,这种观点的言下之意是,毛泽东此前一再推迟七大的召开时间,就是为了摆脱共产国际的干预。

其实,这种说法是站不住脚的。毋庸置疑,毛泽东对共产国际盲目干涉中国革命是相当不满的,他发动延安整风的主要目的也就是为了从思想上打破中共党内对后者的迷信。但如果仅从这一点来认识七大延期的原因,恐怕又失之于狭隘。历史地看来,毛泽东在发动整风之前就曾多次酝酿召开七大,虽然从 1942 年 2 月整风开始后的一年中,中共中央未像此前那样对七大的会期频繁作出规划,但当延安整风初步达到统一思想的目的后,毛泽东又很快有了召开七大的动议。1943 年 3 月 16 日,他在中央政治局会议上就明确提出:"今年要准备开第七次代表大会。"②而此时共产国际尚未解散。由此可见,那种认为毛泽东惮于共产国际、不愿召开七大的观点纯属臆测,与事实相去甚远。

历史的事实是,1943 年下半年后,中共中央确实加快了七大的筹划,这一方面是因整风初战告捷,另一方面则是周恩来于 1943 年 7 月 16 日返回延安,而刘少奇早在 1942 年 12 月 30 日到达,因此召开七大的条件已经具备。在周恩来回延的第二天,中央书记处就开会研究七大的会期,决定向政治局提议在八至九个月内召开。③ 30 日,毛泽东电告彭德怀:"七大准备开会,请你及罗(瑞卿)薄(一波)聂(荣臻)吕(正操)来延参加大会,希预为布置。"④8 月 1

① 中共中央党史研究室第一研究部译:《共产国际、联共(布)与中国革命档案资料丛书》第 19 卷,中共党史出版社 2012 年版,第 378 页。
② 《毛泽东文集》第三卷,人民出版社 1996 年版,第 11 页。
③ 《毛泽东年谱(1893—1949)》中卷,人民出版社、中央文献出版社 1993 年版,第 458 页。
④ 中央档案馆编:《中共中央文件选集》第 14 册,中共中央党校出版社 1992 年版,第 82 页。

日,中央政治局又向各地党组织发出《关于"七大"代表赴延出席大会的通知》指出:"党的七次大会决定在年底举行","出席大会代表须于最近期间起程来延"。① 次日,中央政治局会议也同意了中央书记处 7 月 17 日的提议,准备于1944 年 2、3 月间召开七大。②

1943 年 9 月 7 日起,中央政治局召开扩大会议,决定在党的高级干部中重新学习和研究党的历史和路线,延安整风由此进入总结提高阶段。由于在此过程中又发现了许多新问题,所以七大再次延期。12 月 25 日,毛泽东电嘱邓小平,请他转告正从华中赶来延安参加七大的陈毅:"可在沿途略作休息,以免过劳,大会要在四月后开。"③

与此同时,有关七大的筹备工作仍然继续进行。1944 年 2 月 24 日,中央书记处开会讨论七大准备问题,决定由毛泽东作政治报告,朱德作军事报告,刘少奇作组织问题(包括党章)报告。④ 这基本上奠定了后来七大主报告的格局。3 月 5 日,毛泽东又在政治局会议上说:"今年这一年很重要,我们要开七大"⑤。4 月 12 日,他在延安高级干部会议上也提到:"我党的第七次全国代表大会不久就可能开会"⑥。5 月 10 日,中央书记处会议又一次讨论召开七大的问题,决定立即着手各方面的准备,在 5 月内将大会报告及指定发言的提纲写出,6 月上半月写成文字,7 月内开预备会,8 月内开大会。会议还决定在七大前召开六届七中全会,于 5 月 20 日左右召开首次会议,以通过大会准备事宜。⑦

此后,七大的会期仍不断进行调整。1944 年 9 月 22 日,六届七中全会主席团会议决定:争取在 12 月召开党的七大。⑧ 11 月 25 日,毛泽东又致电赴重庆谈判的周恩来:"你回延后准备即开七大"。12 月 12 日,他电告王若飞:"中

---

①　中共中央文献研究室、中央档案馆编:《建党以来重要文献选编》第 20 册,中央文献出版社2011 年版,第 505 页。
②　《毛泽东年谱(1893—1949)》中卷,人民出版社、中央文献出版社 1993 年版,第 460—461 页。
③　《毛泽东年谱(1893—1949)》中卷,人民出版社、中央文献出版社 1993 年版,第 488 页。
④　《毛泽东年谱(1893—1949)》中卷,人民出版社、中央文献出版社 1993 年版,第 496 页。
⑤　《毛泽东文集》第三卷,人民出版社 1996 年版,第 98 页。
⑥　《毛泽东选集》第三卷,人民出版社 1991 年版,第 946 页。
⑦　《胡乔木回忆毛泽东》,人民出版社 1994 年版,第 365 页。
⑧　中共中央党史研究室第一研究部:《中国共产党第七次全国代表大会研究》,上海人民出版社 2006 年版,第 32 页。

央在三个月内集中精力开七大"。① 1945 年 3 月 16 日,六届七中全会主席团会议决定:于 25 日前做好召开七大的一切准备,26 日正式开会。②

但以上会期后来均未能实现,这主要是因为六届七中全会开得较长。1944 年 5 月 21 日,六届七中全会开幕。由于时局的不断变化和为七大准备的文件须经反复讨论和修改,这次全会前后持续了 11 个月,其间共举行 8 次全会和若干次主席团会议。1945 年 4 月 20 日,六届七中全会举行最后一次全体会议,通过《关于若干历史问题的决议》,总结了建党以来特别是六届四中全会至遵义会议前党的历史及经验教训。《决议》的通过,统一了全党思想,为七大的召开做了充分准备。在经过认真细致筹备的基础上,七大终于在1945 年 4 月 23 日隆重开幕。对七大漫长而又艰辛的筹备过程,作为大会秘书长的任弼时在 4 月 21 日的预备会议上曾阐明:"从六大到七大,时隔将近十七年,这固属缺点,但也有其积极方面。在延期中发展了我们的力量,党的思想更加一致。"③今天看来,这种见解应该是辩证和客观的。

---

① 《毛泽东年谱(1893—1949)》中卷,人民出版社、中央文献出版社 1993 年版,第 561、565 页。
② 《任弼时年谱》,中央文献出版社 2004 年版,第 476 页。
③ 《任弼时年谱》,中央文献出版社 2004 年版,第 480 页。

责任编辑:马长虹

封面设计:周方亚

图书在版编目(CIP)数据

国共两党与抗日战争/卢毅 著. —北京:人民出版社,2019.6(2025.4 重印)

ISBN 978 - 7 - 01 - 020611 - 0

Ⅰ.①国… Ⅱ.①卢… Ⅲ.①国民党军-抗日战争-史料②中国共产党-抗日战争-史料 Ⅳ.①K265.210.6②K265.106

中国版本图书馆 CIP 数据核字(2019)第 075983 号

国共两党与抗日战争

GUOGONG LIANGDANG YU KANGRI ZHANZHENG

卢 毅 著

人民出版社 出版发行

(100706 北京市东城区隆福寺街 99 号)

北京汇林印务有限公司印刷 新华书店经销

2019 年 6 月第 1 版 2025 年 4 月北京第 2 次印刷

开本:710 毫米×1000 毫米 1/16 印张:11.75

字数:200 千字

ISBN 978 - 7 - 01 - 020611 - 0 定价:58.00 元

邮购地址 100706 北京市东城区隆福寺街 99 号

人民东方图书销售中心 电话 (010)65250042 65289539